教育部人文社会科学重点研究基地
云南大学西南边疆少数民族研究中心科研项目

云南省高校优势特色学科群建设项目
中国西南民族及其与东南亚的族群关系研究

东南亚民族志丛书　　　　何明◎主编

从逃离到归附
泰国北部美良河村村民国家认同的建构历程

Conforming Rather Than Escaping:
The construction of national identity
in a northern Thailand village

张锦鹏　著

中国社会科学出版社

图书在版编目(CIP)数据

从逃离到归附：泰国北部美良河村村民国家认同的建构历程／张锦鹏著.
—北京：中国社会科学出版社，2014.12
ISBN 978-7-5161-5147-1

Ⅰ.①从⋯　Ⅱ.①张⋯　Ⅲ.①华人—移民—研究—泰国
Ⅳ.①D733.638

中国版本图书馆 CIP 数据核字（2014）第 279830 号

出 版 人	赵剑英
责任编辑	郭　鹏
责任校对	邓雨婷
责任印制	戴　宽

出　版	中国社会科学出版社
社　址	北京鼓楼西大街甲158号（邮编100720）
网　址	http://www.csspw.cn
	中文域名：中国社科网　010-64070619
发 行 部	010-84083685
门 市 部	010-84029450
经　销	新华书店及其他书店
印　刷	北京君升印刷有限公司
装　订	廊坊市广阳区广增装订厂
版　次	2014年12月第1版
印　次	2014年12月第1次印刷
开　本	710×1000　1/16
印　张	17
插　页	2
字　数	263千字
定　价	56.00元

凡购买中国社会科学出版社图书，如有质量问题请与本社联系调换
电话：010-64009791

版权所有　侵权必究

总　序

迈向异国田野,解读他者文化

2007年下半年,我制订了开展东南亚民族志研究的计划。两年多来,先后到泰国、缅甸、越南等国进行实地考察与洽谈合作,多次向高丙中、王铭铭、麻国庆、袁同凯等专家讨教,与云南大学西南边疆少数民族研究中心有志于此项工作的诸位同人反复讨论,还于2008年与日本国立民族学博物馆塚田诚之教授在云南昆明合作召开了"中国边境民族的跨境流动与文化动态"研讨会,2009年11月赴日本与塚田诚之、长谷川清、松本真澄、片岗树等日本学者研讨大湄公河次区域国家民族研究问题。经过校内外30多位师生的共同努力,《东南亚民族志丛书》今天终于面世了。

在此,我把组织与推进东南亚研究的基本构想和实施体会做粗略介绍。

一　实践与学术:国外民族志研究的价值

许多学科都参与了国外研究,如归属于经济学的世界经济和国际贸易,归属于政治学的国际政治和国际关系,归属于史学的世界史和国别史,归属于文学的外国文学和西方文学理论等。这些学科都运用其学科的理论方法对特殊领域或问题开展国外研究,换言之,研究国外的学科、方法及其学术文本和路径是多种多样的。

人类学/民族学如何开展国外研究呢?当然方法和文本也是多样的,可以采用大部分人文社会科学通常的文献研究方法研究世界民族问题和国外人类学/民族学理论，但作为以田野调查为基本手段和以民族志作为学术核心产品的学科，人类学/民族学的国外研究必不可少地需要到国外做田野调查并撰写民族志。

民族志是以田野调查为基础研究社会文化的方法和学术文本。作为研究方法，研究者必须到国外去，对其研究对象进行参与观察，以切身体验去理解其社会文化、获取第一手的研究资料；作为学术文本，民族志既不是对国外社会文化进行概括性的宏观评介和抽象性的理论分析，也不是非学术性的国外民俗风情的表层描述和感性评议，而是以特定群体或区域为边界对其社会文化进行深入系统的描述与分析，进而呈现与解释特定群体或区域的社会文化的运行逻辑和特征。

因而，民族志的国外研究，无论是研究方法、学术文本还是研究内容，与其他学科和方法的国外研究具有明显的差异，也不能为其他学科和方法的研究所取代。其间的差异大体有这么几个方面：一是直接与间接的区别。民族志研究需要研究者"到国外去"与其研究对象直接接触并深入到其社会生活之中，切身感受、体验其社会文化过程，通过与研究对象的互动获取主要的研究资料；其他学科和方法则可以主要通过文献资料开展研究，研究者与研究对象之间具有间接性。二是微观与宏观的区别。民族志研究常规方法是"大处着眼，小处着手"，选择小型社区或特殊群体作为研究焦点，也就是说，要设定出研究对象的空间边界和社会边界；其他学科和方法的研究则可以不进行空间边界或社会边界的明确界定，对一个国家或一个大区域开展整体性研究。三是具体与抽象的区别。民族志文本大都包含了有关研究对象的大量事件、人物和细节及其过程的叙事，有的民族志甚至选择了小说式的叙事模式，研究性的分析与解释融会于或结合于具体的社会文化运作过程之中；其他学科和方法的研究成果则主要采取"论证"或"论述"的模式，极少对研究对象进行详尽的叙事，呈现给读者的主要是研究者的分析论述过程，而不是研究对象的社会文化过程。四是主位与客位的区别。民族志研究特别强调从研究对象出发的"主位"视角，力求阐释研究对象如何体验、思考与评价；其他学科和方法并不特别强调研究对象的视角，更多的是从研究者的"客位"角度进行分析论证，占主导的是作者的"我认为"，而不是研究对象的"他（们）认为"。此外，民族志研究还具有关注"底层"或"平凡"、研究对象社会文化的整体性等特征。

由此，我们可以说，在国外或世界研究中，民族志是不可或缺的，它与其他学科和方法的研究形成相互补充的作用。

然而，在中国的人文社会科学研究中，人类学/民族学的国外研究是最薄弱的。其他学科都有国际政治、国际经济、国际贸易、西方哲学、世界史、欧美文学等专门研究国外的分支学科，反而以"异文化"研究为特色、因研究"异文化"而创建学科的人类学/民族学，在中国学界却极少对国外进行民族志研究。中国人类学/民族学创建之时正值国家积贫积弱、内忧外患交织的时期，救亡图存是国人最迫切的使命，"师夷之长技以制夷"成为研究国外特别是欧美最根本的目的，借助西方的思想、模式、方法以及学科解决中国自己的问题无疑是那个时期的"主旋律"，人们无暇也无力关注与解决本国问题并无直接补益的国外社会文化。费孝通和林耀华两位被奉为楷模的大师在国外求学时没有沿着西方人类学/民族学的常规路径调查研究"异文化"而选择了研究"本文化"，以家乡民族志作为博士学位论文并成为中国人类学/民族学的经典。他们的这一选择，既迎合了其导师研究"异文化"特别是研究历史悠久的中国的学术志趣，也满足了作为那一代学者的社会理想。"榜样的力量是无穷的"，他们所奠定的学术传统对中国大陆人类学/民族学产生了深远的影响，"家乡民族志"成为国内诸多学者的选择和中国人类学/民族学的特色，"异文化"或"异国文化"研究失去了引路人。20世纪50年代至70年代的"闭关锁国"制度扼杀了国人向外看和到国外去的欲求与实践。80年代以后的改革开放激活了与国家制度转型和社会实践直接相关学科的国外研究，而那些不能"立竿见影"地直接解决制度创新、经济增长、技术改进等问题的研究领域则只能"画地为牢"地做国内研究，需要"到国外去"做田野调查的经费支持和制度支持的民族志研究则几乎成为"天方夜谭"而无人染指。

进入21世纪，经过改革开放30年的发展，中国经济总量已跃居世界前列从而成为全球最大经济体之一，越来越深地融入全球性经济、社会、政治体系之中并占据越来越重要的地位，鸦片战争之后一百多年来中国人的"大国崛起"梦想逐渐变成了现实。同时，各个行业、各个领域都经历了"迈出国门、走向世界"的努力，中国与世界各国的互动比历史上的任何时期都更为频繁、更为密切、更为深入，激发出中国人了解世界的强烈诉求，而且这一诉求呈现出从有什么向为什么、从表层（如国外旅游）到深层、由鸟瞰到细察的演进。国外民族志研究便是应当下中国之运而生的学术探索与实践，其所生产的知识满足的就是中国了解世界新阶段的需求。

从人类学/民族学本身来看，"异文化"或"异国文化"研究是学科的重要构成部分，也是促进国内研究和整个学科的建设发展不可或缺的基本条件。放眼世界，凡人类学/民族学学科强国（如欧美和邻国日本），无不重视与开展国外民族志研究，无不积累了丰富并高水平的民族志成果。

无论从国家发展战略和社会需求来看，还是从学科建设和学术发展来看，国外民族志研究都是非常必要且迫切的。

二 以跨国流动为主线的东南亚民族志研究的依据与意义

"东南亚"指亚洲的东南部地区，包括越南、老挝、缅甸、柬埔寨、泰国、马来西亚、新加坡、印度尼西亚、文莱、菲律宾10个国家。20世纪40年代之前，中国人以"南洋"、"东西洋"或"南海"称之，西方则用"远印度"、"外印度"或"印度群岛"指称。第二次世界大战期间，同盟国军队设立了"东南亚最高统帅部"以指挥这一区域的战争，"东南亚"一词逐渐被广泛接受，成为指称这一区域的通用称谓。

对东南亚进行以跨国流动为主线的民族志研究，既有自然的基础也有社会的基础，既有历史事实的依据又有社会现实的依据，既有学术探讨的目的也有实践应用的目的。

从地理角度来看，东南亚东临太平洋，南与澳大利亚隔海相望，西濒印度洋，南、北分别与"南亚次大陆"（印度和孟加拉国）、中国接壤，是亚洲、非洲、大洋洲三大洲的交汇地区和太平洋、印度洋两大洋的交通枢纽。特殊的地理位置使亚洲和澳洲两个次大陆的人种、族群、文化以及动植物在这一地区交汇融合，形成了独特的社会文化格局和自然生态景观。东南亚与中国毗邻，其中越南、缅甸、老挝三国与中国接壤。山水相连的地缘关系把中国与东南亚天然地连为一体，为历史与现实的频繁交往提供了自然条件的便利。

从历史角度来看，作为地处亚洲、非洲、大洋洲三大洲交汇位置和通往太平洋、印度洋两大洋的枢纽，东南亚成为历史上中国走向世界的"第一站"和必经通道，先辈们通过"over land"和"over sea"两种方式来到东南亚，或驻足于此创业发展、繁衍子孙，或途经此地后继续前行。在东南亚，无数中华儿女"下南洋"、闯世界的足迹举目即是，著名的"郑和下西洋"事件途经东南亚多个国家并在所经之地产生的深远影响至今犹存。他们把中华文化和技术传播到东南亚，又把东南亚人民的思想智慧带回中国，促进人类文明的共同进步发展，定居于东南亚各国的两千多万华人成为东南亚各国社会经济发展的重要力量。

从族群关系来看，东南亚半岛与中国西南为族群迁徙与互动的走廊，形成了许多跨国民族和亲缘民族。在历史上，诸多族群沿着澜沧江—湄公河、怒江—萨尔温江、红河等河流从中国南下定居在东南亚，如从中国湖南、贵州、云南迁入东南亚的"蒙"（苗族）、从中国西双版纳迁入东南亚的泰族支系"傣勒"，等等，也有东南亚半岛族群北上定居在中国西南边境一带的"老缅人"等。泰族、越族、佬族、掸族、岱（岱依）族、芒族等东南亚民族与中国的壮族、傣族、布依族等同属"百越"后裔，母瑟族、倮族、傈僳族、克钦族、阿佧族、拉瓦族等东南亚民族与中国的彝族、哈尼族、傈僳族、纳西族、拉祜族等民族共同渊源于古代的"氐羌"。在语言上，东南亚半岛国家民族语言主要包括藏缅语族、苗瑶语族（划分有争议）、孟高棉语族、印度尼西亚语族、马六甲语族五大语族，其中，东南亚的倮、傈僳、阿佧、母瑟、拉瓦、拉祜等与中国的彝、傈僳、哈尼、拉祜、纳西、基诺等民族的语言同属藏缅语族彝族支，东南亚的缅族与中国的阿昌族的语言归属于藏缅语族缅语支，东南亚的泰、掸等民族与中国的壮、傣、侗等民族的语言同属于侗台语族（又称壮侗语族），东南亚的蒙、瑶等民族与中国的苗、瑶等民族的语言共同归属苗瑶语族，东南亚的越、崩龙、阿佤等民族与中国的佤、德昂、布朗等民族的语言同属于南亚语系孟—高棉语族。在现代国家建立之前，东南亚与中国西南为族群流动、迁徙与融合提供了广阔的舞台；在现代国家形成之后，尽管受到国家的阻止和国界的限制，族群的跨国流动仍然以不同的方式频繁发生着，如跨国通婚和迁徙等人口流动，物质交换等经济流动，互访等文化流动，等等。总之，东南亚与中国之间错综复杂的族群关系和多重交织的交流互动及其所形成的动人心魄的文化动态为人类学/民族学的研究提出了魅力无穷和数不胜数的研究论题，也为许多民族历史、文化认同、文化传播、社会变迁、民族或族群与国家关系等学术悬案和理论难题的解决或重新解释提供了丰富有力的资源。

从社会经济发展的现实来看，随着中国与东南亚国家经济合作与社会文化交流的不断密切，从而提出了开展东南亚国家民族志研究的需要。20世纪90年代以来，随着中国改革开放进程的推进和经济的迅猛发展，中国与东南亚国家之间的经济贸易呈现迅速上升趋势。近年来，在东南亚的对外贸易中，中国排第四位；在中国的对外贸易中，东南亚处于第五位。东南亚已成为中国吸引外资的重要来源地，也是中国企业"走出去"的首选地之一。2002年11月，中国与由东南亚十国组成的在政治、经济和安全问题上协调合作的区域性组织"东南亚国家联盟"签署了《中国—东盟全面经济合作框架协议》，中国—东盟自由贸易区（China and ASEAN Free Trade Area，缩写为CAFTA）即"10+1"正式形成，这是继欧盟（European Union）和北美自由贸易区（NAFTA）之后建立的世界上第三大区域性经济合作区。2010年1月1日，中国—东盟自由贸易区协议正式生效，标志着中国与东盟国家在相互开放市场、建立密切关系、扩大相互之间的贸易和投资合作的自由贸易区建设全面启动，各国通过相互取消绝大多数产品的关税和非关税措施，开放货物贸易、服务贸易市场和投资市场，实现贸易、投资的自由化等措施推动区域合作与联系登上新台阶。经济活动的主体是人。中国与东盟国家区域经济的一体化，必将进一步推动中国与东盟国家社会互动与文化接触的频繁与深化。在这一背景下，运用民族志方法对东盟国家的研究，无疑对于消除文化误解、增进互相理解、推动和谐交往具有积极而重要的作用。

三　东南亚民族志研究的困境

在东南亚民族志研究的试验与推进过程中，笔者越来越强烈地认识到开展东南亚民族志研究的重要学术价值和重大现实意义，但同时笔者也切身体味到其难度和困境。

困境之一来自政治体制和社会模式等客观方面的制约。东南亚国家之间的政治体制差异巨大，其中一些国家对于外国人在其国内的活动实施程度不等的管制、限制和监控。作为以参与观察和深度访谈为最基本调查方法的民族志研究，进入东南亚国家的基层社会做田野调查面临着难以想象的诸多困难。

困境之二来自研究者队伍学术准备不足的主观方面的制约。中国的许多东南亚研究依靠的是英文等文献，而不是东南亚各国的官方语言，其所提供的信息大都比较笼统，对于深入小型社区开展田野调查来说远远不够。东南亚各国的语言在中国都纳入"小语种"的范围，普及面非常有限，掌握者寥寥无几，况且对于从事民族志研究的学者来说，不仅要掌握研究对象的语言，而且需要掌握研究对象所在国的官方语言，在目前情况下两者兼备者几乎无处寻觅。

为此，笔者必须坦诚地告知读者，《东南亚民族志丛书》是在上述条件下完成的，必定存在诸多缺陷甚至谬误，因受各方面条件的制约而导致田野调查不够深入细致、文化解释不够准确透彻则是本套丛书普遍存在的问题。但笔者信奉的做事原则是：有胜于无，先有后好，敲门需砖。因为包括东南亚民族志研究在内的"海外民族志"研究尚处于起步阶段。笔者相信，随着中国—东盟自由贸易区的全面启动，东南亚国家的整体开放程度将不断扩大，而随着东南亚民族志研究的推进，一批具备从事东南亚民族志研究的学术队伍也将逐渐成长起来。到那时，堪称为"玉"的东南亚民族志研究作品就会涌现出来，本套书的使命也就完成了。

笔者真诚希望，有更多的学者特别是青年学者加入到东南亚及其他区域、其他国家的"海外民族志"研究队伍中来，因为这是一片有待开垦的处女地，也是一个极具魅力和挑战的研究领域！

何 明

2012 年 3 月

目 录

导 论 ……………………………………………………………… (1)
    一 研究缘起和研究对象的确定 ………………………… (2)
    二 研究主旨 ………………………………………………… (3)
    三 几个重要概念的界定 …………………………………… (6)
    四 中国与东南亚地区跨境迁徙的历史与现实、
       跨境移民的认同问题 …………………………………… (8)
    五 研究框架与本书的主要观点 ………………………… (22)
    六 田野调查的经历与感受 ……………………………… (25)

第一章 深山密林之中的美良河村 …………………………… (34)
    一 村落空间及族群分布 ………………………………… (36)
    二 社区宗教生活 ………………………………………… (40)
    三 社区基础设施和公共服务机构 ……………………… (42)
    四 村民生计状况与生活水平 …………………………… (44)

第二章 流离他乡 ……………………………………………… (50)
    一 背井离乡的"云南人" ……………………………… (52)
    二 追寻金箭的拉祜人 …………………………………… (67)

第三章 从缅甸到泰国 ………………………………………… (86)
    一 残军的困境 …………………………………………… (86)

二　美良河村的建立 ·· (89)
　三　逃避战乱、兵役和瘟疫 ·· (93)
　四　经济利益难寻、财产没有保障 ·· (99)
　五　毒品危害 ·· (101)
　六　逃离之路 ·· (106)
　七　逃离,生存的选择 ··· (113)

第四章　从问题山民到受皇家恩泽 ·· (115)
　一　泰国政府眼中的山民问题 ·· (116)
　二　政府解决山民问题的措施 ·· (126)
　三　山民发展计划 ··· (129)

第五章　梦想公民证 ·· (142)
　一　用生命换来的国民身份 ·· (143)
　二　公民证——自由的翅膀 ·· (156)
　三　公民证——社会福利和保障 ··· (158)

第六章　我是泰国人 ·· (171)
　一　村民眼中的泰国 ·· (172)
　二　泰国国民教育——文化融合平台 ···································· (177)
　三　服兵役——国民义务的履行 ··· (183)
　四　海外淘金——年轻人的自由追求 ···································· (184)
　五　生活的新选择——泰国文化适应 ···································· (194)
　六　政治参与——公民身份的觉醒 ·· (199)

第七章　延绵的中国文化 ··· (203)
　一　一个不愿意放弃中国国籍的老人 ···································· (204)
　二　创办中文学校 ··· (210)
　三　中国人的宗教 ··· (214)
　四　文化认同与泰北"云南人"族群形成 ······························ (219)

结　论 ………………………………………………… (223)
　一　国家、政府与人民 ……………………………… (224)
　二　跨国迁徙者心中的"国家"、"政府"、"故乡" ……… (228)
　三　从泰国公民到国家认同 ………………………… (234)
　四　关于国家认同的思考 …………………………… (236)

参考文献 ……………………………………………… (245)

后　记 ………………………………………………… (255)

导　论

　　中国云南作为边疆少数民族地区，不仅以其丰富多彩的少数民族文化资源和多样性文化存在，而且有其特殊的地缘政治和跨境经济文化交流互动关系。研究云南边疆问题和少数民族问题，势必将中国云南与东南亚的关系纳入视野，否则难以全面认识其特殊性、复杂性和流变性。

　　人是社会性动物，人类的群居活动，建构了多种复杂的社会关系，进而演化成为一个个共同体之间的关系。中国云南与东南亚地区关系的历史发展变迁，正是居住在中国云南的各族人民与东南亚地区人民之间在长期交流与互动过程中呈现出的一幅幅生动多彩的历史文化画卷。远古以前，居住在云贵高原和东南亚地区的先民们，其眼光和步伐所到之处，都是广袤的原始森林和山川河谷，这些自然空间都是他们可以自由迁徙居住的地方。随着现代民族国家逐渐形成，这片曾经完整的地理空间被一个个政治共同体所分割，继而用国境线、界碑等有形之物将其地理空间进行分割和区别，于是衍生出了各种各样的跨国问题：跨境迁徙、跨境民族、跨境互动、无国籍族群、难民等。

　　本书的研究正是以这样一个群体为研究对象——他们曾经是中国人，是中国云南籍的汉族和少数民族，因种种原因离开中国云南，迁徙至缅甸，再从缅甸迁徙到泰国北部地区。在泰北，他们曾经作为难民和"有问题的山民"而存在，之后被泰国纳入国民化体系之中，成为泰国公民，从此结束了颠沛流离的生活。他们不仅在泰北的深山密林之中过上了平静生活，而且他们的下一代追随着现代化，走出了深山，走向世界。

一 研究缘起和研究对象的确定

在云南大学"211"三期建设中，民族学重点学科建设负责人云南大学民族研究院何明院长确定了一个雄心勃勃的工程：将推出一批以云南跨境民族为研究主体的东南亚民族志研究成果。中国云南作为众多少数民族聚居区，以其丰富多彩的少数民族文化资源和多样性文化存在，这使中国云南本身就成为一个绝好的人类学民族学田野调查对象。作为本土学者，之前我们的学术眼光主要向内，以云南的少数民族作为主要研究对象。何明院长以其高瞻远瞩的学术视野，提出把中国云南与东南亚作为一个密切联系的地理空间和文化空间、把中国云南的民族与东南亚民族之间的族群与互动关系从一个新的研究视角来考察，这无疑就是一个激动人心的新学术研究方向。由于我近年来的研究主要集中于跨境民族拉祜族的文化变迁，我因此被纳入了"东南亚民族志"课题团队之中，并确定了以泰国北部拉祜族作为研究对象。

2009 年底，在何明院长亲自带领下，我们"泰国民族志调查小组"到泰国进行田野点调查选点工作。泰国清迈大学社会科学与可持续发展区域中心（RCSD）的查杨（Chayan）主任以及他的同事为我们推荐了符合我们需要的调查村庄，并带领我们到村庄进行实地考察。当我们考察了泰国同行为我选择的调查点清莱府美赛一个距离缅泰边境仅几公里的拉祜族村庄时，我注意到了这个只有三十多户人家的村寨里有不少汉人杂居其中，他们都是国民党残军。2010 年 8 月，当我们"泰国民族志调查小组"① 即将正式进入泰国田野点调查前的半个月，泰国清迈大学传来消息，原定的那个拉祜族村庄不欢迎外国人到他们村做调查。为此，查扬主任他们为我们重新选点考察了一个拉祜族村寨——清莱府西南部的一个拉祜族村寨。

---

① 这次赴泰国进行田野调查，我们共有五位老师（马翀炜教授、张锦鹏教授、刘江教授、龙晓燕教授、李昕博士）带着助手前往，分别调查泰国北部的阿卡、拉祜、傣勒、瑶和苗族。

当笔者和助手郑永杰进入新选田野点时，我们惊奇地发现，这个村有中文名字，叫美良河村，它是一个多民族杂居的村寨。有汉人，主要是国民党残余官兵和眷属；还有拉祜族、哈尼/阿卡、哈尼/阿可等山地民族。这个村寨是国民党残余军人建立的，而且国民党残余军人家庭占主体地位，因此它被称为"难民村"。拉祜族、阿卡等山地民族是随后迁徙过来的，其中拉祜族到这个村寨定居，与国民党残部有密切的关系。随着调查的深入，我们越来越清晰地感受到，拉祜族作为一个跨境民族，其在东南亚国家的跨境迁徙固然有其独特的族群传统和历史文化，但是在拉祜族大规模迁徙的20世纪四五十年代，拉祜族的迁徙是与撤退缅甸的国民党军队紧密相关的，而且在这一时期（20世纪四五十年代）之前和之后的历史时期中，因其他原因迁徙出境的拉祜族，也有不少人因生存需要而长期依附于汉人马帮和国民党军队。这就是泰国境内不少拉祜族村寨建在"难民村"附近的原因。

民族学人类学的田野调查强调以一个社区为研究对象，这个社区不仅是"给定社会活动的容器"①，而且是社区内部人与人之间复杂社会关系及其历史演变交织的综合体。对于像泰国美良河村这样一个有复杂族群关系的社区，如果仅仅将拉祜族分离出来研究，无疑会使研究陷入"只见树木，不见森林"的危险。因此笔者及时调整了所观察和研究的对象：不仅包括了泰国美良河村的拉祜人，而且包括了那些自称"中国人"的汉人。在泰国美良河村，阿卡人所占的人口比例并不低，但由于阿卡人的迁徙历史和泰国国民化经历与拉祜人大致相同，因此本书所呈现的重点将放在汉人和拉祜人之中。

二 研究主旨

居住在泰北美良河村的云南汉人和山地民族有一个共同的特点，他们大多数是在20世纪40年代到50年代离开中国的，都曾经在缅

---

① Erik Mueggler, *The Age of Wild Ghosts: Memory, Violence, and Place in Southwest China*, California: University of California Press, 2001, p. 10.

甸生活了几十年，然后陆续从缅甸迁徙到泰国北部，在泰国北部辗转一段时间之后定居于泰国美良河村。当泰国政府对山地民族实行国民化政策之后，他们为此作出了艰苦的努力才获得了泰国公民证，从此插上了自由的翅膀，开始了全新的生活。在我们调查中，村民说得最多的话是"国王和王后就像我们的父母"、"我们爱戴国王"、"泰国是一个自由的国家"。

由此提炼出的"迁徙"、"国家"、"认同"这些关键词，使我的研究免不了与詹姆斯·斯科特的著作《不被统治的艺术——东南亚高地的无政府主义历史》[①]联系起来。

2009年，詹姆斯·斯科特（James C. Scott）在其著作《不被统治的艺术——东南亚高地的无政府主义历史》中，采用"佐米亚"（Zomia）[②]作为研究的地理空间概念：佐米亚是一片海拔在300米以上的地区，它从越南的中心高地到印度东北部，横跨东南亚五个国家（越南、柬埔寨、老挝、泰国和缅甸）和中国四个省份（云南、贵州、广西以及四川的一部分）。斯科特认为，在20世纪40年代即第二次世界大战以前，"这块大区域处在9个国家的边缘带，不属于任何一个国家的中心"。在这里生存的各民族自我统治并处于无政府社会状态。这些群体通过改变自身的居住地、社会结构、风俗习惯等来调整与国家的距离，以达到逃避政府统治的目的，"逃离溪谷国家的人们迁移到山上，导致山区人口快速增长；人口频繁的迁移使'佐米亚'地区成为'扰乱地带'（shatter zones）"。"从种种层面解释，佐米亚就是一种'国家效应'的产物，更准确地说是国家运作或国家扩张的结果。扰乱地带和难民区就成了溪谷国家运作的悲哀产物。"但是，这些不愿意成

---

① James C. Scott. *The Art of Not Being Governed: An Anarchist History of Upland Southeast Asia*, Singapore: National University of Singapore, 2010.

② "Zomia"的概念最初由荷兰学者威勒·范·舒赫德（Willem Van Schendel）提出，该词源于钦（Chin）族词语"zo-mi-a"，其含义为边缘人，所指范围是从喜马拉雅山脉的西侧和青藏高原到中南半岛的高原地区。舒赫德认为，这一概念区别于以国界为基础划分出的中亚、东亚、东南亚等，具有历史过程和政治特征的特殊性。这一概念经斯科特在《不被统治的艺术——东南亚高地的无政府主义历史》一书中进一步阐发而引起学者广泛关注（参见何明《开放、和谐与族群跨国互动——以中国西南与东南亚国家边民跨国流动为中心讨论》，《广西民族大学学报》2012年第1期）。

为国家臣民的人主动选择的生态经济环境和社会文化体系正是他们自我保护的盾牌，因此，溪谷精英将这些逃避政府统治的"非国家臣民"想象为"非文明的"是错误的文化解读①。

詹姆斯·斯科特的观点无疑是引人注目的，他对东南亚地区的族群迁徙和生态文化提出新的解释体系让人耳目一新，但是他的理论体系（我们姑且称之为"斯科特迁徙模式"）中也有很多问题值得探讨。特别是中国的跨境民族向东南亚国家和地区迁徙的历史，从表面上看似乎符合斯科特的理论逻辑，但是若深入探究，就会发现有很多问题用"逃避政府统治"来解释并不具有合理性。本书所呈现的泰国美良河村的村民，他们的迁徙历史，就是一个与斯科特迁徙模式不一致的个案。

泰国美良河村是泰国北部地区的一个移民村，该村村民的祖籍都是中国云南，有汉族、拉祜族、哈尼/阿卡、哈尼/阿可等少数民族（或称山地民族）。他们从中国迁徙出境，在缅甸生活过一段时间，后又继续向南迁徙到泰国，最后定居于泰国。最初从中国迁徙出境者，其迁徙时间，并不完全在斯科特研究所限定的时间段——第二次世界大战以前②——而是稍微靠后一点的时间段：从中国迁徙出境的时间在20世纪30年代到60年代初期这一时间段内，并主要集中在1949年到1960年；从缅甸迁徙到泰国的时间段主要集中在20世纪60年代到80年代。这些移民跨境迁徙历程，经历了从被迫离开国家（中国），到主动脱离国家（缅甸），再到积极归附国家（泰国）的心理历程和行动过程，他们一度成为无政府主义者在缅泰边境地带游荡，或刀耕火种或武装护商，以谋其生存。从表面上看，这些迁徙者的迁徙历程，在一定程度上符合斯科特提出的"逃避政府统治"迁徙模式，但若对其生存策略进行深入分析，不难发现，他们实际上是一直希望有国家公民身份，一直希望有政府接纳他们，让他们归附于能够保护他们生命财产安全的国家体系。也正是因为对"归附国家"的强烈渴求，他们才不断迁徙，

---

① James C. Scott, *The Art of Not Being Governed: An Anarchist History of Upland Southeast Asia*, Singapore: National University of Singapore, 2010, preface.

② 事实上，斯科特在研究中虽然将其研究时间范畴界定在第二次世界大战以前，但他的不少案例所发生的时间超出了这个时间段，延续到20世纪五六十年代。这也是斯科特的理论受到批评和质疑的一个方面。

不断寻找，不断努力，甚至为了得到泰国的公民证不惜流血牺牲，用生命去换取一个能在泰国长期居住的权利，换取泰国的公民身份。他们逃避的恰恰是无政府主义下的混乱状态，同时也极力逃避集权政府统治，逃避是一种无奈的生存选择，逃避的实质是寻求新的庇护。直到他们逃避到了泰国北部，在继续经历了混乱之后，泰国政府把国家管理控制权力逐步向泰缅边境地区的部落延伸之后，他们才归顺于政府统治，在国家庇护之下，开始他们所期望的新的生活。

从逃避到归附，这是一个非常有意思的变化，也对我们从理论上来探究国家认同与不认同的社会心理有积极的意义，这也是本书试图通过揭示泰国美良河村村民迁徙、定居、国民化这一过程中所发生的社会心理变化来回答的问题。

因此，本项目的研究是在对泰国北部一个中国云南移民村进行深入的田野调查的基础上，以民族志叙述文本的方式，展示一个被迫离开国家（中国）、主动离开国家（缅甸）和积极进入国家（泰国）的群体，其"国家不认同"和"国家认同"的社会心理是如何形成和演进的，以及其中所需要的政治文化维度。透过这些海外经验，有助于我们进一步认识中国多民族国家如何协调族群认同与国家认同的关系，如何构建和谐公民社会等一系列重大现实问题。

三 几个重要概念的界定

（一）关于云南人的特称

在泰国北部山区聚居或散居着不少从中国云南迁徙而来的云南籍汉人，他们自称"中国人"。由于"中国人"的内涵很宽泛，在本书中若直接使用这一称谓，难免会产生一些歧义和误解。因此，需要采用一个更恰当的称谓来称呼这群"中国人"。泰北人将来自中国云南的汉族称为"贺人"或"钦贺"（文献中拼写为 Haw 或 Hor，或 Chin-How），主要指从事长途贩运的马帮商人。由于云南马帮商人有不少是回族，因此"钦贺"之称呼也包括了回族。但是云南的汉人和回族自己从来不用

"贺人"或"钦贺"一词，他们认为这词很有侮辱性①，就像今天他们自己把生活在泰北的泰族称为"锅猡人"一样。在一些国内外学术论著中，所提到的东南亚的"云南人"，主要是指从中国云南迁到当地的操汉语云南方言的云南汉族和回族②，还有学者用"云南人"特指生活在泰北的国民党残余军人③。

本书所研究的泰国美良河村，是国民党残余军人建立的村寨，被称为"难民村"，其中约有一半的村民是中国云南籍汉人，其主体是国民党残余军人及其眷属和后代，也有少部分是汉族马帮商人。如何称呼泰国美良河村汉人是研究中首先遇到的一个难题，用他们的自称"中国人"容易引起歧义，用较为普遍使用的"云南人"称谓来概括这一群体，似乎更为恰当，也符合当前学界流行的叙述表达。所以，本书用"云南人"来统称居住在泰国北部美良河村的云南汉人，他们包括国民党军人和眷属、从事马帮生意的云南籍汉人、因其他原因迁徙到泰国北部美良河村的云南籍汉人。

特别需要指出的是，正如分布在全世界的中国移民者一样，泰国的汉人也通称为"华人"，但多数情况下和多数泰国人眼中，"华人"主要指来自福建、广东等地的中国移民，如潮州人、闽南人等。

（二）关于山地民族

在东南亚半岛地区的缅甸、老挝、越南和泰国的广大山区，分布着众多少数民族，因为他们主要居住在山区或高地，以刀耕火种为生计，一般将其称为山地民族。泰国北部几个府约占全国1/5的面积，居民大多数是泰族，主要生活在平原地区。另外还生活着人数虽少但民族众多的泰北山地民族。泰北山地民族，即指生活在泰国北部山区的众多少数民族，包括阿卡、克伦、拉祜、苗、瑶、傈僳、佤等20多个民族，泰

---

① 安·马克斯韦尔·希尔：《泰国北部的中国云南人》（陈建明编译），《东南亚》1985年第1期。
② 何平：《移居东南亚的云南人》，《云南大学学报》（社会科学版）2005年第3期。
③ 王筑生：《泰国北部的云南人》，《华夏人文地理》2001年第1期，第8—31页。

国官方统称为"山民"或"山地部落"。

泰北山地民族是从中国、缅甸、越南、老挝迁移而来的，有的在泰国已经生活了上百年，有的也只是近几十年才迁移过来①。这一情况我们在调查中也得到认证，调查还发现，这一迁移今天仍然在继续。东南亚的山地民族，多数是从中国西南边疆迁徙过去的，在中国，学者将这些族源在中国、族群跨境而居的民族称为跨境民族或跨界民族，官方则多采用跨境民族的表述方法。中国云南拥有16个跨境民族，即白、哈尼、壮、傣、傈僳、拉祜、佤、纳西、景颇、布朗、普米、阿昌、怒、基诺、德昂、独龙。这些跨境民族向东南亚及其他地区迁徙，促进了中国和东南亚地区经济互动、民族融合和多元文化交融。跨境民族或山地民族在其所属国，因不同的政治环境和社会经济的影响，族群发展也呈现出截然不同的景观。

在我们的调查点泰国美良河村，生活着拉祜、阿卡、阿可、傈僳四个山地民族，其人口数量约与该村云南人持平。如何称呼这些民族也是需要界定的，是按中国的惯用方式将其称为"跨境民族"，还是用泰国的惯习将其称为"山地民族"？考虑到本书所研究的对象生活在泰国，因此本书采用泰国官方和学者们常用的方式——"山地民族"来称呼这一群体。

四 中国与东南亚地区跨境迁徙的历史与现实、跨境移民的认同问题

巍峨高耸的青藏高原自西向东向南延绵延伸，形成了云贵高原的主体。而云贵高原的群山沟壑继续向东南地区发展，形成了掸邦高原、老挝高原、清迈高原。这些高原山地都同属一个地理板块，这使中国西南地区具备了独具特色的空间环境和文化特色，那就是中国云南与东南亚国家之间山水相连，族群相通。发源于青藏高原的澜沧江、怒江等河

---

① 佳拉·素婉维拉：《泰国的山地少数民族问题》（杜建军译），《世界民族》1987年第1期。

流，穿越青藏高原的横断山脉，汇流南下，经中国云南流出境外，成为国际河流，也使中国西南边疆与东南亚地区构成了"一衣带水"的次区域地理板块。

在中国西部和西南部，自古以来繁衍生息着众多民族。一些民族在适应环境和社会变化的过程中，不断迁徙，形成了中国与东南亚区域具有区域特色的族群迁徙互动关系，也形成了中国与东南亚国家之间密切的经济文化关系和独特的地缘政治关系。与之相关的问题，成为人类民族学以及其他学科学者展开深入研究的兴趣点。

（一）关于族群与东南亚族群迁徙互动关系的研究

正如约翰·波特所言："在多族群国家创建过程中，至少在当时历史时期，人们从世界上一个地方到另一个地方的迁移比起武力征服活动来更为重要。"[①] 任何一个族群或民族，都有自己祖先的发源地，在漫长的历史时期，这些族群在不断迁移，从一个地区到一个地区，空间的变迁过程同时也是时间变化历程，因此从历史来看，族群的迁移体现出从一个时空维度向另一个时空维度变化的特征。导致族群迁移的原因是什么？马克斯·韦伯在"民族国家与经济政策"一文中讨论过德国东部族群迁移与当地经济结构、政治格局相互之间的关系，他发现日耳曼人从"落后文明"地区向"发达文明"地区迁移，而波兰人则逐步迁入这些贫瘠的地区[②]。韦伯把这种截然相反的迁移模式归结为族性，是劣等民族与优等民族的区别。这种观点，显然带有强烈的民族偏见色彩。与此相反，人口社会学研究族群迁移则更重视"迁移选择性"（migration selectivity）的分析，对不同地区的人口迁移，重在考虑迁出地的"推力"和迁入地的"拉力"，分析的主要变量是年龄、性别、教育水平、职业、婚姻状况与家庭角色、住房以及生命周期变化，等等。

---

① John Porter, Ethnic Pluralism in Canadian Perspective. *Ethnicity: Theory and Experience*, Edited by Glazer, N, D. P. Moynihan. Cambridge: Harvard University Press, 1975, pp. 267 – 304.

② 马克斯·韦伯：《民族国家与经济政策》（甘阳等译），载《韦伯文选》第一卷，三联书店1997年版。

这些分析模式，虽然都符合现代化、全球化过程中国境内人口迁移和跨国人口迁移的一般模式，但是如果把这些理论套入对中国跨境民族以及东南亚地区跨境族群迁移的研究，就显得毫无解释力，因为这一地区族群迁移有其特殊的影响因素。

中国与东南亚地区之间跨境流动有其特殊性，在相当长的历史时期，东南亚地区是一个国家边界模糊的地区，生活在东南亚地区的各民族或族群的迁徙和流动是不受国家边界影响的。从一个地理空间到另一个地理空间的迁移引致原因多是贸易，如早在13世纪就有"贺人"或"钦（秦）贺人"在泰国北部定居，他们是中国云南人，长期从事中国与东南亚、南亚地区长途贸易①。而在中国西南边疆地区，生活着很多土著民族，他们因族群之间的矛盾和战争，经常在中国西南边疆与周边国家之间迁徙流动，寻求生存之地。19世纪西方殖民主义者试图瓜分东南亚地区之时，中国和东南亚国家之间边界划分清晰以后，中国西南边疆跨境民族也具有了"跨境而居"的实际意义②。对此，美国社会学家雷伯森（Stanley Liebersion）指出，殖民主义时期非洲、拉丁美洲、东南亚等地，被殖民主义者重新划定的边界给各个族群之间的交往和殖民地之后"民族—国家"建立时的边界都打下了深深的烙印③。詹姆斯·斯科特则将国家构建对"佐米亚"地区族群迁徙的影响关系推向了极致，他认为这些族群不断逃向高地、逃向山区是为了逃避政府的控制，他们不想被纳入国家体系之内成为一个缴纳赋税、尽其义务的臣民④。

（二）泰国北部跨境移民的历史与问题

目前泰国北部生活的跨境移民，主要有两类人群组成，一类是移居泰国的中国云南汉族，另一类是山地民族。中国云南汉族从中国到缅甸、泰国的两次大规模迁徙，一次发生在19世纪70年代，云南回民起

---

① 何平：《移居东南亚的云南人》，《云南大学学报》（社会科学版）2005年第3期。
② 刘稚：《中国在西南与东南亚的跨境民族》，云南民族出版社1988年版。
③ 马戎：《西方民族社会学的理论与方法》，天津人民出版社1997年版。
④ James C. Scott, *The Art of Not Being Governed: An Anarchist History of Upland Southeast Asia*, Singapore: National University of Singapore, 2010.

义失败导致回民向南部地区迁徙；一次发生在20世纪50年代，国民党军队和普通百姓越过边境到上缅甸地区，之后继续南移到泰国北部地区。"云南人"在泰国的生活和社会组织具有延续性，这与他们所处的自然环境、社区环境与在云南的环境有很大相似性无不关系①。特别值得重视的是那些国民党残军，20世纪50年代他们试图以缅甸边境为基地"反攻大陆"失败后，流落在缅—泰边境地区，后来大部分撤至中国台湾，一些云南籍国民党残军，则选择继续留在泰国北部山区。20世纪70年代后向泰国政府投诚归附。这一群体和这段历史，曾经一度被人们所忽视。1961年，中国台湾知名人士柏杨以邓克保之名出版了《异域》②一书，以纪实文学的体例将这一特殊群体在异国艰难求生的经历公之于众，引起中国台湾民众的强烈同情，相关的读物不断刊发，"孤军"也成为极具煽情性的对这一群体的称呼。这一群体的特殊迁徙历史、生存发展状况以及他们独特的族群文化特征等，也成为中国台湾学者和大陆学者研究的对象。谢世忠从历史的视野叙述了流落在缅甸、泰国的国民党军队及其后裔的近半个世纪的发展历程，探讨了这一群体从军人转变为特殊族群的历程，以及他们的族群意识、国家观念及社会文化变迁等问题③。张雯勤通过对这群国民党残军深入的田野调查资料，分析了他们的迁徙和发展历史，不同的政治力量对这一群体的影响及其他们的生存适应策略，以及受不同地域文化和国家制度影响下的族群发展特征④。

---

① 安·马克斯韦尔·希尔：《泰国北部的中国云南人》，陈建明编译，《东南亚》1985年第1期。
② 邓克保：《异域》，台北平原出版社1961年版。
③ 谢世忠：《国族——国家的建构、范畴与质变：陆军第九十三师的云南缅泰台湾半世纪》，《台湾大学考古人类学刊》1997年第52期。
④ 张雯勤（Chang Wen-Chin）, The Kuomintang Yunnanese Chinese of Northern Thailand, In *The Dynamics of Emerging Ethnicities: Immigrant and Indigenous Ethnogenesis in Confrontation*, Johan Leman ed., New York: Peter Lang, 2000, pp. 35 – 56. From War Refugees to Immigrants: The Case of the KMT Yunnanese Chinese in Northern Thailand, *International Migration Review*, 2001, pp. 1086 – 1105, Identification of Leadrship among the KMT Yunnanese Chinese in Northern Thailand, *Journal of Southeast Asian Studies*, 2002, pp. 123 – 146. Invisible Warriors: The Migrant Yunnanese Women in Northern Thailand, *Journal on Moving Communities*, 2005, pp. 49 – 70. The Interstitial Subjectivities of Yunnanese Chinese in Thailand. *The Asia Pacific Journal of Anthropology*, 2008, pp. 97 – 122.

黄树民分析了泰北华人中国文化传承与再造文化传统的过程，以及年轻一代面对国家整合与全球化所作出的回应①。王筑生、何平、段立生等对这一群体的田野调查和相关研究成果，补充了人们对这一群体的生存状况的认识和文化变迁的理解②。

生活在泰北的山地民族主要有克伦、阿卡、拉祜、傈僳、瑶、苗，克伦是泰北本地土著民族，其他五个少数民族是从中国西南地区迁移而来的。戈登·杨对泰国山地民族的由来、分布、人口、语言、宗教、村寨、体质、经济、接触、社会习惯、村政府、迁徙和部族发展进行过梳理③。奈杰尔·哈兹尔丁以自己亲眼所见记述了这些山地民族独特的文化，以及现代社会对他们传统文化的威胁④。珍妮·理查德·汉克斯将缅泰边境少数民族聚居地称为"勐堪"地区，她分析了这些民族迁徙的历史和传统文化，指出这些部族有各自独特的文化传统，但是却多维持着刀耕火种的生计方式，实行非常松散的村寨自治模式和特殊的维持和平方式。当泰国政府进入"勐堪"地区之后，这些山地部族怀着不信任被动接受了政府控制。之后随着"勐堪"的行政结构在部族村寨的建立以及礼教传递的权力影响，良好的庇护和被庇护关系建立起来，从而使山地部族与泰国主体民族之间建立了和睦的政治关系和文化互动关系⑤。

拉祜族是泰北的一个少数民族，最早从中国迁徙到泰北大约在19世纪初期⑥，大规模迁徙到泰北发生在20世纪70年代，主要随着国民

---

① 黄树民（Huan Shu-min），*Reproducing Chinese Culture in Diaspora：Sustainable Agriculture and Petrified Culture in Northern Thailand*，New York：Lexington Book，2010.

② 王筑生：《泰国北部的云南人》，《华夏人文地理》2001年第1期；何平：《移居东南亚的云南人》，《云南大学学报》（社会科学版）2005年第3期；段立生：《访美斯洛——泰国北部的云南人村》，《东南亚》1986年第4期。

③ Gordon Young，*The Hill Tribes of Northern Thailand*，Bangkok：Siam Society，1962.

④ 奈杰尔·哈兹尔丁：《泰国金三角的六民族》，《民族译丛》1982年第6期。

⑤ 珍妮·理查森·汉克斯：《文化的解读：美国及泰国部族文化研究》，刘晓红等译，云南大学出版社2002年版。

⑥ 同上。

认同作为与主体相关的概念，最早出现于哲学范畴，经弗洛伊德（Frued）引入现代心理学，后在埃里克森（Erik H. Erikson）"自我同一性"理论中得到发展，经埃里克森的使用，"认同"表示自我与他人的关系①。因而，"认同"主要体现在"个体"与"群体"之间的心理归属感。个体对群体的心理归属感，事实上就是一种集体意识。涂尔干认为，"集体意识"是"将共同体中不同个人团结起来的内在凝聚力"②。因此，认同就具有了重要的政治意义，这也是当今社会"认同"成为研究热点的原因所在。族群认同、民族认同、国家认同、社会认同、文化认同等，都成为时下民族学人类学研究热门话题，以至于"认同"一词有被滥用的趋势。

群体有多种标准进行划分，因此一个人可能同时具有几个群体成员身份。因此，群体意识（或集体意识）也具有多层次性，个体对群体的认同可能存在多层面的不同内涵的认同意识，而且，"在人们置身于不断扩大的'群体'并与其他'群体'接触时，认同的范围也在不断扩大"③。

族群、民族、国家是三个不同但又密切联系的群体概念。族群理论的发展，丰富了对族群、民族、国家这三个概念的内涵，也深化了人们对族群认同、民族认同和国家认同的理解。希尔斯（Edward Shils）、范·登·博格（Van den Berghe）和菲什曼（Joshua Fishman）为代表的原生论，把族群看作一个自然单位，因语言、宗教、种族、土地等"原生纽带"（primordial ties），使这些自然单位获得内聚外斥的力量④。在讨论族群认同时，原生论者强调共同的血缘、语言、宗教信仰、生活地域等原生性的情感纽带。这使原生论的认同理论呈现出静态特点，以至于难以解释在社会发展变迁的历史中，因族群流动和与其他族群交往所

---

① 高永久、朱军：《论多民族国家中的民族认同与国家认同》，《民族研究》2010年第2期。

② 埃米尔·涂尔干：《社会分工论》，渠东译，生活·读书·新知三联书店2000年版，第22—23页。

③ 马戎：《民族社会学——社会学的族群关系研究》，北京大学出版社2004年版，第72页。

④ 纳日碧力戈：《现代背景下的族群构建》，云南教育出版社2000年版，第45页。

社会和经济"（SEFUTS）（Socio-Economics of Forest Use in the Tropics and Subtropics）研究小组的报告也指出，对山地民族进行国家行政模式渗入，充分暴露了泰国政府国家建设中的文化霸权主义，泰国政府保护森林的政策实质上是与山民们争夺资源的控制权，由此引起了民族情绪和民族主义发展，出现了严重的社会问题①。

进入20世纪90年代，在日益高涨的民族主义斗争下，泰国政府开始赋予泰北山民"国民"的法律地位，获得"公民证"成为泰北山地民族社会经济发生实质性变化的转折点。然而这一过程并非一帆风顺，政策的不断调整使山民申请公民证难度不断增加②，复杂的程序和流程让山民无所适从，泰北山民获得公民身份存在着很多制度障碍、文化障碍和技术障碍③。泰国政府对山民申请公民证设置种种限制条件，还要求山民迁出他们世代居住的森林，这引起了山民们1999年的一次大规模游行请愿运动。卡斯林·吉罗利（Kathleen Gillogly）指出，从本质主义看，山地部落被授予公民权利的障碍在于政府并没有将其定义为一个合法的实体，改变这种态度在于重新审视低地泰族的文化，改变相关的文化政策和政治策略④。

（三）认同、国家认同及跨境移民认同问题

"认同"（Identity）源于拉丁文 idem，意为"相同"或"同一"。

---

① Reiner Buergin, *"Hill Tribes" and Forests: Minority Policies and Resource Conflicts in Thailand*, Socio-Economics of Forest Use in the Tropics and Subtropics Working Paper No. 7, Albert-Ludwigs-Universität Freiburg, 2000.

② Jarernwong Suppachai, Citizenship and State Policy: How We an Move Beyond the Crisis? *The Crisis and Beyond: Can Youth Make A Difference?* In the Asia-Pacific Youth Forum, Thailand, 1999.

③ Reiner Buergin, *"Hill Tribes" and Forests: Minority Policies and Resource Conflicts in Thailand*, Socio-Economics of Forest Use in the Tropics and Subtropics Working Paper No. 7, Albert-Ludwigs-Universität Freiburg, 2000.

④ Kathleen Gillogly, Developing the 'Hill Tribes' of Northern Thailand, *In Civilizing the margins: southeast Asian government policies for the development of minorities*, Ithaeo and London: Cornell University Press, 2004, pp. 117 – 149.

未达到良好的效果,但是对山区少数民族传统社会经济方式的改变却是巨大的①。李正方等的文章介绍了泰国北部一些成功的生态农业开发项目,相关的科研研究机构,以及泰国北部山地开发的研究、技术推广、皇家发展计划的实验站运行情况②。陶红、袁仕仑对泰北山民种植罂粟和破坏森林、威胁国家安全、社会经济发展落后等问题进行了综合,并介绍了泰国政府在解决这些问题时所采取的政策措施及其成效③。除此之外,还有康君达、申旭、韦红、刘稚等学者对相关问题的研究,也增加了人们对皇家项目积极意义的认识④。

但是,国外学者的学术视角则更多关注泰国国家政权介入后,对泰北山地民族产生的负面影响。安娜·刚加纳潘指出,泰国政府以生态环境保护主义的名义事实上是为了控制泰北高地森林区域生活的山民们。铲除鸦片生产的替代经济及其发展环境友好型作物的高地发展项目并没有充分考虑山民的群体权利、财产权利和人权,从而使山民逐步失去他们生存于森林的权利,产生了新的族群矛盾⑤。卡斯林·吉罗利(Kathleen Gillogly)的研究尖锐地指出,泰国北部山地部落曾经是不受任何国家政权控制的富裕和自由之民,但是近30多年来他们却成了"落后"、"危险"、"混乱"、"有问题"之民。这并非因为山地少数民族自身发生了什么变化,而是泰国政府为了将其纳入国家控制之中,将他们构造为一个"山地民族问题",并随着泰国政府对山民控制的推进,进而将其演变成为一个国际性的问题⑥。"回归线和次回归线森林使用的

---

① 刘达成、郑晓云:《泰国发展替代种植铲除毒源的启示》,《东南亚》2000年第2期。
② 李正方等:《泰国的生态农业和北部山区的开发利用》,《农村生态环境》1987年第3期。
③ 陶红、袁仕仑:《泰国的山民问题与政府解决办法》,《东南亚纵横》1987年第1期。
④ 康达君:《泰国北部"山民"及其鸦片种植业》,《印度支那》1988年第3期;申旭:《泰国山民问题及政府对策》,《东南亚》1993年第3期;韦红:《东南亚五国民族问题研究》,民族出版社2003年版;刘稚:《东南亚国家的山地民族问题》,《世界民族》1996年第4期。
⑤ Anan Ganjanapan, The Politics of Environment in Northern Thailand: Ethnicity and Highland Development Programs, *Forest for Trees: Environment and Environmentalism in Thailand*. Edited by Philip Hirsch, Trasvin Publication Limited, 1996, pp. 202 – 217.
⑥ Kathleen Gillogly, Developing the 'Hill Tribes' of Northern Thailand, *In Civilizing the margins: southeast Asian government policies for the development of minorities*, Ithaeo and London: Cornell University Press, 2004, pp. 117 – 149.

党残军进入泰北①。泰北的拉祜族长期保持着游耕游居传统②，在泰国政府对山民国民化运动中，拉祜族被泰族人认为是"忠诚的"、"听话的"而更容易获得公民证。

泰族人把那些泰北山地少数民族称为山地部落（chaaw khaw）。在30年前，在这些山地部落"没有迹象表明在村落阶层中存在国家政权"③，泰北边境地区成为无政府主义泛滥的地区。泰国政府认为，泰北少数民族是严重影响国家和生态安全的因素，山民问题可归纳为四个方面：国家安宁与巩固，关于耕地不固定以及在河流源头滥伐林木的问题，关于罂粟种植的问题，泰国山民吸毒及使用鸦片的问题④。从20世纪50年代开始，泰国政府开始致力于山民问题的解决，成立了泰国山民发展委员会，制定了多项扶持与发展山民的具体政策，并且与国际非政府组织合作，实施山民发展政策。泰国政府最初解决山民问题的方案是应急式救济政策，之后逐步转向了长远规划发展政策，帮助山民提高自助和互助能力⑤。在泰国实施山民发展计划中，被中国学者关注最多的项目是"皇室项目"，又称为"皇家项目"，该项目的实施在保护森林、铲除毒品、实施替代种植、发展少数民族经济方面取得了明显成效。覃彩銮对皇家发展茵他农山区规划项目和昌莱蔓山发展规划进行实地考察之后，对这两个项目实施情况和效果进行了详细介绍，总结了泰北山地民族发展项目取得成功的几点经验⑥。刘达成、郑晓云介绍了"泰王室项目"和"泰—挪威计划"两个项目在实施替代种植、铲除毒品中所取得的经济和社会效果，认为泰国替代种植项目在直接目标上并

---

① 片冈树：《基督教与跨境民族——泰国拉祜族的族群认同》，载《中国西南地区跨境民族的文化及其变迁》，云南大学出版社2008年版。

② 安东尼·R.沃克：《泰国拉祜人研究文集》，许洁明等译，云南人民出版社1998年版。

③ Kathleen Gillogly, Developing the "Hill Tribes" of Northern Thailand. In *Civilizing the margins: southeast Asian government policies for the development of minorities*, Ithaca and London: Cornell University Press, 2004, pp. 117 – 149.

④ 佳拉·素婉维拉：《泰国的山地少数民族问题》，杜建军译，《世界民族》1987年第1期。

⑤ 克泽帕·布鲁潘：《泰政府扶持与发展山地少数民族的政策》，《世界民族》1990年第2期。

⑥ 覃彩銮：《泰国发展山地民族经济项目的考察》，《广西民族研究》1992年第1期。

形成的新的族群关系和认同心理。与原生论持相反观点的学者则认为，族群特征是一种可随环境改变的参数，会受物质及工具理性等因素的影响，一个族群中的成员可以根据不同情境选择不同的身份，也就选择不同的认同，从而达到自己所求的经济、政治等目的。巴斯（Fredrick Barth）的"边界论"从族群结构差异导致的边界来解释族群认同问题，边界论关注族群边界形成、边界保持和边界变化过程，而不是强调群体的语言、信仰、历史等内部群体因素。巴斯通过一些事例指出，族群的边界是具有弹性的，族群身份会在群体互动与社会交换决策过程中发生转变，因此族群认同也是具有可变性的特点①。

如果说族群是主要与血缘、文化相联系的概念，那么，民族、国家就是与政治、文化密切联系的概念。斯蒂夫·芬顿在《族性》一书中，引用了《牛津词典》关于 nation 的定义是："一个广泛的人们聚集体，彼此通过共同的血统、语言或历史紧密地联合在一起，通常被组织为独立的政治国家（state），并且占有一定的领土。"② 安德森（Benedict Anderson）在其著名的《想象的共同体——民族主义的起源与散布》一书中，对民族的定义是："民族是一种想象的政治共同体——并且，它是被想象为本质上有限的（limited），同时也享有主权的共同体。"③ 霍布斯鲍姆也强调"民族"不是天生一成不变的社会实体，"民族不但是特定时空下的产物，而且是一项相当晚近的人类发明。'民族'的建立跟当代基于特定领土而创生的主权国家（modern territorial state）是息息相关的"。④ 也正因为 nation 的概念与国家主权有密切的联系，因此，nation 在很多情况下也被理解为"国家"，当然它的内涵与 state 仍然是有区别的，前者主要指以人为对象的"共同体"，后者主要指以制度为对象的"实体"。菲利克斯·格罗斯指出："国家是政治联合体的基本

---

① Fredrik Barth, Introduction, *In Ethnic Groups and Boundaries*, Fredrik Barth, ed. Boston: Little, Brown and Company, 1969, pp. 1 – 38.
② 斯蒂夫·芬顿：《族性》，劳焕强等译，中央民族大学出版社 2009 年版，第 21 页。
③ 本尼迪克特·安德森：《想象的共同体：民族主义的起源与散布》，吴叡人译，世纪出版集团 2003 年版，第 5 页。
④ 埃里克·霍布斯鲍姆：《民族与民族主义》，李金梅译，上海人民出版社 2000 年版，第 10 页。

历史形式。国家这种形式是掌握权力的政治阶级，或者说民主国家的大部分人的文化、观念和利益的结合。然而，国家又是影响规范国民的文化——价值、制度以及政治行为——的一个强大工具。"①

现代民族国家兴起以来，认同的问题在族群认同和国家认同之间的合力和张力之间展开而来，从而形成了多重复杂的民族关系和政治关系。在民族国家中，个体对群体的认同是体现在多层面上的，族群认同和国家认同之间是以冲突的方式呈现，还是以相互包容的方式出现，这一直是学界积极讨论的主题。国家是一种法律上的政治共同体，"拥有要求公民对其顺从和忠诚的权力"②。国家的强制力能够给国家共同体内的成员带来行为上的服从，但不一定能使共同体成员获得心理的归属。对此，亨廷顿提出的冲突论最具代表性，他指出族群的次国家认同和跨国认同都是解构美国国家认同、威胁美国国家安全的主要因素③。格罗斯并不认为族群认同与国家认同之间有必然的冲突，格罗斯指出，将族属身份与公民权分离，赋予个体以公民权，将会产生更高层次的身份认同，这是以地缘关系为基础，与个人权利、议会政治和法律统治相联系的认同，并且国家认同与族群认同并不产生冲突，公民权创造了双重认同④。建构主义者则强调了强化国家意识对国家认同建构过程的作用与意义，如霍布斯鲍姆认为运用国家机器来灌输国民应有的国民意识，特别是通过国民意象与传统，要求人民认同国家、国旗，并将一切奉献给国家、国旗，更经常靠着"发明传统"乃至于发明"民族"，以达到国家整合的目的⑤。现代政治理论从公民主体性地位和公民身份角度透视国家正义和公民权利问题，这些理论探讨有助于我们思考为什么会产生国家"认同"，为什么会"不认同"这一社会心理问题。公民身

---

① 菲利克斯·格罗斯：《公民与国家——民族、部族和族属身份》，王建娥、魏强译，新华出版社2003年版，第6页。

② 休·希顿·沃森：《民族与国家——对民族起源与民族政治的探讨》，吴洪英、黄群译，中央民族大学出版社2009年版。

③ 塞缪尔·亨廷顿：《文明的冲突与世界秩序的重建》，新华出版社2002年版。

④ 菲利克斯·格罗斯：《公民与国家——民族、部族和族属身份》，王建娥、魏强译，新华出版社2003年版，第20页。

⑤ 霍布斯鲍姆：《传统的发明》，顾杭、庞冠群译，译林出版社2004年版。

份研究的开拓者马歇尔（Marshall）在1949年提出公民身份的三个维度：公民权利、政治权利和社会权利。马歇尔把公民身份看作一种共享的认同，认为它能整合社会中的边缘群体[①]。阿克塞尔·霍耐特（Axel Honneth）提出，在现代社会中，人的主体地位获得是得到"承认"，现代承认有三种形式：爱、权利和团结，个人可以从三种承认中获得自信、自尊和自豪。西方左翼政治学派的代表者南茜·弗雷泽（Nancy Fraser）在对其反驳过程中，引发了一场学术争论，在一系列的争论与回应之中，对社会正义维度的理解得到了新的诠释，再分配、承认和"代表权"三维理论框架成为全球化世界中重构正义的理论框架[②]。

国内的学者研究国家认同主要是从国家认同与族群认同的关系、国家认同与民族认同的关系来展开。多数学者持和谐论的观点，认为族群认同、民族认同、国家认同是不同的层面，可以通过国家意识的强化、文化的整合、公民身份的建构来实现三者之间的整合。高永久、朱军指出，国家认同事实上已经内在地包含了民族认同，在现代民族国家中，民族认同与国家认同存在价值共识和功能上的相互依赖关系，在社会实践中可以和谐共存[③]。钱雪梅认为族群认同与"国家"紧密相关，不能离开国家而独立存在，族群认同对国家认同有依附性[④]。有的学者则认为民族认同与国家认同取向并不一致，但民族认同和国家认同可以调适与整合，如陆海发提出了整合的三种模式：第一类为推行多元文化主义政策；第二类为把国家认同高度政治化、制度化；第三类为强调政治信条的政治国家认同策略[⑤]。贺金瑞、燕继荣认为，公民对国家的认同就是要建立起一种国民意识，从而使公民对自己祖国的历史文化传

[①] T. H. Marshall, *Class, Citizenship and Social Development*, Chicago: The University of Chicago Press, 1964.

[②] 相关争论参阅凯文·奥尔森主编《伤害+侮辱——争论中的再分配、承认和代表权》，高静宇译，上海人民出版社2009年版。

[③] 高永久、朱军：《论多民族国家中的民族认同与国家认同》，《民族研究》2010年第2期。

[④] 钱雪梅：《从认同的基本特性看族群认同与国家认同的关系》，《民族研究》2006年第6期。

[⑤] 陆海发、胡玉荣：《论当前我国边疆治理中的民族认同与国家认同整合》，《广西民族研究》2011年第3期。

统、道德价值观等有强烈的认同感①。陈建樾认为一个具有利益表达功能的包容性制度架构将促进国家认同与民族认同呈现出一体化的两个方面②。

跨境移民者进入一个新的国家,在一个新的政治共同体之内受其制度约束和文化浸润,个体自我认知会发生隐性或显性的改变,新的集体意识有可能随之而产生。曾经的国家和现在的国家之间心理归属关系的变化,以及"认同"还是"不认同",都是跨境移民研究中值得重视的问题。中国西南边疆地区汉族和跨境民族在东南亚之间的跨境迁徙过程中,族群认同和国家认同发生了哪些变化?安·马克斯韦尔·赫尔(Ann Maxwell Hill)认为泰国的云南籍商人认为自己既是泰国人又是中国人,其中对中国文化认同十分强烈,政治认同与文化认同是相分离的③。赫尔在其著作《商人与移民:东南亚云南华人的族群特征与贸易》中,强调了云南华人之所以保持"云南人"的特性,是因为他们主要在中国—缅甸—老挝—泰国之间开展贸易,并建立了稳定的族群关系,保持自己的文化有利于促进商业活动④。何平通过对自己以及前人的调查资料探究,认为居住于中国西南与东南亚交界一带的跨境民族,对于自己生活的中国故土或者祖先生活的中国故土一直保持一种认同,他们联系密切,成为联系中国云南乃至中国与东南亚国家的一条纽带⑤。张雯勤分析了泰北华人女性在保持文化认同和共同体构建的作用⑥。段颖在其著作《泰国北部的云南人:族群形成、文化适应与历

---

① 贺金瑞、燕继荣:《论从民族认同到国家认同》,《中央民族大学学报》2008 年第 3 期。

② 陈建樾:《认同与承认——基于西方相关政治理论的思考》,《民族研究》2010 年第 3 期。

③ Ann Maxwell Hill, *Familiar Strangers: the Yunnanese in Northern Thailand*. Ann Arbor, Mich: University Microfilms International. Ph. D. dissertation, 1982.

④ Ann Maxwell Hill, *Merchants and Migrants: Ethnicity and Trade among Yunnanese Chinese in Southeast Asia*, New Haven, Conn: Yale University Southeast Asia Studies, 1998.

⑤ 何平:《中国西南与东南亚跨境民族的形成及其族群认同》,《广西民族研究》2009 年第 3 期。

⑥ 张雯勤(Chang Wen-Chin), Invisible Warriors: The Migrant Yunnanese Women in Northern Thailand, *Journal on Moving Communities*, 2005, 5: 49 – 70。

史变迁》中,指出泰国北部的"云南人"(主要指国民党军队、眷属和后裔)的族群形成受诸多内外关系的影响与作用,包括社会化、地方化、国家权力、族群之间的往来与互动、文化传统、双语教育及其与中国大陆、中国台湾的跨国关系以及相关的国际局势,等等。在这些关系的影响作用下,泰北"云南人"构建出多重的、动态的族群认同,族群认同与边界出现多重的、模糊的、变动的特点①。白志红认为,湄公河流域跨境民族的政治认同和文化认同是多层次的,不断变化着的。跨境民族的政治认同和文化认同与所在国和整个湄公河流域乃至整个世界的政治、经济和社会环境紧密联系。她以泰国山民为例,指出"对于这些山地民族而言,国家的认同意味着基本政治权利和社会保障。所在国政府的态度和政策在这些民族的认同中占据重要角色"②。何明认为,跨境而居的边疆少数民族在国家认同上具有模糊性和选择性,人口的跨境流动就是边疆少数民族利益追求的直接体现,因此,工具理性和价值理性的整合,是建构边疆民族国家认同的路径③。

另外,还有一些学者的研究成果值得关注。早在20世纪50年代,美国学者施坚雅(G. Willian Skinner)出版了两部关于泰国华人社会与文化的研究著作,对泰国华人和东南亚华人的研究具有深远影响。施氏指出,泰国华人之所以能够较快融入泰国社会,与泰国政府的移民政策、教育政策和社会控制策略有密切关系④。尽管施氏理论的研究对象主要是从海道移民到泰国、现主要居住在泰国南部地区的泰国华人,如潮州人、闽南人等,但他所提出的同化理论对跨境移民国家认同问题的

---

① 段颖:《泰国北部的云南人:族群形成、文化适应与历史变迁》,社会科学文献出版社2013年版。

② 白志红:《湄公河流域跨境民族的认同》,《西南边疆民族研究》(第五辑),云南大学出版社2007年版。

③ 何明:《国家认同的建构——从边疆民族跨国流动视角的讨论》,《云南师范大学学报》(哲学社会科学版)2010年第4期;《开放、和谐与族群跨国互动——以中国西南与东南亚国家边民跨国流动为中心的讨论》,《广西民族大学学报》(哲学社会科学版)2012年第1期。

④ G. Willian Skinner, *Chinese Society in Thailand: An Analytical History*, Ithaca: Cornell University, 1957; *Leadership and Power in the Chinese Community of Thailand*, Ithaca: Cornell University, 1958.

研究极富启发性。此外，龚浩群在对泰国主体民族低地泰族长期田野调查的基础上，对当代泰国的公民身份在制度、认同和实践等层面的社会事实进行研究①，为我们认识当今泰国社会的政治文化和国民对国家认同等相关问题提供了有益的帮助。

五　研究框架与本书的主要观点

关于东南亚族群迁徙、跨境流动、跨境移民的族群认同与国家认同等问题的研究成果，丰富了我们对东南亚地区跨境迁徙问题的认识，也加深了我们对从中国迁徙到泰国北部地区生活的美良河村村民的地方性知识的理解。本书将以民族志文本方式，将泰国美良河村村民的迁徙历史，糅合于时间和空间变化之中，向读者呈现出这一移民群体从被迫离开国家、到主动离开国家、再到主动归附国家的选择过程，并以此为个案探讨跨境移民国家认同的相关理论问题。

本书通过导论和七个章节展开文本的叙述与分析，最后得出本书的基本结论。

导论，主要介绍了研究缘起、研究对象、研究主旨，对几个容易引起歧义的概念进行界定，对本书研究所涉及的相关问题进行学术史回顾，介绍本书的框架结构、田野调查的经历和感受。

第一章，主要介绍泰国美良河村的地理概况、村落空间和族群分布，村民的宗教信仰和宗教生活在社区中的重要作用，社区基础设施和公共设施发展情况，村民的生计经济与生活水平情况。

第二章，主要叙述生活在泰国美良河村的"云南人"和拉祜人离开中国故乡的原因及迁徙历程。泰国美良河村的"云南人"主要由几个群体组成：云南马帮，主要是20世纪三四十年代因从事跨境贸易而离开云南，后留居在缅甸境内的人；中国远征军，这是抗日战争时期中国远征军出师缅甸抗击日本侵略军时滞留在缅甸的国民党军人；流落到缅甸的国民党军人，这是在1949年中华人民共和国成立前后，驻守滇

---

① 龚浩群：《信徒与公民：泰国曲乡的政治民族志》，北京大学出版社2009年版。

南的国民党九十三师败退至缅甸，从此流落在缅甸和泰国境内，成为一支"孤军"；官僚资本家和地主阶级，新中国成立初期，人民翻身做主人，旧时代的官僚资本家和地主阶级成为无产阶级专政的对象，一批受政治打击的官僚资本家和地主阶级逃往缅甸；零散迁徙者，改革开放以后，因寻找工作等个人原因离开云南，迁徙到泰国的人。泰北美良河村生活的拉祜族村民迁徙历程并不长，主要是在1949年前后和1958—1960年期间。1949年前后迁徙出去的拉祜族主要是受撤退到缅甸的国民党军队、拉祜族宗教上层人士、国民党地方官员挟裹而离开家乡，迁徙到缅甸。在"大跃进"时期因逃避饥荒也出现了拉祜族大规模、集体性向缅甸迁徙的情况。

第三章，泰国美良河村的第一代村民，几乎都经历过从缅甸迁徙到泰国的经历。最初来泰国美良河谷安营扎寨的是国民党残余军人及眷属，这与这支"孤军"特殊的历史和特殊国际政治背景有关，是他们艰难求生的选择。而其他大部分人，包括非军人出身的云南人和拉祜、阿卡等山地民族，他们离开缅甸迁移到泰国北部的原因几乎都是一致的，是为了逃避兵役、战争、瘟疫等。人身和财产的不安全和不自由使他们在缅甸过着动荡的生活，他们希望寻求新的自由的、安定的生活。这些逃离缅甸政府军人和强权控制的"云南人"和山地民族，来到泰北的山林之中寻求生存之路。

第四章，迁徙到泰国北部边境地区的"云南人"和山地民族，他们希望找到一块安定栖息之地，但是，他们却被当作一些有问题的山民和难民。泰国政府认为，山民刀耕火种、游耕游居破坏森林、危害生态环境；山民种植罂粟进行鸦片交易，吸毒贩毒问题严重；山民和难民不顾国家边界四处移动，形成一些非政府武装力量，甚至有些还危害国家安全，因此山民和难民问题必须加以解决。与此同时，由国民党残余军人建立的泰国美良河村，也因无政府控制而出现了严重的内部争斗，枪声不断，打杀不止。在混乱与贫困中消极逃避的村民，开始逐步染上毒品和艾滋病，美良河村一度成为"吸毒"村、"艾滋"村。美良河村的混乱和沉沦在泰国国家政权介入之后才得到了根本性扭转。20世纪70年代末，泰国政府缴械了美良河村军人的武器，向村寨派驻边防巡逻警察；在村里创办泰文学校。美良河村还作为皇家项目实施的村寨之一，得到了政府的经济扶持，山民们从传统游耕转为定居农业，替代种植使村民逐渐放弃了罂粟种植而主要靠林果经济为其生计。村寨的基础设施也在政府的投资下逐步发展起来。美良河村村民开始过上了安稳生活。

第五章，泰国美良河村村民一生最大的梦想，就是得到泰国的公民身份。20世纪90年代以来，泰国政府允许山民和难民后代申请泰国公民证。美良河村村民在申请公民证过程中经历了很多曲折，大多数人最终如愿申请到了公民证，成为泰国公民。法律上的身份确认使美良河村的村民们获得了在泰国自由生活和发展的空间，他们的生活由此改变。因为获得了公民证，村民开始享受到一系列公共服务和社会福利。建在村里的泰文学校为孩子们提供了12年制的免费义务教育（从幼稚园到中三年级）；村里的卫生所，为村民提供医疗预防保健和诊疗，村民无论在村卫生所还是转到大医院，都可以接受免费治疗；泰国政府的社会福利规定，残疾人和年满60岁的村民都可以享受政府的养老金，美良河村村民也因获得公民证而老有所依、弱有所靠。国民身份的确立、政府对村寨的有序管理、社会福利的实施，使村民对泰国国家有了归属感，对泰国国王产生了由衷的爱戴。

第六章，获得公民证的村民，在法律上成为泰国公民，同时在皇家项目的支持下和泰国政府的各项福利制度实施过程中，村民的经济生活逐步好转，社区管理逐步规范，村民开始过上稳定和安全的生活，由此萌发了"我是泰国人"的国家认同。当然，村民对泰国的国家认同有代际差异，在泰国出生、接受泰国教育、学习泰国语言和文化的新生代中，对泰国的国家认同更为强烈。泰国国民教育既是文化融合的平台，又是强化国民身份和爱国意识的工具。服兵役和参加选举，强化了作为泰国公民的义务和权利。海外淘金，则让村民深刻感受到了拥有泰国身份证的实质性意义——自由人的身份。

第七章，泰国美良河村的"云南人"在努力申请泰国公民证、试图融入泰国社会的同时，也在很多方面表达了他们对中国传统文化的坚守。不少"云南人"以他们自己的方式，在内心坚守着自己的文化，如建土地庙、家里供奉"天地君亲师"神龛、在中国传统节日中祭祀祖先，等等。在艰苦环境中坚持办中文学校、让孩子学习中文，这种以大众教育的方式传播中华民族文化，对下一代的影响意义深远。泰国美良河村"云南人"靠自己独特的文化传统,来保持与泰国人和周边山地民族的族群边界,中华民族优秀的传统文化,还是他们在夹缝中求生、在逆境中保持自尊和自强的动力之源。

结论,通过分析泰国美良河村村民从中国到缅甸再到泰国的迁徙历程以及促使他们迁徙和定居的诱因可以看到,国家认同作为一种社会构建,是同合法性、公民的权利与责任等政治要素紧密联系在一起的,国家认同的最基本的要素在于政治认同。公民身份的获得一定程度上强化了迁徙到泰国的"云南人"和山地民族对泰国的国家认同,但利益获得才是这些移民对泰国产生强烈认同感的最重要影响因素,因此国家认同在这个群体中呈现出很强的工具性色彩。

六 田野调查的经历与感受

"到海外去"是近年来中国民族学、人类学界提出的口号,也是不少中国从事民族学人类学研究的学者向往的目标。但是,在2010年,当云南大学民族研究院何明院长将"东南亚民族志"研究的一个项目交到我手里并需要真正付诸行动之时,内心的激情化成了忐忑不安和焦虑无助。当计划出国的日子越来越近,我们"泰国民族志调查小组"已经订好了出发机票,而我年仅三岁的女儿却仍然无处可托——我丈夫的工作不允许他全天候照顾孩子;我们的父母双亲已年老体衰,无法帮忙看管孩子;家里负责照顾孩子的保姆突然辞职,一时找不到合适的人手接替——无奈的我来到寺庙里,向菩萨求助,祈求菩萨帮忙为我们安排一个能照顾孩子的人,让我能顺利地去泰国完成这项工作。也许我的祈祷发生了效果,在我离开家前十小时,亲友为我找到一个不满18岁的女孩子阿燕来帮我照顾孩子。我紧急培训了几个小时,就把我的宝贝女儿交给了这个我对她一无所知、她对我们的家庭也一无所知的女孩子来看管和照顾。

我们"泰国民族志调查小组"的行程是:从昆明坐飞机到达景洪,从景洪包旅行车经老挝到缅甸。当旅行车穿过一望无际的青绿色和起伏不断的山峦,越来越近地驶向中国西双版纳勐腊县磨憨口岸,就要跨出国门之时，正好收到了我女儿幼儿园老师发来的短信："苏祺涵说她太想妈妈了，要我给你发个短信。"我紧绷在内心、极力克制着的思念和牵挂一时崩溃了，泪水哗哗地涌流出来……

2010年8月14日，我们从老挝的会晒渡船到达了泰国的边境小镇清孔。我们一行在湄公河岸的一个干净整洁的小旅馆里住下了。我们"泰国民族志调查小组"选择从陆路到泰国，不仅是因为从陆路到清迈的距离更近，不必坐飞机经曼谷转清迈，而且是因为我们所做的项目都与跨境流动有关系，走一走陆路，经过几个国家，也算是一次跨境流动，这直观感受对我们的研究会有帮助。在最初的讨论中，走水路也是我们的设想之一。众所周知，被誉为"东方多瑙河"的澜沧江—湄公河流经中国、缅甸、老挝、泰国、柬埔寨、越南几个国家。在大湄公河次区域经济合作（Great Mekong Subregion Cooperation，GMS）国家的共同努力下，早在2003年，湄公河航道就已经正式通行，有从中国景洪到泰国清盛的客轮可以乘坐。考虑到需要10个小时的时间，我们最终放弃了从水路去泰国的计划。当时我们并不了解这条航路其实暗藏危险，很不安全。2011年8月，在这条航线上，中国游客被不明身份的人抢劫；10月5日，又发生了震惊东南亚的湄公河惨案，13名中国船员被残忍地枪杀。当我们从媒体上听到这个消息时，我们庆幸当时泰国之行没有选择水路。

在进入泰国之前，我们的确对自己的安全有诸多的担心。当时泰国的政局很不稳定，泰国"红衫军"在曼谷的抗议活动不断升级。中央电视台的新闻天天播放着相关的报道，让我们不免有些担忧。另外的担忧还来自对泰国北部山区地理环境的适应性问题。关于到东南亚地区传染上登革热、疟疾等疾病的报道也经常见诸报刊和网络，让我们对健康问题充满担心。当我们真正进入我们的田野调查点之后，发现这些担心是多余的："红衫军"的活动对泰国普通百姓的日常生活几乎没有什么影响；泰北山区的蚊子虽然很多也很厉害，但在有人聚居的村寨还不至于都成为传播疾病的主力。村民告诉我们，除非你在山林湿地里睡觉会染上疟疾，一般在家里被蚊子咬了，是不会有问题的。

然而，在田野点，所遇到的危险却是我们未曾预料到的。一个是毒蛇。泰北热带雨林地区，蛇是一种常见的动物，我们在路边、在房前屋后都遇到过几次小蛇悠哉游哉地游移而去，但并没有特别在意蛇的危险。我和助手郑永杰曾爬到一座野草很深、乱坟四散的小山包上拍摄整个村寨的俯瞰照片；为了便利访谈，我们还常跟随着采茶村民在深草覆盖的茶山中深一脚浅一脚地走，一边帮助摘茶一边进行访谈。直到有一天，听说有一个村民被蛇咬死了，我们才突然感到了后怕，才想到我们穿梭于野草丛林的工作是多么危险！另一个危险来自山洪。我们在泰北的那些日子，正好是雨季，这一年的降雨量特别大。有一天，大暴雨持续不断地下了五六个小时，坐落在山谷平地之中、有山谷小河流经的美良河村竟然被淹了，我们住的房子也被洪水淹没了。洪水弥漫在屋内和院子中，不断上涨，不知深浅。看着我们所住的杆栏式拉祜族民居犹如一叶孤舟，内心突然掠过了一阵恐慌。我们知道，那条小河是环绕着我们所住的房子流动的，呈三面包围之势，要是贸然蹚水撤离，一不小心踩入小河之中，就有可能被洪水卷走。据村民说，这是30年未遇的洪水，自从他们搬来之后，从来都没有见过这么大的洪水。所幸的是，洪水淹进了家，损失了些财物，但是村民没有受到伤害，我们也安然无恙。

泰北美良河村的田野调查工作能顺利展开，是因为我得到了很多人的帮助和关照。

由于原先考察过的田野点无法进入，清迈大学的查扬主任和他的同事们为我选择了一个新的田野点——泰国美良河村。为了让我们能在进入田野点之前对这个村寨有一个感性的认识，帕娜达（Panadda）老师在清迈大学给我们放映了一些他们去踩点时特意为我们照的照片，村庄的街道、村民的住房、村里的小吃店、进村的道路等，并为我预先安排好了住宿的村民家庭和翻译，等等。2010年8月18日，玛丽（Malee）老师亲自带着我和郑永杰到了村子，一路的颠簸让玛丽老师十分劳累，她仍然坚持着把我们送进村寨，带我们到了村长家与村长见面，沟通相关事情，安排我们住进副村长家里。安顿好一切，临走前，玛丽老师还给我们留了两封泰文写的介绍信，以备我们调查时之特别需要。在我们调查期间，玛丽老师还不时打电话来，问候我们有什么困难，需要什么帮助，等等。本来她还计划在中途要到村里来看望我们，后来因为雨水冲毁道路而未果。这一切周到细致的安排与照顾，让我们内心十分感激与感动，也给我们顺利开展调查提供了诸多便利。当我们"泰国民族志调查小组"结束调查,回到清迈大学时,清迈大学老师们还为我们调查小组举行了一个专题研讨会,共同对我们的调查收获进行充分讨论和交流。在讨论中,泰国同行为我们下一步研究提出了不少有建设性的建议。帕来斯特(Prasit)老师还无私地为我们提供了很多有价值的文献资料。清迈大学老师们所做的这一切,为我们顺利进入田野点开展调查奠定了基础,也为我们的后续研究提供了有益的帮助。

在泰国美良河村期间,我和郑永杰住在副村长"阿婆"家,"阿婆"其实只有五十多岁,是一个干练、善良的拉祜族女人。因为她的善良和蔼,所以全村老小都亲切地称她"apichawq",拉祜语是"老阿婆"的意思。久而久之,村民们都不太记得她有一个拉祜族名字和一个美丽的泰国名字,只知道她叫"apichawq"。所以在我们的书里,我们也将她称作"阿婆",因为在泰国美良河村村民眼里,这是一种尊称,也是一种昵称(参见图1)。

图1 本书作者(左)与泰国房东"阿婆"的合影

作为副村长的"阿婆"身体不太好，一般不做农活，她主要帮助上级政府完成一些社区公共事务和村寨管理协调工作，如发放救济粮或者家庭人口登记等，为申请公民证的村民证明身份，参加县里的相关会议，等等。有时"阿婆"要到县城里处理一些事务，没有事的时候，她就这家走走、那家串串，聊聊天，打打牌，日子过得十分悠闲。"阿婆"的丈夫罗大哥是一个英俊的男子，喜欢戴一顶美式牛仔帽，更显出脸庞的英俊线条。家里的农活、养猪等重活和家务活都是他一个人承担。罗大哥和"阿婆"他们俩都对我和郑永杰非常友好，大哥常常很早就起来，然后做好早饭等着我们来吃，"阿婆"则耐心地教会了郑永杰做好几道地道的拉祜菜。罗大哥和"阿婆"都是十分随和的人，他们总是让我们"随意"——想吃什么就自己做着吃，想做什么就自己做什么。在他们家里，我们很快就熟悉和适应了，就像是在自己的家里，没有客套和拘谨，随意地安排自己的工作和生活，随意地自己买菜做饭，和大哥、"阿婆"一起吃饭。"阿婆"很喜欢郑永杰，给她起了一个拉祜名字"娜些"，还和她开玩笑要她留下来做她的儿媳妇，"我的小儿子现在在（中国）台湾打工，会赚钱的，很会关心我的，也很帅的"，"阿婆"无不自豪地对我们说。当我们离开泰国美良河村回到了清迈时，"阿婆"打电话来，告诉我们她的小儿子从中国台湾回来了，"我的儿子回来了，可娜些却走了"，话语中不无遗憾。

　　早在我们进村寨之前，清迈大学的朋友们为我安排好了一个当地的村民做翻译，他就是开车去乡里接我们的巴。其实巴的家并不在泰国美良河村，而是在距离这个村有十几公里远的另一个村寨，而且近期农活较忙，巴不可能留在村里天天陪我们。为了让我们在泰国美良河村的调查顺利推进，村长为我们安排了一个本村的村民做翻译，她就是阿美。阿美是"云南人"，四十多岁，是个热情、开朗、干练的女子，很有语言天赋，能流利地说拉祜语、阿卡语、阿可语等民族语言，普通话也说得好。她成了我们在拉祜村、阿卡村和阿可村进行访谈的重要帮手。她对泰国美良河村历史非常熟悉，更重要的是，略有文化的阿美能理解我们的调查目的，所以她会主动告诉我们一些事情，主动带我们去拜访一些人，她也是我们调研中一个重要的报告人。在泰国美良河村，我们每天调查时间安排得很紧,工作十分辛苦,但是她爽朗的笑声总是感染着我们,让我们忘记了疲劳。

阿美是一个单身女人,丈夫吸毒去世几年了。因丈夫吸毒,很多年来,都是靠她一个人支撑着家庭,养育着三个年幼的孩子。她说,所有男人做的活计,她都会做,她都得做,她都能做,包括她家的房子就是她自己盖起来的。阿美家里有山地、有茶园,她总是放不下那些农活,天一晴,就得去忙农活,没有时间来为我们做翻译。我们调研时间紧,任务重,工作一时一刻都不敢耽误。还好,秀,一个长得很像邓丽君的温柔美丽女孩,被我们请来做翻译。秀因身体不太好,不能下地做农活,主要在家里照顾重病在身的父亲。他的父亲是汉族,母亲是拉祜族,所以她能够讲拉祜语和汉语,又有充裕的时间和我们在一起——确切地说,自从我们认识秀以后,秀就一直和我们在一起,不仅仅是为我们做翻译,而且成了我们的好朋友。特别是她与年龄相仿的郑永杰,成了无话不谈的闺中密友。我们回国以后,秀和我们还经常联系(参见图2)。

图2 郑永杰(右)与秀(左)的合影

在我的调查中,我最重要的助手是云南大学民族研究院2009级硕士研究生郑永杰。这个喜欢穿牛仔裤的山东女孩子,在我的泰国之行中，一直认真地帮助我进行田野作业。从访谈到田野笔记整理、讨论问题，她都十分用心和认真，她也很专业地把学到的人类学理论知识运用于田野工作之中，做得非常出色，为我们的田野工作快速推进提供了重要的支持。还有，郑永杰用她的勤快让我们很快赢得了"阿婆"一家对我们的好感，她与秀日益深厚的友谊也拓宽了我们观察和了解村民的新视角。这一切都为我们在泰国美良河村顺利开展田野工作提供了有利条件。

还有我已经认识多年的老朋友，日本人类学学者片冈树（Kataoka Tatsuki），泰国拉祜族宗教问题是他的学术研究方向。在我去泰国之前，并不知道已经变更的新田野点的具体情况。我只是用电子邮件告诉他我即将去泰国北部拉祜族村寨做田野，他正好也在泰北，我们约好了到泰国联系。当我进入泰国美良河村时，发现这个村庄竟然是他长期在做田野的社区，我立刻打电话给他。他当时正在曼谷，已经买好回日本的飞机票准备回国。当听说我到了"他的村庄"，他立刻决定从曼谷赶回来见我。第二天下午两点，片冈老师回到了村寨，第一时间来"阿婆"家找到我，简单地聊了几句，他就带着我和郑永杰去认识拉祜族村寨的村民。一路上，他在拉祜村民家外大呼小叫，招呼着那些他的老朋友，带着我们到他们家里，介绍我们认识村民，特别是他认为可能对我们调查有帮助的那些重要的社区人物，如村寨"头人"等。有了片冈老师引荐和介绍，我们后来在拉祜族寨子的调查方便了许多，也对这三个拉祜族寨子有了更全面的了解。第三天一早，片冈老师又赶回了曼谷，飞往日本。片冈老师的友谊和帮助，让我十分感动（参见图3）。

在泰国美良河村调查，只是我和郑永杰。但是我们并没有觉得孤独，因为有这么多的从事人类学研究的朋友帮助我们，还有善良的房东、友好的村民给予我们关照。而且，我们还有一个重要的支持力量，那就是我们的团队——"泰国民族志调查小组"。"泰国民族志调查小组"的总策划和负责人何明教授，远程指挥和指导，为我们田野作业方向及时把脉并提供智力支持，为我们克服困难提供精神力量；组长马翀炜教授用他特有的幽默不断激励我们的斗志，还时时关心小组成员们的安全；刘江教授利用她娴熟的泰语优势，把我们来回行程和食宿等安排得十分周到，还为我们小组在泰国的沟通和交流提供了免费翻译；龙

图3　日本学者片冈树（中）带着本书作者（右）拜访泰国拉祜族村民

晓燕教授和李昕博士总是和大家互相鼓励、共同分享在田野中的心得体会……这一切，让我们"泰国民族志调查小组"凝聚成为一个团结、友爱、充满战斗力的团队。今天，当我重新回想起泰国调查的那些时光，仍然感到激情与温暖。还有很多在我这次海外调查中帮助过我的朋友，这里不一一叙述，我将在本书的后记中表达我的感谢！

泰国美良河村，既是个山地民族聚居的村寨，也是一个"难民村"。从进入村寨的第一天，我们就觉得它十分的亲切和熟悉，那里有很多云南人，大家讲的都是云南话，衣着和风俗与我们完全一样，就像是我们到了云南的某一个小镇一样。只有街道上的泰文广告和泰文学校里喇叭传出来的泰语，才会提示我们这是泰国的一个村庄。我们也觉得自己和这里的人没有什么区别，可是，走在村寨的道路上，总有些不懂事的孩子用泰语或本民族语言说："外国人、外国人。"让我们十分惊奇。当我们说起这事儿，村民们都说当然你们就是与我们不一样，一眼看去就是外国人。当我在观察泰国美良河村村民的同时，美良河村村民也在观察我们。我们这两个"外国人"与那些经常到他们村寨的白皮肤、金色头发的"外国人"有什么不同呢？这个答案，我不得而知。

在泰国美良河村期间，我和郑永杰抓紧在村里的分分秒秒和任何一个访谈和观察的机会，希望能够在较短的时间内，尽可能多地获得一本撰写民族志文本所需要的原始资料。我知道，我所搜集的资料是有限的，参与观察的时间是不够的，对泰国美良河村村民的历史与现状的记叙中必然会存在着诸多不足与问题。在我进行这本民族志文本写作时，尽管第一手资料的有限性会限制我对某些问题叙述与分析的展开，但是更多的时候，我困惑于从什么角度去阐释我观察到的现象。克利福德指出，民族志从来就是文化的创作，而不是文化的表述。当我们试图用客观的学术眼光去观察一个群体的文化，观察者本身对文化的理解就使你所观察到的文化现象已经进入了文化菱光镜里被折射。"阐释学告诉我们，最简单的文化表述都是有意识的创作，民族志文本的撰写总卷入了'自我塑造'的过程；人类学尤其是民族志的'文学性'，影响了文化的表述方式。除了真实之外，一部作品还应唤起读者的共鸣，具有艺术的解构；所有的真实都是被建构的。最好的民族志文本（严肃的、真实的虚构）是一系列经过选择的真实组成。"① 现在呈现给大家的这本民族志既是我与泰国美良河村村民们的"多音道对话"，更是我对他们真实生活的主观呈现，我期待这本东南亚的民族志所制造的"意义"能够引起学者们的兴趣。

---

① 徐鲁亚：《后现代主义民族志的宣言》，载《人类学经典导读》，中国人民大学出版社2008年版，第554页。

第 一 章

深山密林之中的美良河村

"你们所要调查的村寨是泰国清莱省境内的一个不靠近边境的村庄，有汉族、拉祜族、阿卡、傈僳族等多民族杂居，有283户村民，1147人。村长是汉族，副村长是拉祜族，你们就住在副村长家。村里开设有商店，有中国餐馆，村民能讲汉话。在村里通信方便，但是进出村寨的道路较差，有时会因道路泥泞或塌方而难以通行。"有关我田野点的基本信息，是泰国清迈大学查杨主任和他的同事们为我们调查进行选点踩点之后，在清迈大学研讨会上帕娜达博士向我们所做的介绍。这是我们对泰国美良河村获得的最初印象。

2010年8月16日，在清迈大学玛丽老师的带领下，我们在泰国清莱省湄岁县（amphoe mae sruay, chiangrai province）县城见到了来接我们的村民巴。巴个子不高，善良的脸庞总是面带微笑。他是拉祜族人，会讲普通话，他的普通话是在中国台湾打工时学会的。巴开着一辆有四个座位的皮卡车来接我们，他把我们的行李放到货厢后，让我们上了车。我们就坐在皮卡车上，一路上巴跟我们东一句西一言的无主题的普通话闲聊，再加上玛丽老师和我们的英语对话，玛丽老师和巴的泰语对话，四个人三种语言交错使用，真有点跨境田野的味道了。

皮卡车很快进入了四周都是茂密树木的森林之中。车子沿着盘山的公路，翻过了一山又一山，绕过了一弯又一弯，路越来越窄，路况也越来越差。只是满面扑来的青绿色，浓郁而深厚，除了森林还是森林，路上见不到村落、见不到交会的车子，更见不到人。森林里出奇的寂静，静得竟然连小鸟的鸣叫也听不见，这让我们感到了莫名的恐慌。当时我在想，要是一个陌生人冒昧闯进来，被人劫路杀了或被偶遇的野兽咬死了，或许就永远沉寂在这片茫茫森林之中，永远都没有人知道。

大约经过了一个半小时的行程，我们见到了第一个村寨，据巴介绍，这是一个拉祜族村寨，他妻子的父母就住在这个村里。村寨在我们的视野中一晃而过，好像只有十几户人的样子。又走了约半小时，我们到了一个建在半坡上的更大一点的村寨，车子停了下来。我们以为到了目的地，巴说这是另一个拉祜族村寨，叫老左寨。我们需要在这里换乘另一辆车进我们要去的村寨。

经过短暂的休息，我们坐上了另一辆皮卡车，这是一辆日本进口原装的马自达皮卡车，从外表看，车子已经使用了至少七八年，显得有些破旧。巴说，后面的道路不好，需要换日本进口皮卡车才能进得去。由于这辆车驾驶座只能坐两个人，我和我的学生郑永杰就只能站到了货厢里。一路上，我们俩紧紧抓住扶杆，可是在车子激烈的颠簸摇晃之中，我们总是有种要被甩出去的感觉。这时，天又下起了毛毛细雨，雨水顺着头发流到了脸颊、流到了身上，更加剧了我们内心的忐忑惶恐。

当皮卡车经过了一个非常陡峭的大弯道，突然，眼前一亮，一个中国式的高大石门牌坊出现在我们面前，上面用我们熟悉的汉字写着——泰国某某村（作者隐去村名）。"到了！"玛丽老师和巴同时对我们说。车子驶进了村主干道，这是一条街道，街道两侧店铺林立，货架上的商品琳琅满目，还有一个卖电视机、冰箱等家用电器的商店。一些欧式、日式小洋楼和中式庭院坐落在街道两侧和周边半坡上，好一个"繁华"村寨！

当我们将行李安放在我们的房东"阿婆"家，告别了玛丽老师和巴以后，我们的第一件事情，就是打电话向远在国内的亲人报平安。这又让我们有一个意外的发现——这里泰国的两大移动电信公司的信号都很好！在清迈时，听清迈大学的学生说，很多泰北山寨里 happy 卡没有信号，需要用 one two call 卡。这两个手机卡就类似于中国的移动卡和联通卡，所覆盖的范围和信号强弱是有地域差别的。我买的是 happy 卡，为了避免在村寨里不能使用，在进入村寨前的那天晚上，我又特意请泰国清迈的中国学生帮忙买了张 one two call 卡。

更令我惊奇的事情发生在晚上,当我打开电脑准备写我的田野日记的时候,突然一个无线网络账号跳到屏幕上,我试着连接一下,竟然连接上了,在不到一分钟的时间,作为主页的云南大学网站显现在我的电脑屏幕上。这个村寨里竟然有免费的无线宽带网!

从进入森林之中的荒莽到村寨里突然而至的现代化"繁荣",巨大的反差让我们恍然如隔世——这是一个隐藏在深山密林之中"不知魏晋"的世外桃源,还是隐藏在深山密林之中与世界同步的"飞地"?

田野调查过程中,让我们有时间对这个给我们带来很多意外的村寨有了更深的了解。

一 村落空间及族群分布

我们调查的村寨坐落于泰国北部清莱府山区之中(参见图1-1),该村的泰文名字来源于穿越这个村的一条小河流,意思是一条混浊的小河。该村的中文名字叫美良河村。拥有中文名字并不奇怪,因为这个村寨的建寨者曾经是国民党军人,这里住着不少国民党军人和眷属,是一个国民党"难民村"。第一批国民党军人来到这里定居是1961年,到现在为止仅仅有49年[①]的历史。尽管村寨历史不长,泰国美良河村的村名却发生了多次改变,至少改变了三次,现在村民都称之为美良河村。泰国美良河村的村寨名称的频繁变更,与这个村复杂的村寨历史有密切的联系。当然,村民日常语言表达中的村寨名称,与本书的表述并不完全相同,这是从民族志写作要求出发做了适当的处理。

泰国美良河村由不同的民族组成,汉族、拉祜族、哈尼/阿卡和哈尼/阿可是人口较多的四个民族,此外还有傈僳族、傣族。这些村民的故乡都在中国云南,他们是云南的汉族和跨境少数民族。他们从中国迁徙出境的历史并不长,最早的是在20世纪30—40年代,多数人是在50—60

---

① 本文所涉及时间期限的,都是以本人调查时间2010年为最近时点进行计算的,如美良河村1961年成立,到2010年有49年历史。后文所涉及类似情况,也以相同方式计算时段,不再一一说明。

图 1-1 谷歌地图中的田野点位置

年代离开中国的。他们都有在缅甸生活的经历，然后再继续迁徙到泰国北部边境地区，最后到达这个村寨定居。

泰国美良河村由八个自然村组成，这八个自然村，分别归属于两个"组"（泰国最基层的行政管理单位，类似于中国的行政村），第17组和第25组。从行政管辖范围看，第17组管辖五个自然村（寨）：民养村、扎卡、扎可、莱东、阿可村。其中民养村是个汉族村，主要由国民党残余军人和家属组成；扎卡、扎可、莱东均为拉祜村寨；阿可村是阿可人聚居的村寨。第25组包括了三个自然村（寨），通常村民将这三个自然村通称为阿卡村。在2005年以前，阿卡村也属于第17组。后来阿卡村村民向泰国政府提出申请，要求成为一个独立的行政机构，泰国政府同意了他们的要求，三个阿卡寨共同组建了新的行政机构——第25组。目前，扎卡、扎可、莱东这三个拉祜村寨也在积极争取，欲作为独立的行政机构与汉族村分离。这其中的主要原因是从经济角度考虑，因为泰国政府对泰国山民的支持项目多以"组"为单位实施，新成立一个"组"，可以得到政府更多的经济支持。但是拉祜族村寨的申请至今还未获得批准。2008年泰国政府机构对泰国美良河村第17组人口统计资料显示，有364户，1866人。第25组阿卡村的官方统计数据未能找到，根据阿卡村村长介绍，阿卡村共有 196 户，1300 多人（参见图 1-2）。

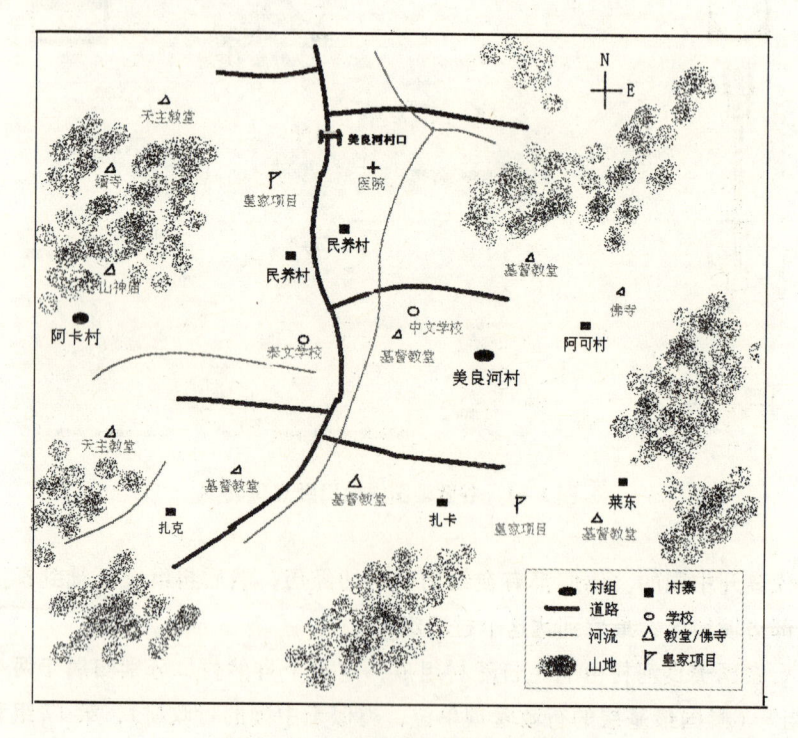

图 1-2 泰国美良河村落平面图

泰国美良河村的名字来源于这条蜿蜒于山谷之中的小河流，美良河村的村民也赖于这条小河流生存。泰国美良河村的八个自然村，都建在美良河及其支流两岸稍微平坦的山谷上或山坡上。村寨的核心区建于河谷中，村民称为"大平地"的地区，顾名思义，这是河谷中最平坦的地区，宽约 10 米、长约 300 米的街道横贯其中，街道两侧是各种商店铺面，因此这也成为美良河村的商业区。日杂商店、百货店、加油店、加工厂、赌博场都集中在这里，很是热闹（参见图 1-3）。商业区西部是"云南人"居住区。民养村的"云南人"，主要来自中国云南保山、临沧、瑞丽、澜沧等地。

在核心区外围，是拉祜人、阿卡人和阿可人的寨子。

第一章　深山密林之中的美良河村　/　39

图 1-3　泰国美良河村俯瞰图

　　拉祜人的三个寨子分布在核心区外围西南，其中扎卡寨与核心区最为接近，这里居住的拉祜族也有不少是与汉族通婚的家庭，其中还有4户是傈僳族。扎可寨建在离核心区西南约一公里的平坡山地上，几十户村民聚居于此；莱东寨则建在山头上，有几十户拉祜族村民。这两个寨子里住的拉祜族村民很少与其他民族通婚，他们生活在自己的族群内部，与其他民族有意无意地保持着边界。这三个拉祜族村寨共有200多户，他们的祖辈大多数为生活在云南省澜沧县的拉祜族。

　　核心区西部约三公里的村寨是阿可寨，这里居住着几十户的人家。在中国，阿可和阿卡分别被识别为哈尼族的一个支系。但是这里的阿可和阿卡并不认同他们是同一个民族。阿可人故乡在云南西双版纳，他们也是经缅甸迁徙到泰国的。

　　核心区东南部1.5公里左右，是阿卡人聚居区，这里的三个阿卡寨都是用泰文命名的，其中最大的寨子帕那赛利在泰语里是森林胜利的意思。另两个寨子美帕塔纳和麦扎岱人口相对较少。这些阿卡的祖先也都来自云南西双版纳、澜沧等地。

二 社区宗教生活

泰国美良河村是一个多宗教的社区，村民有的信仰基督教，有的信仰天主教，有的信仰佛教，其中信仰基督教的村民人数最多，大约占了80%。

泰国美良河村共有五个基督教堂，分别属于不同民族和不同村寨的信教者。华人教堂是占地面积最大的教堂，二层楼的钢筋混凝土结构，尖尖楼塔上面竖着十字架，每到夜晚就闪烁着光彩耀眼的霓虹灯，成为本村的标志性建筑。信仰基督教的汉族和阿卡人都在这个教堂进行礼拜。据我们的调查，汉族中大概有70%的人信仰基督教，阿卡人中至少有40%的村民信仰基督教，这些信仰基督教的阿卡人都是从原来信仰天主教的人中转过来的。泰国美良河村的拉祜族全民信仰基督教。但是他们并不到华人教堂里做礼拜，而是在自己建的教堂里做礼拜。不仅如此，三个拉祜寨子都各自建了自己的教堂，各自在其教堂里做礼拜。扎卡教堂是三个拉祜族教堂中最大的一个教堂，两层楼的欧式建筑，虽然建筑面积没有华人教堂大，但因新装修的白墙红瓦在青绿色群山映衬下显得十分醒目，自然也成了美良河村的一道风景。其他两个拉祜族寨子所建的教堂则明显地落后于扎卡教堂。莱东教堂是一间木板建成的平房，可容纳五十多人。扎可教堂是砖混结构的灰泥房，有两百多平方米，大门口悬挂着十字架，向人们表明这个房屋的特殊用途。在帕那赛利村，建有天主教堂，三个阿卡寨子里信仰天主教的阿卡人们就在这里做礼拜（参见图1-4）。

阿可村民有的信仰基督教，有的信仰佛教。在阿可村里，我们看到了建在村外的教堂，是用茅草搭建的能容纳几十人的草棚。我们也看到了他们的佛堂，也是较为简易的一个普通平房，里面供奉着神龛，但是没有佛像。多数阿可人保持着万物有灵的原始宗教思想，他们现在的生产活动和日常生活中还经常要做各种繁缛的祭祀，如在开荒、耕地、种谷、抽穗、收获等各生产环节中都要进行祭祀。面对外来宗教文化对他

图1-4 泰国民养村基督教教堂（左），泰国扎卡寨基督教教堂（右）

们强大的冲击，很多的阿可人固执地坚守着本民族的传统文化和价值观。

泰国美良河村不信仰基督教的汉人，他们认为自己是佛教信仰者。但是据我们观察，他们并不是真正意义上的佛教徒，他们信仰的是"中国人的宗教"——民间信仰、儒家学说以及佛教、道教综合而成的一种精神信仰。他们祭拜的对象是家里堂屋中央的"天地君师亲"神位龛和山神庙，是一种"分散性宗教而非制度化宗教"[①]。泰国是佛教国家，佛教信仰无处不在。但是，对于泰国美良河村这个"云南人"和云南跨境民族移民村，泰国佛教的影响力微乎其微。村附近的山林里，有一个泰国寺庙，里面常住着一位泰国僧人，他只把这个寺庙作为他清心寡欲、潜心修行的场所，并不作为传播佛教教化民众的场所，所以美良河的村民们并没有感受到这个掩映在山林之中的泰国佛寺和僧侣对他们生活的影响。唯一具有影响力的，是泰文学校里为学生们开设的佛教课程和矗立在操场边上的佛塔，金光灿灿的佛塔彰显着泰国无处不在的佛教文化和泰国文化中佛教的重要性。

由于泰国美良河所有村民都有各自的宗教信仰，宗教活动也因此成为这个村主要的公共生活。基督教、天主教每周的礼拜，为教徒们提供了相互交流的机会和平台；因特殊原因举行的家庭教会，增进了村民们

[①] 杨庆堃：《中国社会的宗教：宗教的现代社会功能及其历史因素之研究》，范丽珠译，上海人民出版社2007年版。

的团结、互助、关爱；基督教的圣诞节，是村民狂欢的节日，更是年轻人放纵自己激情的时刻；即便是本民族自己的传统节日如汉族的春节、拉祜族的"扩塔"（拉祜新年），也都是由各宗教团体来组织本民族的传统节日活动。如拉祜族过年时，组织本村寨的村民跳芦笙舞，邀请其他村寨的村民来过年等，并非由村长来组织，而是由牧师来组织。在这些宗教团体中，只有佛教信仰者处于非组织状态，除了每年村里云南籍佛教信徒组织一次祭祀山神外，就再也无任何以宗教名义组织的活动。而那位出世的泰国和尚也只重视他的内省，从来不参与任何有关世俗的活动。

三 社区基础设施和公共服务机构

泰国美良河村距离乡政府所在地有十多公里，但是柏油公路并没有通达这个村。据村民言，这是泰北少数没有通柏油公路的"难民村"了。从乡政府到村的道路是土路，道路很窄且弯道多、坡度大，十多公里的道路需要花两个多小时才能到达。道路条件差是这个村寨最大的经济社会发展制约瓶颈。

其他基础设施建设还相对到位。比如电力设施建设得很好，家家户户都用上了电，不仅作为照明，还有不少家庭在使用各种家用电器。正如前面所提到的那样，这个村寨里泰国两个移动通信公司的网络都覆盖到，而且信号很好。村民也可以向电信公司申请宽带网络。至于我们使用的无线宽带网络，后来我们知道它来自泰文学校的网络系统。网络刚刚建起不久，其信号只覆盖了学校及其周边地区，并没有覆盖整个村落。据说是因为刚刚才建成，所以免费使用，以后学校可能会设置账号和密码，只为学校的教师和学生提供服务。

自来水管道系统已经覆盖了各村寨所有的家庭，但是水的质量却无法保障，因为泰国政府所提供的自来水设施只是简单的水源收集与管道传送，没有对水进行清洁化处理。由于这个地区水源里含有重金属元素，自来水管里流出的水不能够作为饮用水使用，故现在村民喝的水是从商店里购买的纯净水，煮饭的水是到村外的一个水源地取的水，学校等机构里有小型的净化水装置，供其集中用水需要。我们在村子的那段时期，正好有一个美国的基金会，派来了技术人员帮助村民们找一个能饮用的水源，并准备为村民们建一个自来水供应站。来自美国的工程师尼尔和他的同事们也住在我们的房东家，他们在忙碌地抽水样化验、探勘水源、计划建水站等工作。两天后，他们离开了村寨。半年后，尼尔给我来信，告诉我这个水项目已经完成，我想它能够解决很大一部分村民的饮水困难问题。

学校多是泰国美良河村的另一个特色。有泰文学校、中文学校、拉祜文学校。美良河村的泰文学校全称为"怀那坤维塔亚学校"，承担着以美良河为中心方圆20公里范围村寨的村民儿童义务教育任务。学校现有学前班（招5—6岁孩子，村民称其为幼稚园）、小学一年级到六年级、中一到中三的所有班级，共800多名学生。泰国政府还在村寨里办了一个幼稚园，招收2—4岁的孩子。幼稚园免费入园，还免费为孩子们提供早餐和午餐，并安排有教师资质且能说阿卡和拉祜语的教师任教，以适应在保育中与孩子们语言沟通的需要。

其他的学校都是基督教会办的。华人基督教会办的学校"培智中学"，是一个中文学校，已经在泰国政府注册。中文学校向愿意学习中文和中国文化的任何人提供学习的机会。目前有近400名学生，有十多个教师。招收幼稚园、小学（六年制）、中学（三年制）的学生。扎卡教堂也办有一个基督教主日学校，学校已经在泰国有关部门进行了注册。扎卡教堂的基督教学校专门招收8—12岁的拉祜族儿童来学习拉祜文和圣经，也附带教孩子们手工、图画、泰文等。学校上学的时间只在星期六和星期天。莱东教堂是三个拉祜族教堂中最小的一个教堂，莱东教堂也办了一个未注册的主日学校，老师就是前教会负责人的妻子，人们尊称为师母，她一个人负责，利用晚上和周六周日教莱东寨子的儿童们学习拉祜文。

泰国美良河村建有一个乡村卫生所，卫生所里有两个医生、一个护士、一个清洁员。这个卫生所负责附近四个组、近5000人的健康保健、疾病预防和常规疾病诊疗。卫生所的医生还会不定期地为村民举办健康教育培训。

村寨里还有一个重要的社区服务机构是皇家项目发展中心，它包含了皇家项目发展中心办公室和皇家项目示范园区两个部分。目前，皇家项目发展中心有一个负责人，五个管理人员和七个工人，他们都由泰国政府支付薪水。他们负责推广农业科技项目，包括经济林果树苗的培植、发放、栽培技术指导，示范园区管理，向村民收购农产品，负责运输和销售，等等。1979年皇家项目开始在泰国美良河村实施，经过多年大力推动，现在已经见成效：村民不再种植鸦片，而是改种梅子、柿子等经济林果和茶，每年从果园和茶园上得到的经济收益已经能够满足普通人家的基本生活消费。从传统刀耕火种到现在依靠科技发展经济作物，村民的劳动力投入需要也大大降低，为此，不少青壮年外出打工，从非农业经济中获取更多的经济来源。

四 村民生计状况与生活水平

泰国美良河村坐落在一个河谷边上，四周都是坡度很大的高山，群峰延绵，山上有浓密的热带雨林植物覆盖，放眼看去，到处都是绿色。最初到达这里的国民党军人之所以选择这里安营扎寨，是因为这个山谷里有成片的野生茶树，大约有1000公顷。这些扛着美式武器的军人自然是占山为王、占地为己，所以，泰国美良河村的野生茶园几乎控制在"云南人"手中。他们最初当然也主要靠摘茶、卖茶为生。

当山谷里生长的这些"绿金"为开拓者们攒够了原始资本之后，这些精明的"云南人"开始转向了商业经营活动，他们不再到茶园、果园从事繁重的体力劳动，而是雇用工人来经营，雇工的工资是每天100—120泰铢，只是低地地区的一半，很便宜。这些"云南人"则利用沿街的住宅作为铺面，开起了商店。于是，这个深山密林之中的村寨，因各种日用品、家电产品和生产资料的商店毗邻而开，形成了一条小规模的街道，完全不像是一个村寨，而像一个小市镇。

在街道上开日用百货小超市和副食杂货店的居多，有14家。其中有2家副食杂货店不仅售卖副食品，而且出售新鲜的蔬菜，这些新鲜蔬菜从品种上来看，就知道它们是从县城进的货。街道上还有一个农贸市场，每天早上八点到十点，下午四点到六点，会有七八个阿卡婆在这里卖菜和肉,这些都是他们自己生产的产品。街道上,还有一个经营面积约500平方米的家用电器商店,是这条街上最气派的商店,里面销售的产品有电视、冰箱、洗衣机、卫星电视信号接收器(中国俗称"大锅盖"、"小锅盖")、摩托车、电动割草机等。其他还有两个简易的加油店,出售汽油、柴油;一个米店、一个服装店、两个摩托车修理店、两个理发店、四个小吃店、一个赌博场、两个碟片出租店、一个靠提供短期出租房为主的小客栈。在街道边,还有两个茶叶加工厂和两个梅子加工厂。这个街区的商品销售,不仅满足了美良河村村民的日常生活需求,而且辐射到周边的10公里半径村寨村民的生活所需。

现在生活在美良河村的"云南人",过着舒适、安逸、自在的生活(参见图1-5)。

图1-5 泰国美良河村"云南人"民居

拉祜族是较早跟随着国民党军人来到泰国美良河村的,但是他们中的大多数并没有得到野生茶林,他们也并不想要这些茶林。因为他们的传统生计活动是种植鸦片，他们砍伐森林，放火烧山，然后点下罂粟种子，就等待着来年收罂粟汁，制成鸦片膏出售，再换取粮食等生活必需品。当泰国国家权力介入这个村寨以后，拉祜族人就不能种鸦片了。皇家项目的及时跟进，替代种植为他们提供了新的经济发展方向，过去种鸦片的土地改种了柿子和梅子。现在，这些经济林果都已经进入了挂果繁盛期，他们每年从中得到的收入不少于十万泰铢，已经能够满足一个家庭的基本生活需要了。但是从拉祜寨子的建筑来看，他们仍然是泰国美良河村最贫困的族群，传统的拉祜族杆栏式建筑多用竹子编成的篱笆作为墙体，房顶用的是木片或茅草。拉祜人家里的电视接收器，多使用类似铁丝架那种，这种电视接收器，只能接收很少的频道，信号也不稳定，但是价格较为便宜。而在"云南人"和阿卡人居住的寨子，人们多用的是"大锅盖"或者信号效果更好的"小锅盖"了。由此可见，在泰国美良河村，鉴定一个家庭贫富的标准最简单的方法就是观察他们使用的电视信号接收器，不同类型的接收器反映着家庭经济状况的好坏（参见图1-7）。

　　阿卡人迁移到泰国美良河村的时间较短，他们既没有茶园，果林也很少，因为后来泰国政府限制开发森林的政策使他们不能够随意地开垦土地。勤劳的阿卡人成为"云南人"茶园的最重要劳动力供应者，无论晴天还是雨天，都会见到阿卡女人很早就背上大大的背箩，到"云南人"的茶山里去采摘新鲜的绿茶，下午四五点钟，她们把满背箩的茶送到茶叶加工厂，之后还要再次到山地里，背一箩柴回来。而那些受雇于茶园、果林的除草者，也多是阿卡男人。所有的阿卡人都会在一周中满负荷工作六天，只有星期天，是上帝安排他们的休息日，他们才会彻底放松在家休息，到教堂做礼拜。由于阿卡人的勤奋和精于计算，他们日子也过得实在而宽裕。阿卡村寨的房子虽然比不上"云南人"的富丽堂皇，但是全实木、涂着崭新油漆的杆栏式建筑显得既温馨又舒适，也体现出了他们的经济基础（参见图1-6）。在一个周末，我和郑永杰到阿卡村寨子调查，发现这里有一户人家正在宴请村民，还有一些外地的阿卡人也来参加宴会，我们以为是办结婚或生孩子等人生礼仪，其实只是这家人刚买了辆新车（皮卡车），所以请大家聚聚庆贺一下。

图 1-6　泰国美良河村阿卡民居

图 1-7　泰国美良河村拉祜民居

阿可人是迁移到泰国美良河村最晚的一个族群,他们不仅没有可耕的土地,而且就连他们居住的土地也是购买的。这个寨子的居民是从泰北的另一个阿可寨迁移过来的,受地理环境的影响,山民们居住的村寨在人口扩张的压力下不断由一个村寨裂变成为两个村寨,阿可寨就是这样裂变出来的一个新建村寨。受泰国美良河村经济较为繁荣的吸引,阿可人选择了在这里建寨。可是,现在建村的这块土地,早已被"云南人"所据有,一个外国牧师赞助了他们一些经费,帮助他们从土地所有者手里购买了这片土地,让他们建村。由于村寨的土地有限,随着人口增长,阿可寨子的居住空间日益密集,茅草房一间挨一间地建在山坡上,村寨的道路也因此变得十分狭窄。从他们的建筑结构和居住空间来看,似乎是十分贫穷和落后的。但是,泰国美良河村的"云南人"告诉我,其实他们很有钱,因为这些阿可人多在低地地区打工,做建筑,能赚得到钱(参见图1-8)。

图1-8 阿可妇女

夏日的泰国美良河村,最舒服的时刻是清晨,当太阳还未升起之时,村寨里总是笼罩着淡淡的雾气,清新湿润的空气让人心旷神怡。村民们也早早地起了床,开始了一天的忙碌。吃完早饭,一般是八点半以后,村里的男子们带上割草机骑着摩托上山打理他们的果林或茶山上那些成天疯长的杂草,女子们则背起一个大背箩到山上去摘柿子或是去摘茶。而那活泼可爱的孩子们,则统一穿着紫色的校服,开始了一天的学习。街边的铺面,也开始了一天的营业。那些做生意的人,是村里的有钱和有闲阶层了。他们总是倒上一杯热茶,三三两两聚在一起,有一句没一句地聊着,村里的新闻旧闻,就在这里传播和发酵……而我和郑永杰,两个来自喧嚣城市每天像打仗一样为工作和生活拼命的外国人,突然被"空投"到了这样一个似乎与世隔绝的深山密林之中的恬静村寨,看不到中国中央电视台的新闻联播,接不到办公室打来的电话,听不到调皮的女儿在身边撒娇或耍赖,烦躁焦虑紧张的心情也不由自主地放了下来,与这个村寨一起融入了满眼绿色的世界,融入了深山密林之中的松涛声中……

第 二 章

流离他乡

　　人口迁徙是人类生存和发展的必然选择,从古代游牧民族"逐水草而居"的生态适应迁徙到19世纪欧洲受宗教迫害者迁移美洲开辟"新大陆";从20世纪西方资本主义体系在全球拓展,将世界各国各民族人口大规模卷入迁徙轨迹,到21世纪,随着全球化浪潮不断深化的跨境流动。特别是现代科技进步将相对空间距离不断缩短和地域差异不断弱化,极大地改变着人们的地域观念,加速了人口跨境迁徙的速率,大大拓展了跨境迁徙的规模和空间。当今全球跨境移民已逾1亿,世界人口中大约1.7%生活于非出生国[①]。1990年,合法的国际移民将近1亿人,难民有1900万人,还有大约1000万的非法移民[②]。

　　东南亚地区是跨境人口迁徙频繁的地区,其跨境人口迁徙的一个重要的特征是在东南亚各国及其邻国之间流动和迁徙,如印尼人移居马来西亚,缅甸、泰国边境地区经常有两国的移民流入流出。中国作为东南亚在地域上毗邻的国家,也是其移民的重要输出国。仅在1881—1930年这50年间迁移到东南亚各国的华人就有830万[③]。但是这一统计数据主要是以从广东、福建等地迁移到东南亚各国的人口为统计对象。不少有关东南亚华人研究的成果都以从中国东南沿海地区的迁移人口为对象,如庄国土《论中国人移民东南亚的四次大潮》中所统计的群体、

---

① 李明欢:《20世纪西方国际移民理论》,《厦门大学学报》2000年第4期。
② 马戎编著:《民族社会学——社会学的族群关系研究》,北京大学出版社2004年版,第327页。
③ 宁骚:《民族与国家》,北京大学出版社1995年版,第39页。

所表述的事项和所划分的移民时段都是以广东、福建和海南地区的移民为主体①。不言而喻，中国向东南亚地区的移民主要是中国东南沿海地区的人口，由海道进入东南亚国家。但是还有一个规模并不大的群体，那就是从云南、广西等地经由陆路进入的移民。其中，从云南迁移至东南亚地区的中国人主要分布在缅甸、泰国这两个国家。

移民为什么背井离乡？传统的国际人口迁移理论认为，人口在国家之间迁移，并非盲目无序地流动，而是受到一定的推力和拉力的作用，这就是人口迁移"推拉模型"理论的核心。"推力是指原居地不利于生存、发展的种种排斥力，它可以是战争、动乱、天灾、生态环境的恶化等对某一地区具有普遍影响的因素，也可以是某一小群体遭遇的意外或不幸；拉力则是移居地所具有的吸引力，它可以是大量呈现的新机会，也可以是仅仅对某一小群体的特殊机遇。"② 随着世界经济体系的建立和全球化浪潮的席卷，国际人口迁移理论也在不断丰富，比如，以移出国和移入国劳动工资差距为动力引起国际人口迁移的新古典主义经济理论，和以移出移入国相对收入差距为动力引起跨境迁移的新经济移民理论，以及以世界经济一体化促进商品和生产要素的国际流动而引起的人口跨境迁移的世界体系论，等等。新国际人口迁移理论的涌现，进一步解释了不断发展演变的世界经济社会所引发的人口跨境流动浪潮。

尽管传统的"推拉"理论似乎已经很难解释当代国际移民的动因，但是用这一理论来分析泰国美良河村的村民们离开自己故土的动因，却是十分恰当贴切的。我所走进的泰北美良河村的村民们，他们是这样一个群体，他们离开自己的故乡中国云南的时间多数是20世纪30年代到50年代这三十多年的时间段里。他们离开中国的主要原因是战争和饥荒，一个突如其来的政治生态危机和一个始料不及的环境生态危机，这两个危机迫使他们离开自己的故土，走进一个陌生的国家境内，他们本身并不愿意，却有一种自己无法控制的力量迫使他们离开，到异国的土地求生。他们希望有一天能够回来，但多舛的命

---

① 庄国土：《论中国人移民东南亚的四次大潮》，《南洋问题研究》2008年第1期。
② 李明欢：《20世纪西方国际移民理论》，《厦门大学学报》2000年第4期。

运未能遂其心愿，而是让他们从此离开了自己的故土，成为一个流离他乡的浪子。

一　背井离乡的"云南人"

我们到达泰国美良河村的第三天，是邻居娜妥家儿子结婚的大喜日子，我和郑永杰也早早起来，到娜妥家帮忙。娜妥是"阿婆"的亲戚，一清早娜妥家就来了不少"云南人"，她们都是"阿婆"的朋友，知道"阿婆"亲戚家有喜事，都过来帮忙做饭。

见到一个"云南人"模样的大姐，我就很习惯地用普通话问她："你会说中国话吗？"大姐对我笑笑，摇摇头。过了一会儿，又来了几个"云南人"，她们在一起很随意地用云南话聊了起来，这个大姐分明是一个"云南人"，怎么我问她是否会讲中国话，她竟然摇头不理睬我，我很是纳闷。还有一次，我们在中文学校随意地转悠，见到一个中年妇女在学校里做杂务，同时照看着她的才满两岁的小孩。我们与她聊了一小会儿，开始我们用普通话与她说话，她也用普通话说，后来我改了云南话，她马上与我握手，说"我们都是一家人啊！"

后来，我才了解到，在泰国美良河村，村寨里的通用语言，不是泰国话，也不是普通话，更不是拉祜或阿卡话，而是云南话。普通话对于他们而言，叫"国语"，是外来语言，很多人不会说普通话（后来那位在婚礼上表示不会讲中国话的村民向我解释，她因为不会说"国语"，所以没有搭理我的问话）。这一点儿都不奇怪，因为村寨里的移民主体，是来自云南的汉族，他们主要讲西南官话，即云南话。而且他们离开云南的时间并不长。最早离开云南的是20世纪30年代，多数是四五十年代时离开云南的，有少数是80年代从云南迁徙过来的，还有几户是最近几年才从中国云南过来的，他们从中国老家来到泰国美良河村只有短短五六年的时间。

故乡是中国云南，这不是他们遥远的回忆，而是他们留在记忆深处的最温暖的记忆。

（一）云南马帮

在泰国美良河村的一次家庭礼拜中，我们遇见了罗勇，他已经是84岁的高龄，但耳聪目明，身体很硬朗，外表看起来只有六十多岁。所以一开始我们称他为大爹，当他自我介绍他有八十多岁，我们都大为惊讶，也赶快改口称他大爷。

罗勇是马帮出身，汉族。听到我们是从云南来的家乡人，他很激动，用云南话滔滔不绝地向我们讲起了他的经历：

> 我是一个孤儿，两岁父母就死了，是邻居亲戚你一口饭我一碗汤地帮持下长大的。15岁的时候，一个马锅头看我可怜，收留了我。马锅头是本村里的人。他的马帮算是较大的，有三十多匹马。每次出门，都是自己赶着马走。有些马帮主只有七八匹马的，就要几家人合在一起，一同出行。
>
> 走在原始森林之中，人少了可不行，很危险。有时会遇到野兽，有时会遇到山火，最害怕的是遇到强盗，强盗一来抢，货物没有了、马也没有了，有时连命也保不住。我们这一队马帮，为了保护货物和人马安全，还带着枪呢。
>
> 我因为人小，马锅头让我负责做饭。我们的马帮就在保山、腾冲、八莫一带来来往往做生意。后来日本人打来了，那一带很乱，经常打仗。有一次在缅甸遇到日本兵，我们马帮的财物被他们劫走了，马帮队伍的人四处逃散。我逃跑后，找不到原来的人马，从此流落在缅甸境内。

罗勇的叙述，把我们的思绪带到了中国的保山、腾冲，那里是中国云南—缅甸—泰国马帮跨境运输的必经之地，也是中国云南与东南亚经济文化交流的大通道。

今天的中国保山市，古名为永昌，因东汉中央政权在此设永昌郡而得名，位于云南西部，现辖隆阳区、施甸县、腾冲县、龙陵县、昌宁县一区四县。与缅甸接壤，国境线长167.78公里。

自古以来，中国西南地区就与东南亚地区有密切的经济文化交流，中国保山地区是西南地区与东南亚地区的交通中枢。西汉中央政权开辟了从四川经云南、缅甸抵达印度的"蜀身毒道"，其线路由灵关道、五尺道和永昌道组合而成。五尺道从成都东南起，沿水路到宜宾，经昭通、曲靖、昆明到大理，因五尺道以朱提（今昭通）为枢纽中心，又被称为朱提道；灵关道由成都经邛崃、雅安、凉山和楚雄，与五尺道在大理会合后一路往西，称为永昌道；永昌道自大理西行，翻越博南山，渡过澜沧江到达永昌郡。自中国的腾冲、保山出境，穿过深山丛林进入缅甸掸邦地区，开始了"蜀身毒道"的境外通道缅印道①。唐以后，中原进入云南西部地区的道路发生了变化，云南对外交通通道在明清时期有新的发展，但是由大理经保山、腾冲达缅甸的这条传统的"永昌道"则一直发挥着主干线的重要作用，始终是云南与东南亚地区对外交通的中枢线。

近代随着中国云南经济开发不断向纵深发展，以及英法殖民统治者把中国作为他们倾销商品的重要市场以来，中国云南通过东南亚交通大通道与欧洲市场的联系大大增强，特别是开埠通商以来，昔日的"永昌道"更是变成了西南地区的黄金大道。从中国昆明经下关到保山、腾冲，有多条道路通往缅甸，可由中国腾越关出境至缅甸八莫，或至密支那，亦可由中国龙陵关出境至缅甸南坎、腊戌，此外还有从中国永昌南行经姚关、镇康，走南伞至缅甸腊戌等道路。

由于道路交通条件的落后，中国云南与东南亚地区之间运输流转的物资，无论是轻薄的西洋细纱，还是沉重的铁器、盐巴，当时都只能通过马帮运输。成千上万的马匹驮着各种物资，在西南边疆崎岖的山路上，摇荡着清脆悦耳的响铃，不知疲倦地在茂密的原始森林之中来来回回。据载，当时，由中国昆明经下关、保山、腾越至八莫一线，常有四五千匹骡马往来运输②。仅中国腾冲口岸，马帮每年的过往量就达2万余驮③。中国腾越关口岸，1912年商品出口约1.2万驮，1919年，增

---

① 陆韧：《云南对外交通史》，云南民族出版社1997年版，第28—36页。
② 解乐三：《云南马帮运输概况》，载《云南文史资料选辑》第9辑，1989年。
③ 中国科学院历史研究所第三所：《云南杂志选辑》，科学出版社1958年版，第178页。

至 4.1 万驮①。如今，马背上的汗水早已被历史风干，山间铃响马帮来的风景也早已成为记忆，而那些昔日的马帮道路上被马蹄磨得光滑圆润的一个个小洼窝的印迹，仍然静静地留在早已被荒草隐没的道路上，向人们无言地诉说着昔日的辉煌与辛酸。

思绪回来，我们继续听着罗勇的讲述：

> 在缅甸，又找了家马帮投靠，继续从事赶马人的生活。我们主要在缅甸和泰国之间帮那些国民党军队运输物资。后来，又跟随着国民党军人来到了这个村，还是继续做马帮。这里有茶，需要驮出去卖，同时买回需要的大米等日用品……
>
> 我就这样一直在赶马，过了一生。直到我老了，赶不动了，这里也通了公路，车子可以进来了，再也不需要我们这些赶马人啰。

罗勇深深地吸了一口他的旱烟袋，吐出一口浓烈的烟气，眯着眼睛向窗外望去，眼神之中有些茫然。

在这个村里，曾经做过赶马人的不止罗勇，有不少人的父母都曾经赶着骡马在中缅泰三国之间来回行走，运输物资。他们在民间商人的组织下，为经济利益奔波于深山密林之中的羊肠小道，不仅使中国与东南亚的经济交流世世代代延续下去，而且通过马帮经济，使中国与地中海和西太平洋等地区的海外市场密切地联系起来，成为世界经济的一个重要组成部分。当然，马帮也曾经是东南亚地区贩毒者的主要运输方式，一些贩毒组织利用马帮运输毒品，行走于原始森林之中人迹罕至的山路，以牟取高额利润……无论是抗击法西斯的光荣历史，还是武装贩毒的不光彩行为，马帮里的赶马人永远都是为了生存靠自己汗水挣点小钱的群体，他们不在乎马背上是紧急的军用物资还是老百姓喜欢的肥皂洋布，或是害人的毒品，他们只在乎是否能把老板托付的东西，安全地运到目的地，路上不要被蛇咬伤了脚，不要马失前蹄落了山崖，不要被土匪抢了物资（参见图 2-1）。

很多很多的赶马人，因为辛苦危险的马帮生涯而被早早地夺去了生

---

① 王明达、张锡禄：《马帮文化》，云南人民出版社 1993 年版，第 89 页。

图2-1 泰国美良河村的马（曾经作为主要交通运输工具的马，在泰国美良河村已经很少见到了）

命。像罗勇那样能活到八十多岁，这不仅是他命大福大，而且从他八十多岁的年龄六十岁的身体的自然特征来看，也正应验了达尔文进化论"物竞天择，适者生存"的自然法则。

(二) 中国远征军

在我们调查的村民中，匡玲的父亲应该算是泰国美良河村村民中最早一批离开中国云南的移民。

匡玲今年55岁，她父亲早已不在世了。她告诉我们，她父母都是中国云南保山龙陵人，是汉族，父亲是打日本的时候随部队到缅甸打仗，后来没有回去就留在了缅甸，娶妻生子，靠种田为生。她在缅甸出生，24岁时从缅甸来到了泰国。

现在约40多岁的泰国美良河村中文教堂的师母阿慧也告诉我们，

她的老家在中国腾冲，爸爸是抗日战争时期的游击队员，在打日本的过程中，辗转来到了缅甸，然后住了下来，结婚生子。父母亲都在缅甸过世了，她23岁因为到曼谷神学校学习，到了泰国，之后就一直在泰国定居。

正如阿慧和匡玲，泰国美良河村的村民们说起他们的父辈离开中国云南的原因，不少人提到了抗日战争。抗日战争时期，中国云南滇西曾是中国抗日战争的重要战场。而说起中国滇西抗日战争，不得不提到滇缅公路以及保卫滇缅公路的那支特殊部队——中国远征军。

抗日战争时期，为了保障西南大后方的物资供应，运输中国从国外购买的军事物资和国际援助的战略物资，急需在云南修建一条经东南亚与太平洋地区联系的国际交通线，修建滇缅公路便提到了议事日程。滇缅公路1937年12月开始建，至1938年8月13日建成通车，建成的滇缅公路从中国云南畹町出境至缅甸腊戍，与缅甸的中央铁路连接起来，可直达缅甸当时的首都仰光港。中国云南境内滇缅公路段长952.2公里，昆明至下关段1935年已建成，其余新辟，途径云岭、怒山、高黎贡山，漾濞江、澜沧江、怒江等险峻地段，修筑道路工程量大，且十分困难。中国政府征集了沿线云南十多个民族的20多万劳工，用了短短不到一年的时间修建完成，成为世界交通史上的一个奇迹。在中国，在世界，没有哪条公路像滇缅公路这样与一个国家、一个民族的命运联系得如此紧密，没有哪条公路能像滇缅公路这样久久地留在人们的记忆里。

太平洋战争爆发以后，日本侵占了中国香港、马来西亚、菲律宾、关岛、新加坡、缅甸、印度尼西亚等国家和地区，处于暂时的军事优势。为了抗击日本帝国主义，中国和英、美等国家加强了抗击法西斯的军事联合。1941年12月23日，中国和英国签署了"中英共同防御滇缅路协定"，成立中英军事同盟。中国远征军就是根据中英军事同盟而组织的一支特殊的部队。

1942年初，日本侵略缅甸，占领了缅甸当时的首都仰光，并进入曼德勒，企图隔断滇缅公路。中英军事同盟开始发挥作用，在中方杜聿明军长和中缅印战区参谋长史迪威将军的指挥下，一支全副美式装备的10万余人中国军队向缅甸进发，为保卫滇缅公路而战。第一次中国远征军出兵缅甸历时半年，转战1500余公里，打死打伤日军45000人，沉重打击了日本侵略者的嚣张气焰，与此同时，中国远征军也付出了极其惨重的代价，出动103000人，伤亡56480人，绝大部分在胡康河谷野人山阵亡。1943年，中国远征军第二次出境作战，先后在缅甸的野人山、八莫、密支那，中国滇西的腾冲、松山、龙陵等地与日军浴血奋战，取得了决定性的胜利。第二次入缅作战，中国远征军伤亡1.8万余人，歼灭日军4.8万余人，解放缅甸土地约13万平方公里和滇西全部土地约3.8万平方公里。至此，中国远征军完成了中国战略大反攻的全面胜利。

每一个活着的中国远征军老兵，他们都有终生难忘的远征经历。野人山，是第一次远征军撤退回国时走过的地方，当经历了三个月原始森林之中毒蛇、瘴气、蚂蟥、饥饿的无尽折磨，穿越了这个无人生存野人山之时，十万大军，仅剩下不到四万人了。

"青山处处埋忠骨，何须马革裹尸还"，中国远征军用血肉之躯，保卫了滇缅公路这条生命线，保卫了中国大西南后方的安全，换取了中国人民抗击日本法西斯的最终胜利，他们的英魂，就埋葬在了异国他乡和中国滇西这片热土。那一处处埋葬着英烈的忠魂的地方是：

玛格丽塔墓地，位于印度阿萨姆邦雷多；
新三十八师墓地，位于印度史迪威公路23英里处；
新二十二师墓地，位于印度史迪威公路23英里处；
萧竹青墓地，位于中国藏南地区；
中华民国驻印军第五十师墓地，位于缅甸密支那；
中华民国驻印军第十四师墓地，位于缅甸密支那；
中华民国驻印军第三十师墓地，位于缅甸密支那；
中华民国驻印军第五十师墓地，位于缅甸西保；
八莫墓地，位于缅甸八莫；
国殇墓园，位于中华人民共和国云南省腾冲县；
……

而除了这些为国捐躯的将士们，还有一些因种种特殊原因未能撤回中国而滞留在缅甸的中国远征军。这些流落在缅甸等国的远征军老兵有多少，难以统计。近年来，我们经常从新闻报道中看到有流落缅甸的远征军老兵回国的报道①：

2009年5月30日，九名流落在缅甸的中国远征军老兵，从中国云南瑞丽畹町口岸踏上回乡探亲之路。

2011年5月9日，92岁流落缅甸的远征军老兵刘辉从中国云南腾冲猴桥口岸回到了中国，与亲人团聚。

2011年9月1日，89岁的滞留在缅甸的远征军老兵杨剑达经中国云南腾冲猴桥口岸入关，回老家广东省亲。

……

美良河村村民父辈中的远征军老兵，我们已经没有机会见到他们，因为他们早已逝去。当我们见到了他们的后代，那些一直流着中国血脉的后代，他们只是平静地告诉我们，他们的父亲，曾经在缅甸打过日本人。这些为保卫自己的祖国在异国他乡抛洒热血的远征军老兵，并没有把自己的经历处处炫耀，甚至都很少向他们的孩子提起他们的经历，以至于我们进一步询问他们的子女有关父亲参加远征军的情况，他们都知之甚少。

我们只能默默地遥祝，这些葬身异国他乡的远征军老兵们孤独的魂灵，能够找到回家的路。我们只能默默地祝福他们的后辈，生活得幸福美满。

（三）解放云南战争

泰国美良河村的最初建立者，是一群流落到泰国的国民党残余军

---

① 这些流落缅甸的远征军老兵，能够顺利回国探亲，主要得到了新华社《瞭望东方周刊》社会调查部主任孙春龙及很多热心人的帮助。孙春龙在缅甸采访时了解到在缅甸有些滞留的远征军老兵，他们非常想回祖国回家乡看一看，这是他们最大的心愿，然而他们因为没有国籍、没有钱，根本就无法回国探亲。孙春龙开始组织"带老兵回家"的活动，他在有关部门奔走，利用博客筹集经费，联系老兵的亲属，最终促成了一部分老兵回国探亲。下面的三例就是在孙春龙和很多热心人的帮助下得以回国探亲的。参见http://www.sina.com.cn, 2009年5月31日，中国新闻网：《流落缅甸的中国远征军老兵回国探亲》；http://tv.sohu.com/20110513/n307453365.shtml；《视频：92岁中国远征军老兵流落70载终回国》；http://www.cnr.cn/gblm/lmgw/yw/201109/t20110901_508444832.shtml；《89岁远征军老兵73年后回家 渴望认同与尊重》。

人。说到国民党残余军人，几乎所有了解中国云南历史的人都或多或少地知道一点相关的历史。

　　20 世纪 40 年代，中国人民解放军和国民党军队决战的三大战役结束后，在中国共产党的强大政治攻势和解放军强大的军事打击下，国民党败局已定。为了寻求后路，国民党一方面开始撤退台湾；另一方面，调拨军队于西南地区加强防守，妄图守住一块日后反攻大陆的基地。1949 年，蒋介石命令李弥统帅的第六编练司令部及所属第八军开入云南，同时整合了原来驻滇的第二十六军，拨归第六编练司令部指挥。李弥部队到达云南后，并没有稳住云南的国民政府摇摇欲坠的政局。1949 年 12 月 9 日，卢汉在云南宣布起义，昆明和平解放。之后，云南其他地区也相继宣布解放。但是，李弥率领的一部分国民党部队仍然盘踞在中国滇西南少数民族地区，国民党政府继续利用这支部队做最后的抵抗，他们联合少数民族地方武装势力，与中国共产党的军队和新成立的人民政府较量。

　　随着野战军南下，大西南的清剿战斗的拉开，以及滇桂黔边纵队坚持不懈的顽强打击，这些盘踞在滇西南地区的国民党军队不断溃败，国民党军第八军主力于 1950 年在元江河谷被解放军彻底击溃。面对解放军和中国共产党领导下的地方武装的穷追猛打，国民党军队不得不放弃滇西南边区，向境外缅甸、越南撤退。退入越南的第二十六军的主力后被法军缴械。其他师团零星武装力量，也在败退中撤向缅甸。

　　现在无法统计当时撤离中国云南退向缅甸的国民党军人有多少，在无粮草弹药补给的情况下，这些打散的国民党军队且退且战，穿越热带原始森林，因战斗伤亡、疾病死亡、野兽伤害，部队不断减员。这支部队在缅甸北部汇集时，只剩下第二十六军九十三师的二七八团和第八军二三七师的七零九团，人数仅 1000 余人。

　　1950 年 9 月，蒋介石派遣李弥等人到缅甸，重新收容整顿国民党残军，将滞留于缅北的国民党军队整编为第二十六军九十三师和一九三师，组成"反共抗俄救国军滇南边区第一纵队"。12 月，李弥被委任为"云南省人民反共救国军总指挥"、"云南省政府主席兼云南绥靖公署主任"。

　　在李弥的整治下，台湾方面为这支军队提供补给，美国政府也暗地支持这支部队。撤退时溃散的散兵逐渐归附部队，同时，还有不少因害怕中国共产党政权而逃到缅甸的一些国民党地方官员、地主官僚、少数民族宗教上层人士及其信徒，以及在中缅边境一带迁移流动的少数民族，也被这支部队不断吸收、整编进入其中。

这支部队的人马不断壮大，其总部设在缅甸勐撒（Monghsat）。李弥还在总部建立"反共抗俄大学"，招募新兵，培训军事学院，扩大武装力量，待机反攻大陆。

1951年4月至7月，李弥部队曾一度进行"反攻大陆"的军事行动。据守在缅甸的国民党军队窜攻云南耿马、沧源、孟连等边境地区，曾一度在一周之内占领了这四个县城，但是很快被调集而至的解放军击退。之后几次骚扰，均遭阻击，"反攻大陆"未能得逞。1953年1月，在缅甸的国民党军残部改称"云南反共救国军游击队总部"。国民党军队以游击战的形式不时骚扰中国西南边境地区，但是均未能对中国西南边疆安全造成威胁。

于是，这支特殊的军队就一直在缅甸北部地区活动，成为当时国际反共势力在东南亚地区安置的一个棋子。之后，随着国际局势的变化，这支部队逐步撤退台湾，但是一部分不愿意去台湾的云南籍军人留在了泰、缅、老交界的"金三角"地区，成了一支没有国籍、没有政府的"孤军"。

这一段特殊的历史，与泰国大多数美良河村村民都有密切的联系，大部分泰国美良河村的"云南人"和拉祜人都是因为参加了国民党李弥部队而离别中国云南故乡，飘零到了异国他乡。

泰国美良河村的创建者张副师长，就是李弥手下的一个军官，他跟随部队转战缅甸泰国，最后滞留泰国。后来他带领几十号人马，到美良河村建村立寨，揭开了美良河村的历史篇章。在我们访问其他村民的时候，张副师长常常被村民们提起。有关于他打仗的事情，有关于他治村的情况，也有关于他娶了个漂亮的小老婆的逸事……点点滴滴的故事，让我们对这个村寨的创建者充满了想象。怀抱着强烈热望，我们去找张副师长的儿子，急切地想从他那里知道更多有关他父亲的经历。其实他家并不难找，因为他家就住在街头一栋很气派的红砖中式大院里，旁边还有一个茶叶加工厂和大晒场。只是去了几次，都听说他在地里做活，不在家。有一个下雨的下午,我们在他家里终于见到他了。

老张近六十岁了,两鬓有些花白,个子也不高,但人看起来很精神,眼睛炯炯有神,说话中气很足,虽然言语不高,但透着英气,一看就是一个有影响力的人。从他的外表,我们似乎也看到了他父亲的一些影子。当听说我们是从大陆来的,想了解他父亲的一些情况,老张马上警惕起来,以为中国共产党派人来追查他父亲的情况。尽管我们一再表明我们做研究的身份,他仍然对我们保持戒心:

> 父亲是云县人,1948 年离开云南的,他们从果敢、曼坝出来,一直追随李弥来到了金三角。他是国民党军队中的副军长①。
> 在云县的《县志》里,把我父亲叫作"蒋匪"。

老张笑了笑,关于他父亲在国民党的军队里的事情,他不再说更多的了。

老张或许是不愿意说,或许是没有什么可说的。对于一个军人而言,服从命令为其天职,来自国民党上级的命令要求向缅甸方向撤退,作为一个称职的军人只有两个字"服从"。从中国西南边境地区向缅甸边境地带的撤离,对于这些官兵而言,当时可能只是一次十分平常的急行军,但是,他们万万没有想到,当他们跨出中国边境线的那一刻,就注定了他们不可能再回到祖国,只能永远地流落异国他乡。

2010 年 8 月我们在泰国美赛的一个边境村寨遇见一个老家是中国澜沧的云南人,他也是国民党的士兵。随着国民党撤退到缅甸的时候,他甚至没有时间向正在怀孕的妻子告个别,就这样离开了中国、离开了故乡、离开了亲人。直到三十多年以后,他获得泰国公民证后的第一件事情,就是回国探亲,昔日的娇妻早已经成了老太婆,而未曾见过面的儿子也已经成为有两个孩子的父亲,站在他的面前有些局促,不知道该叫亲生父亲什么好,时间和空间把他们隔得太远太远了。

一天早上,我们的翻译阿美打来电话,告诉我们今天天气好,她要

---

① 经过考证,泰国美良河村的创建者"张副军长"并非是副军长,而只是副师长。但是几乎所有的村民都认为他是"副军长",因此在访谈中村民经常说起"张副军长"。

到地里去劳动，不能陪我们采访。"你可以和我父亲聊聊，他很想见你们，和你们说说话。他就住在我家上面偏坡上的那栋房子里。"吃过早饭，我和郑永杰就去了阿美父亲家里。阿美父亲已经是85岁高龄的老人了，清瘦的身体看起来十分单薄，看到我们来，他执意要为我们倒杯茶水，看他摇摇晃晃地站立走路，我们生怕他摔跤。大爹听力还不错，我们声音稍大，他还能听得见。

> 我是1952年从中国到缅甸的，1956年从缅甸到了泰国，其间当了四年国民党的兵。我所在部队归李弥管。当时是被国民党兵抓来加入部队的。加入部队我们都很不情愿，但是如果不入就是他们的敌人。当时我们就在缅甸与中国交界的边境一带与共产党打仗，或者我们去偷袭共产党，共产党的兵打来了，我们就跑到缅甸。有时候共产党的兵也打到缅甸来，但他们来了我们就跑，他们走了我们又回到营地。
>
> 我们在部队里，上面的军官们总是对我们说，我们要反攻大陆，打回老家去。我们每个人都希望回家去，回国去。可是，我们越打越跑得远，越打离中国越远，从缅甸跑到了泰国……

而今天，这些流落异国他乡的国民党残军只能在记忆里回忆他们的故乡，回忆他们的亲人，想象他们的希望。他们中的很多人，是永远不可能回到祖国了，哪怕只是去看一眼。因为这些国民党残军中，有不少人仍然没有得到公民证，不能够获得出入境签证；加之他们年老体衰，经济条件差，没有经济能力和体力回国。

（四）新中国成立初期

泰国美良河村有一部分"云南人"，是在中华人民共和国成立之初离开中国的。有的是因为受到国民党反动派反共宣传的蛊惑，对新成立的中华人民共和国政权不了解而逃离；有的是因为新的人民政府成立以后，掀起的一系列针对官僚资产阶级、地主、富农阶级的革命斗争，他们是被打击、被批斗的对象，为了逃避政治斗争而离开。泰国美良河村

"云南人"中，1949年以后离开云南到缅甸的，多数是因被批斗而离开。

1949—1954年，滇西南思普地区和临沧地区相继解放，新中国人民政府成立之后，"农民翻身斗地主"的革命烈火燃烧着边疆少数民族地区，一些汉族地主在这场风波中遭受了前所未有的摧残。有很多人因为受不了这场政治风波，想办法逃了出来。

泰国美良河村的木匠王道学老人，对于这场打击记忆尤为深刻：

> 我生于1937年，是卢沟桥事变那年。
>
> 因为是官僚地主阶级，我家在"三反五反"时成为打击对象。父亲被抓去杀了头，母亲也被关起来了，受到非人道的折磨。
>
> 那时我只有13岁，走路不能抬头走，只能低眉顺眼地走。母亲被多次批斗，每一次我都得陪斗。我和母亲跪在碎石上，膝盖都跪得磨破了皮（王道学说着，拉起裤腿，让我们看腿伤的伤疤，就是当时跪着被批斗时受的伤）。母亲还被上了刑，被折磨得死去活来。家里的农田、土地、财产、房屋统统被没收了。我的大哥、二哥年纪大一些，早跑了出去，跑到昆明、西安，投靠亲友，免除了皮肉之苦，而且还有机会读书。
>
> 对于只有13岁的我，逃跑是唯一的求生之路。1954年4月15日（当我们对他清楚地记得这个日子表示惊讶时，他说："我当然记得了，一辈子不会忘记。"），那天晚上，我在大街上偷了一块布标，把它悄悄卖了，换了一块肥皂，又去买油印泥、纸。由于没有钱，我只买了一小点红印泥。我就用肥皂刻了假图章，用手攒着印泥上的红油，抹在上面，然后在写好的假证明上盖上图章。
>
> 就这样，我从管制区逃了出来。
>
> 先是到了耿马，跟着人学做木匠，到处帮工，就这样流落到了缅甸。在缅甸打零工三年，然后当了国民党的兵，进入军官学校学习，相当于高中毕业。后又当过受训班教员。之后，后跟随国民党来到了美斯乐，在国民党军队共有七年的时间。

王道学老人是一个具有传奇经历的云南人，关于他的经历我们将在本书"第七章　延绵的中国文化"中详述。

与王道学有同样经历的是巧兰，她的经历，却让我们感受到一群受蒙蔽、受蛊惑的群众仓皇逃跑的情况，这也是20世纪四五十年代一部分外逃群众的真实情况。巧兰来自中国云南澜沧县东岗乡回笼村：

> 我是6岁时随着父母逃离澜沧的，当时因为我家被划为富农，听到消息说政府要来抓我们，我们就全家人跑了出来。一起出来的，共有20多个人。有一个村子里的，也有邻村的，多数是亲戚。
>
> 那是一天晚上，我都睡着了，半夜三更父母把我叫起来，说是要离开这里，很紧张的样子，我还在迷迷糊糊的睡梦之中，就被他们拉着跑出来了。跑出来时不带什么家当，只是带了毡子、坩埚、衣服出来，干粮带得很少。
>
> 因为我还小，走不动，爸爸妈妈就背我一段，自己走一段，我们不敢走大路，是顺着山路走。而且我们白天不敢走，只是晚上走。白天我们找一个箐沟洼地睡觉休息，到傍晚的时候，大人们出来查看路的走向，然后等天黑再往前赶路。一路上肚子饿，就到路过的佤族、拉祜人家里讨吃的。
>
> 我们走了很久很久，也记不住走了几天几夜，只记得脚都走肿了，很疼很疼。
>
> 路上，我们也会遇到解放军，解放军问我们："老乡，你们好，你们要去哪里？"大人们不敢回答。
>
> 来到了勐洋，我们就住下来了。在勐洋住的那段时间，我1962年还回去过东回老家一次，是奶奶来看我们时把我带回去的，那时我已经有12岁，回去了就去读书，读了两年，后来母亲生病了，我又被接回了勐洋照顾母亲，之后就再也没有去过。
>
> 我们出来了几年后，奶奶跟着出来了，后来死在景栋。
>
> 我有一个姨父，是解放军的军长①。他有一辆自行车，当时好神气，我们都喜欢去坐自行车，村里的人也是非常羡慕我们，好多

---

① 这可能是讲述者记忆有误，也许不是军长，是营长、团长之类的军官。

小孩子追着看呢。

在勐洋住的期间,曾经发生过瓦邦与共产党的战争。当时解放军打到勐洋,打死了很多瓦邦士兵,瓦邦士兵都是十几岁的孩子,死了好几十个,堆在一起。解放军也有死伤的,解放军缴了瓦邦合作社的粮食、油、糖等食品,他们会主动分给老百姓吃,对百姓可好了,说话客气,还有很多女卫生员,长得很漂亮。女卫生员正在包扎伤员的伤口,她们叫我们过去帮忙,可我不敢去,好害怕出血的伤口。我们还见到了解放军的长官,对人也很和蔼。

(五) 改革开放以后

20世纪六七十年代,中国实行了严格的边境管制政策和身份管理政策,在人民公社制度下,社员要外出,需要大队或公社的证明。边民出境受到了严格限制,其审批制度非常严格,普通村民几乎没有合法外出的可能,若非法出境,就被视为"叛逃"国外。与境外亲戚往来,也被视为"里通外国",出境者在国内的家人和亲戚就要遭受严重的政治打击。在高压政策之下,千百年来中国边疆地区跨境民族在两国边境之间随意迁徙、自由往来、相互通婚受到了严格的控制,大大抑制了边民交流意愿。而自古以来中国西南地区通过陆路通道与东南亚地区持续不断的经济贸易活动,也因政策原因中断了。

中国共产党的十一届三中全会以后,中国迎来了改革开放的新局面。国家之间的经济文化交流日益扩大,边境贸易、边民互访等也开始走向了正常化。中国云南省境内的个别群众因个人因素,利用东南亚与云南接壤的便利,也开始走向非法移民之路。

李海是汉族人,50岁,老家是中国澜沧县东回乡东岗村,他是1980年到泰国的。我们对他离开的时间感到惊奇,因为在之前所调查到的人讲到他们离开中国的原因都是带着辛酸和无奈,而李海却是在改革开放初期中国经济社会好转之时才离开中国,这让我们觉得不可思议。李海的回答为我们释了疑:"改革开放以后,国家放宽了政策,我们才可以不受限制地出来啊。"又问他为什么出来,他说他家在泰国有亲戚，他来探访亲戚，就没有回去，留在这里。离开中国时，他还是个 20 岁刚出头的小伙子，来到这里，娶了一个漂亮的傈僳族媳妇，现在就住在扎可寨子里。我们打趣说："你是不是被你的媳妇迷住了，不想回国了？"李海笑笑，算是默认了。

在泰国美良河村，还遇到一个来泰国只有十年的新移民，他就是中文学校的张老师，他是汉族人，中国云南昆明人，满口的昆明腔一点都没有改变。

> 我初中毕业以后，没有工作，是姐姐把我带出来的。
>
> 姐姐来泰国旅游的时候遇到了姐夫，是泰国人，后来她就嫁到泰国了。有一次，姐夫回国探亲，看我没有工作到处乱混，就把我带了出来，现在姐姐家在泰北的另一个村子。
>
> 我来到泰北以后，听说这个村中文学校需要老师，我就来这里教中文。现在我在教初中的语文课程。

张老师同时还开着一个小卖铺，在泰文学校旁边。他一边与我们聊天，一边卖小零食给那些嘴馋的中小学生，同时还照顾着整天在屋子里跑来跑去的两岁的小儿子。

改革开放以来迁徙到泰国的中国云南人并不多，都是因为个人因素迁徙而来的。他们的迁徙之路，没有上一代人那样复杂，无论是从地理空间还是心路历程，他们都非常简单明了，因为泰国有亲戚，他们就想到这里找工作、找媳妇或者生孩子，他们乘坐飞机或者汽车，从中国云南直接来到了泰国，并没有在缅甸停留居住的经历。

二 追寻金箭的拉祜人

2011 年 8 月 16 日，在云南省澜沧县老达保村，扎戈老人在火塘边为我们吟唱《牡帕密帕》。扎戈老人用缓慢悠远的声音吟唱道：

> 古时厄雅赐神箭，

一支神箭金宝箭，
　　一支神箭银宝箭，
　　一支神箭铜宝箭。
　　传说中的三支箭，
　　一支落在勐朗坝（澜沧），
　　一支落在玛牡密（缅甸），
　　一支落在泰牡密（泰国）。
　　拉祜一路寻宝箭，
　　拉祜一路觅新居，
　　正因神箭落三处，
　　拉祜居住在三地。

《牡帕密帕》是拉祜人的创世史诗，记载了拉祜人繁衍、迁徙的历史。每当逢年过节等节庆日子和红白喜事，拉祜族老人总会在火塘边吟唱起这部古老的史诗。拉祜人过去没有文字，远古以来，拉祜人的历史就是靠老人们在火塘边向晚辈吟唱《牡帕密帕》一代又一代口传下来的①（参见图2-2）。

据《牡帕密帕》记载，远古的时候，这世界没有天没有地，也没有动植物，天神厄莎创造了天和地，于是有了太阳月亮和山川河流，厄莎又造了各种植物和动物，还从葫芦里创造了拉祜人。因此，拉祜人被称为从葫芦里出来的人。拉祜人部落最早生活在一个叫"南氏北氏"的地方，那里有大海②。后因与汉人争田地，引起战争。战争打了十年，拉祜人受尽折磨，他们想起天神厄莎曾经赐给他们一个宝盒，并告

---

① 拉祜人有丰富的口传史诗文化遗产，其中有创世史诗《牡帕密帕》，有迁徙史诗《根古》。这两个史诗也有不同的整理版本，有的将其整理为一个史诗，有的将其整理为两个史诗。1998年中国民间文艺出版社出版的《拉祜人民间文学集成》，将拉祜人史诗分别整理成为创世史诗《牡帕密帕》和迁徙史诗《根古》；2009年中国云南省澜沧县文化馆重新整理拉祜人史诗，将创世史诗和迁徙史诗合二为一整理为《牡帕密帕》，该整理稿尚未出版。不同版本，迁徙过程（如兄妹分手地方）和迁徙线路略有差异。上面所叙述的内容是依据2009年中国云南省澜沧县整理的《牡帕密帕》版本所叙述，本书引录的史诗原文也均出自于该版本。

② 据史学家考证，拉祜人族源发源于青藏高原地区，今中国青海一带。

图 2-2　泰国美良河村拉祜人在吹芦笙

诉他们在最困难的时候打开它,它将会给你们指出路。于是,拉祜人打开了这个宝盒,里面有一个神弓和三支神箭,厄莎告诉他们,用神弓将神箭射向远方,神箭落下的地方,就是拉祜人安居乐业的地方。

他们将厄莎的三支神箭射出去,三支神箭飞向了南方,于是拉祜人就一路寻找着神箭,向南迁徙。先是到名叫佳西佳洛的地方,后又迁徙到阿喔阿戈(中国四川盆地)的地方,后又迁徙到糯谢糯弄厄(中国云南大理一带),因受汉人官兵的驱逐,又南迁至勐缅密缅(中国云南双江、耿马一带),在这个地肥水美的地方,拉祜人享受着辛勤劳动获得的丰收和幸福生活,拉祜人族群也壮大发展起来了。在勐缅密缅生活了一百多年后,汉人官府要他们交税并服从统治,他们不愿意,于是又起战争,头人带领拉祜人与汉人战争失败后,在即死之前,要求其部族追寻厄莎天神的三支神箭,寻找新的家园。于是,拉祜人离开勐缅密缅,继续向南迁徙,兄妹两人分为两路,哥哥部落到了澜沧,妹妹部落又分两群,一群住在缅甸,一群住在泰国。

在澜沧县竹塘村,《牡帕密帕》的传承人76岁的拉祜人李增保在

给我们讲述拉祜人离开勐缅密缅迁徙到缅甸、泰国时说:

> 后来勐缅密缅也待不下了,和其他民族打仗,到处跑,有些跑到缅甸,有些跑到这里来的。北氏南氏打败,死了好些人,勐缅密缅打败,又死了好些人。先主爷,也就是第一个头人受了伤,于是跟副先主爷说,我不行了,跑不动了,你们自己去找吃的地方去。我身下面有三支箭,你拿出来发射出去,箭在哪里落下,你们就到哪里安家生活。于是在胡利那塔可梁子①把箭发射了出去,第一支落在老厂,有铅,有银子,拉祜人在这里生下了根;第二支落在了勐朗勐宾,带头人所在处;第三支落在了泰国莎八嘎。很多人跟着出去,落下的就是成不得的拉祜人,叫作拉祜水。②

拉祜族是中国的跨境民族之一,目前主要聚居在中国云南省西南澜沧江流域地区和上缅甸、泰国北部。根据统计,中国境内的拉祜人约 46 万,缅甸境内拉祜人约 15 万,泰国境内约 6 万。此外,老挝、越南、马来西亚、美国等国家和地区也有拉祜人的分布。境外居住的拉祜人都是从中国云南迁徙出去的,其中缅甸和泰国是拉祜人主要境外聚居国。

(一) 拉祜人三次大规模向境外迁徙

最早拉祜人从中国云南向境外迁徙,时间约在 18 世纪至 19 世纪初。拉祜人在"勐缅密缅"定居的时间,大约是在元朝到明朝这一段历史时期,这是拉祜人族群及经济社会发展最快的一段时期,不仅

---

① 梁子,指山脊。
② 李增保的叙述,与中国云南省澜沧县文化馆整理的最新版本《牡帕密帕》内容略有不同,如他叙述中第二支箭落在老厂、勐朗勐宾,这是澜沧县境内的三个地名,而不是缅甸的地名。另外,李叙述中是先主爷(头人)拿出厄莎赐给的箭射后去找箭,而在经过中国云南省澜沧县文化馆有关人员整理的《牡帕密帕》文本记载:"拉祜头人临死前,叫来妹妹到跟前,'在很久很久以前,厄雅萨雅赐神箭。确确实实有三只,神弓射出神宝箭,不知神箭落何处。神箭落脚的地方,安居乐业的地方;我要先走一步了,把我埋在神树下'。"

建立了具有村落意义的生产生活家园，而且双系大家庭的社会组织也得到了进一步发展。明朝初期，由于与当地的傣族和从中原迁入的汉族发生战争，一部分拉祜人迁往耿马一带。18世纪初，大理僧侣杨德洲到双江、澜沧传播大乘佛教，将拉祜人的原始宗教与大乘佛教有机结合起来，得到了拉祜群众的广泛认同，佛教传播迅速，在双江县的坝卡、澜沧县的南伞、东朗、东主、邦威五个地方形成了政教合一的政治宗教中心，这五个政治宗教中心实际上是经过兼并战争形成的五个强大部落。

18世纪后期，由于中国边疆出现了新的国际局势，一直处于中缅边境模糊地带的云南西南地区因英国殖民统治者试图将其纳入其殖民统治范围而引起了清朝政府的重视。清政府加速了这一地区的国民化统治，设置"政边直隶厅"加强对西南边疆地区的控制，加快西南边疆地区土司制度的推进。《清实录·仁宗实录》载，在这一过程中，拉祜人因"土司苛派逼甚"而发生多次起义，清政府派兵剿杀，拉祜人部落遭到沉重打击，四个佛房都被消灭或投降，只有"西盟佛"的"三佛祖"始终拒绝对清朝臣服。1888年"三佛祖"死亡，1891年清军镇压了"五佛房夷"①的起义。最后，"三佛祖"的继承者李通明终于向清朝投降，五个政教合一中心在清政府的剿杀中全部瓦解。

19世纪末拉祜人政教合一中心的瓦解，促使他们向南迁徙，进入今天中缅边境一带活动。1894年清政府和英国划定了部分中缅国界，中缅边界的明晰化使拉祜人跨境而居的问题也因此变成了事实，而19世纪末的这次迁徙也因此可以被看作是拉祜人的第一次大规模跨境迁徙。

拉祜人第二次大规模的迁徙是1949年中华人民共和成立初期，主要是外国传教士和拉祜人基督教宗教领袖与国民党地方势力勾结反抗新中国政权，其政治阴谋失败后挟带一批不明真相的拉祜群众（主要是

---

① "五佛房夷"指的是18世纪拉祜族佛教组织在双江坝卡、澜沧南伞、东朗、东主、邦威五个地方建立政教中心，因以佛房为中心和宗教象征符号，故以"佛房"代指其政教组织。

基督教徒）离开中国到缅甸。

关于这段历史，要从拉祜人的"宗改运动"说起。

19世纪末迁徙缅甸的拉祜人主要居住在勐洋、景栋一带。1901年美国浸信会牧师永伟里（William Young）到达缅甸掸邦景栋担任传教士后，拉祜人掀起了宗教改革的浪潮，在缅甸的拉祜人大多数改信了基督教。1921年，永伟里以缅甸景栋为中心，将基督教从缅甸拉祜人社区向中国境内拉祜人社区渗透发展。当时正值拉祜人地区政教合一组织遭受破坏时期，永伟里乘虚而入，其传教活动很快在部分拉祜人地区站住了脚。永伟里在中国云南省澜沧县糯福修建了教堂，成立了基督教糯福总会和基督教双江分会，之后永伟里及其儿子永享乐、永文生在中国云南省澜沧、双江、沧源、耿马等拉祜人地区宣传基督教长达15年之久，这期间建成教堂、学校、医院百所，培训传教士300多人。教徒也发展到2万余人。

随着教会势力的不断扩大，教会对拉祜人族群的影响日益突出，拉祜人传统社会组织结构"卡列卡些"的"卡些"（头人）成为教会里的"撒拉"（牧师），国民政府委派的保甲长，也多有"撒拉"身份。如中国云南省澜沧糯福的李崇明，既是拉祜人的"卡些"，又是基督教会的"撒拉"，还是国民党保甲制度的乡保长。

1949年前后，在中国共产党的领导下，中国云南省边疆地区国民党的地方政府组织被瓦解，国民党军队被迫向缅甸撤退，新兴的中华人民共和国政权逐步建立起来。在这疾风暴雨的革命中，失去政权的国民党军队、原国民政府负隅顽抗者以及国外基督教势力，都在这场秋风扫落叶的政治斗争和武装斗争中失败南逃。很多拉祜族群众，也被卷入了这场政治风波之中，或是被撤退到缅甸的国民党军队和国民政权的代理者（地方官员）挟裹出境，或是被外逃境外的基督教宗教首领诱惑出去。

对于这段历史，中国民族史专家秦和平撰文记述[①]：

[①] 秦和平：《关于20世纪五六十年代澜沧拉祜族地区基督教变化的认识》，载云南省民族学会拉祜族研究委员会编《拉祜族传统与发展学术研讨会文集》，云南民族出版社2013年版。

1949年初，在中国共产党的领导下，澜沧各族民众再次发动武装斗争，推翻了国民党政权，成立了包括澜沧、宁江两县在内的澜沧临时专员专署，组建了人民武装，平息了多次反叛行动，迎接人民解放军的进驻。

反之，永文生等人敌视新生的人民政府，策动糯福、东岗部分撒拉及教徒，发动叛乱。永文生在糯福教堂召集撒拉及部分教徒开会煽动叛乱，反对共产党、反对人民政权："你们这些拉祜族还不站起来，还不如那些卡佤。现在卡佤站起来，打共产党，你们眼睛还闭着，你们应该睁开眼睛来看，像卡佤一样打共产党，站起来打共产党。"

在其煽动下，个别撒拉宣传"共产党杀人放火，共产共妻，分田地、房屋、东西、灭教，当事头人要拿去公审，晒太阳、杀头，三十岁左右，不管男女，一个不留"。提出"反汉人"的口号，煽动无知教徒及民众，搜集枪支弹药，成立所谓"四大民族（拉祜、傣、佤及僾尼）联盟"，组织武装力量，与石炳麟反动势力合股，挑起叛乱，进犯人民政权，杀害干部及群众。1950年初，被人民解放军及民兵击溃。

叛乱失败后，永文生胁迫糯福等地900余民众（多数是教徒）及30余名大撒拉逃至境外，以缅甸景栋为据点，网罗力量，继续从事活动。

当时在中国云南省澜沧拉祜人聚居区，最有影响力的人物是拉祜人地方势力石氏家族，这一家族的兴衰历程也在一定程度上反映了这段迁徙史。

晚清时期石氏家族掌舵人石玉清，是清末民初滇南"边陲三老"之一，从父亲石庭子承袭了土司职位，为募乃土司的第三代，被清政府任命为"世袭贤官募乃土把总"。募乃是地名，位于现在的中国云南省澜沧江畔及以西部分地区。据拉祜人研究学者香港科技大学马健雄博士考证，募乃土司石玉清之所以成为"边陲三老"之一，不是因为他在王朝时代的显赫品级，而是因为石家三代人在清末至民国年间逐渐承担起来的"国家代理人"角色①。

石玉清的儿子石炳铭回忆:"从我曾祖父开始,一直打仗,或者配合政府,或者和政府打,很频繁。1920年以前,几乎天天在打仗。1918年,拉祜人造反,包围县政府,打死很多人,石家接到求援后去救人,很成功。现在当地人还大都晓得这件事,有民谣歌颂:'风一层层雨一层,边民造反谦糯城。石家土司来解救,打死多少造反人。'"②这也印证了石氏家族与国民政府有密切的政治关系,成为国民政府统治拉祜人地区的一股重要地方力量。1949年前后,石氏家族作为国民党和国民政府的忠实追随者,自然成为共产党的敌对势力。在中国共产党革命武装的打击下,石氏家族带领部分拉祜族群众投奔了已经撤至缅甸的国民党九十三师。

在撤离和投奔国民党军队之前,国民政府的地方势力与新兴的共产党政权进行了多次武装较量。与此同时,时任浸信会糯福教区牧师的永文生,"妄图颠覆新生的人民政权,协同不甘心退出历史舞台的地主恶霸、反动民族上层和宗教上层组织叛乱"③。

关于这段历史,《澜沧文史资料》第二辑有一篇李晓村的口述史资料,这篇口述史资料从一个侧面了解有关澜沧叛乱及其平息过程④:

> 澜沧解放前夕,全县各族人民在地下党及回国党组的领导下,以谦糯为根据地进行革命斗争。开办干训班培养军政干部,开展革命统一战线,建立人民革命武装,以反石(炳麟)斗争为突破口。一举于一九四九年一月二十六日解放了澜沧县国民党政府驻地佛房,接着展开了全县解放战争中最大的募乃战役。最后以石炳麟的反动武装被歼灭,人民革命武装的胜利宣告了澜沧的解放。
>
> ……

---

① 韩福东:《云南土司兴衰录》,《财经国家周刊》,2011年4月5日,来源于http://news.hexun.com/2011-04-05/128491035.html。
② 同上。
③ 《拉祜族简史》编写组:《拉祜族简史》,民族出版社2006年版,第87页。
④ 李晓村:《平息叛乱,保卫澜沧》,载《澜沧文史资料》第二辑,内部资料,2005年。

在澜沧（包括今孟连、西盟），逃到国外的石炳麟与国内的反动地霸相勾结，内外串通，谋划叛乱。首先由大山石炳忠、邦威杨元相发难叫他妈肖二娣从富永到茨竹河，通过拉祜人头人扎夺、扎保，秘密联络中课佤族头人岩顶、岩腔，送给他们银元八百元。并镖了两头水牛为约，纠集了中课佤族和茨竹河的拉祜人。由肖二娣带领，由南本的艾有信、龚仁美配合扑向募乃、田坝，石炳麟、刘绍鸿还与美籍英国特务永文生相勾结，利用基督教，策动我一大队驻防东岗的民族中队（多为拉祜人，信仰基督教）进行叛变。从而打通通往国外的大门。石炳麟、刘绍鸿在国外由景栋经大勐养偷袭糯福，与东岗叛匪汇合北上勐朗，妄图与其母肖二娣两面夹攻占领澜沧专署所在地佛房，然后与车佛南的国民党九三师残部汇合，与思普地区、缅宁地区各地的叛匪配合攻占我思普边区根据地。

根据李晓村的回忆资料，从1949年11月到1950年3月，经历了田坝反击战、班利之战、孟连之战、牛坪之战、糯福之战、田坝和南本亮次敌对之战，历时5个月，终于平息了国民党地方武装和少数民族宗教武装的叛乱，保卫了澜沧地区新生的人民政府。

不甘失败的西方宗教势力，想方设法以宗教为幌子，在境外对中国拉祜族进行渗透。20世纪50年代初，永文生在美国教会的资助下，在缅甸景栋北郊景帕购置大片土地，交由李××等人管理，收留出逃的信教群众。他们还筹集经费、粮食等物资，设立接待站，派人入境，引诱边民外出，给予安家费，移居缅甸、泰国等。在距中国边境很近的缅甸境内，永文生等人还多次组织召开布道大会，大造声势，发展教徒、引诱信教群众，示威境内教会[①]。

境外基督教势力的这些分裂渗透活动，导致了一批不明真相的拉祜族群众特别是拉祜族基督教骨干分子出逃，形成了第二次拉祜族大规模的境外迁徙流。

[①] 秦和平：《关于20世纪五六十年代澜沧拉祜族地区基督教变化的认识》，载云南省民族学会拉祜族研究委员会编《拉祜族传统与发展学术研讨会文集》，云南民族出版社2013年版。

这种情形随着中国共产党政权的不断巩固得到了一定程度的遏制，1950年，中国共产党云南省委指示澜沧县安抚群众，广泛宣传党的方针政策，揭露外籍传教士阴谋的活动，执行宗教信仰自由政策。1957年，在政府部门的帮助下，澜沧那个基督教会召开全县第一次基督教代表大会，广泛讨论社会主义新中国如何办教、什么人来办教，以及爱教爱国等问题。会议中，政府干部宣传了祖国的大好形势和共产党的宗教政策。这次会议，成立了"澜沧基督教爱国会筹备会"，昆明基督教会安排了骨干力量帮助重新恢复发展澜沧基督教会。之后，新兴的中华人民共和国政权培养出来的新一代牧师主持澜沧基督教会工作［以徐永福牧师为主要代表（徐永福，澜沧县班利村人）］。随着澜沧拉祜族基督教会的重新恢复发展，稳定了信教群众的思想，信教群众大规模迁徙的势头得到一定程度的遏制。

拉祜人的第三次大规模的境外迁徙发生在1958年至1960年中国"大跃进"时期。

1949—1952年，中国云南省边疆少数民族地区相继建立新兴的中华人民共和国政权，各少数民族热情高涨地投入新中国的社会主义建设热潮之中。但是，历史前进的道路总是有曲折的，1958年在全国掀起的"鼓足干劲、力争上游、多快好省地建设社会主义"的热情却演变成了一场瞎指挥、盲目求高、求大、求多、浮夸风泛滥的"大跃进"，导致全国人民群众生活遇到了严重困难。"大跃进"也同样"跃"到了边疆少数民族地区，"跃"到了拉祜人生活的山乡村寨，对于经济基础十分薄弱的拉祜人山寨，"跃进"的后果很快就显现出来，1958年就发生了严重的饥荒，有大量的拉祜族群众为了逃生，集体出逃到了缅甸。

笔者在中国云南省澜沧县东回乡班利村田野调查时，不少年纪较大的村民对"大跃进"时期出逃缅甸的情形记忆犹新：

> 1958年饿肚子的时候，村寨里很多村民一家一家地相约跑到缅甸，一个村寨，剩下的人已经不到一半。到1960年左右，因中国的情况好转起来，又有不少人搬了回来，回来的人家也占一半。现在在缅甸境内的亲戚，有很多是1958年跑出去的。

在中国云南省澜沧县老达保村、竹塘村调研时，我们也听到了同样的信息，也是一个村跑出去了一半多人，后来又有一部分回来了。

在中国云南省澜沧班利村，我见到了班利小学的李校长。李校长的岳父就是大名鼎鼎的徐永福牧师。徐牧师是新中国成立后的第一任班利教会牧师，也是澜沧拉祜族"三自爱国基督教会"的第一任牧师，徐牧师在中国、缅甸、泰国拉祜人教区都有很大影响。李校长给我们讲述了1950—1960年这一时期班利发生的事情：

我岳父是班利村的第一任牧师，岳父父亲是上允富东人，当时因富东是国民党管辖地，他们一家在那里待不下去，就搬到班利。

在班利认识了一个地下党，班利叛乱时，岳父的父亲就跑到县城，参加革命。后来我岳父还成为国庆观摩团的成员，到北京参加国庆节，带回来一件毛呢大衣呢。班利叛乱时，缅甸教会来邀请我岳父去缅甸，对方给他很高的待遇，但他坚持不去。岳母家那边的所有人都逃到了缅甸。我岳父徐牧师一生敬重共产党、热爱共产党，忠诚党和国家。1958年我正在昆明云南民族师范读书，因为饿肚子，村里许多人往国外跑，跑出去的村民有一大半。我的妻子也带着孩子跑到了缅甸。岳父写信给我，让我回来，去把妻子接回来。我因此辍学回家，把妻子从缅甸接回来。

我岳母家的所有亲戚都在缅甸，而且在缅甸的势力很大，经济条件也很好，因为岳母的父亲是医生，能用特殊方法治疗枪伤，不需手术，能把子弹吹出来。那个时候，在缅甸的亲戚都动员岳父和我们出去缅甸，说是出去外面教书也行、做什么事情都行，不会饿着，还可以发展得好。可是岳父坚持不去，岳父说国民党的罪早已受够了，不能再去国民党统治的地方去。

现在缅甸方面十分贫穷，吃不饱肚子，但在我小的时候，是中国方面很贫穷，缅甸那边至少还有吃的。记得我读小学三年级时，曾到缅甸背米来吃，小小的身体，竟然背了一斗米回来。

拉祜人有这样一句谚语"只要山里跑着野猪，就不会饿死人"。因为野猪刨木薯吃，只要有野猪，就意味着山里还有木薯，人就饿不死了。我们就是这样坚持了下来,度过了最难的一段时光。

在这场饥荒引发的迁徙中,境外基督教势力也起到一定的推波助澜作用,但是,这并不是主要诱因,求生是导致这次国内拉祜族大规模迁徙的根本原因。无论是信教群众还是不信教群众,为了活命,拉祜族寨子里的全村老小一夜之间,走得所剩无几。1960 年以后,随着国内局势的逐步趋于好转,大多数出逃的拉祜族群众,又陆陆续续回到了国内,回到了原来的寨子里。此后一直居住在中国境内,居住在他们原来的村寨里,没有再向境外迁移,即便是在"文化大革命"时期。

(二) 从中国迁徙出来的泰国美良河村拉祜人

在泰国的拉祜人,都是从中国云南迁徙到缅甸,再从缅甸辗转迁徙到泰国的。19 世纪中后期,迁徙到上缅甸的部分拉祜人继续南迁,到达泰国北部地区。19 世纪 80 年代,在泰国的芳县地区,就有拉祜人的定居点。但建在泰国北部高地的村落,有不少是 20 世纪五六十年代才逐渐形成的。而到美良河村定居的拉祜人,则是 70 年代以后才逐步增长起来的。

居住在泰国美良河村的拉祜人,他们从中国迁徙出境的历史并不长,几乎都是在拉祜人第二次和第三次大规模迁徙中才离开中国的。但是,由于生活的艰辛和长期生活在动荡地区,第一代从中国迁徙出来的拉祜人还活着的已经很少了。在泰国美良河村近 200 户拉祜人家庭中,只有不到 10 户家庭的第一代迁徙者还健在。其中有几个生病卧床或听力严重下降无法采访,我们能够顺利采访到的老人只有四五个。

泰国美良河村拉祜老人娜米,现七十三岁。她说:

> 我是十几岁时从中国云南省澜沧班利村出逃缅甸的。当时我们跟随着国民党打共产党,打不赢就跑到缅甸的,是一位大牧师带着我们逃出来的。

共产党来了以后，穷人变富，富人被整治，富人财产被没收，一家一家被搜查，我们就把大米用罐子装起来埋藏在地里。还有一些富人被捆绑、批斗，有的还被拉出去枪杀了。还好，我们逃到了缅甸，得以逃生。
　　在中国合作社时期，大家都吃不饱饭。

根据她叙述历史事件的判断，我们知道她离开澜沧的时间大概是1949年或1950年。搞合作社、吃大锅饭时期是1958年，我们奇怪她怎么会有合作社的记忆。在我们的追问下，才知道合作社并非她亲历，而是听后迁徙出来的拉祜人同胞说的。
　　我们访谈到的另一个老人是娜克。

　　问："大妈，您老今年多大年纪了？"
　　答："我啊，六十多岁了。"
　　问："您老家是哪里的？"
　　答："是澜沧的。"
　　问："澜沧什么地方的？"
　　答："不记得了。"
　　问："您是怎么离开家乡的？"
　　答："我六七岁离开中国到缅甸，是随父母出来的。"
　　问："还记得是哪一年吗？"
　　答："1958年。那时在中国吃不饱饭，饿肚子。我们到山上刨木薯根来吃，后来就跑出来缅甸了。"
　　问："是你们家自己出来的，还是几家人出来的？"
　　答："一个寨子里的好几家人，约着一起跑出来的。"

现年67岁的拉祜老人扎努，老家在澜沧糯福村，他告诉我们：

　　我是1956年离开中国，离开中国时只有13岁，是随父母及寨子里的其他村民一起相约在夜晚悄悄出逃的。那个时候我还小，父母为什么逃出来，我不太清楚。逃出来后，我家还被中国民兵抓回中国待了一年多。后来我们家和另一家亲戚两家十四五个人一起又回了缅甸。我们出来缅甸后,就住在缅甸巴果(音),靠近中国边界,我经常赶马回澜沧去买米、买盐巴。

我经常走缅甸到勐朗的路,现在还记得清清楚楚,现在回去也找得到。从勐朗上来是勐宾,从勐宾上来是糯福,这些道路上哪里有一棵树都知道。

后来,我们从中缅边境往缅甸泰国方向搬迁,就再也没有回去过澜沧了。

很有意思的是,这些采访到的拉祜老人,他们对自己为什么从中国出来、如何离开中国的记忆都较为模糊,我们只能从他们非常散乱、飘忽的记忆中捕捉到有关"打仗"、"饿肚子"、"大跃进"等关键字眼,从而对他们离开中国的历史有一个大致的理解(参见图2-3)。

图2-3 小时候从中国云南省澜沧班利村迁徙
出境的泰国美良河村拉祜族老人

图2-4 去教堂做礼拜的泰国美良河村拉祜人

　　至于那些父母已经过世的中年人，他们只能告诉我们父母是从中国来的，听父母说是肚子饿，跑出来的，或者听父母说，是打仗跑出来的。至于来自中国的哪里、什么时候出来这些细节，他们就没有人能够说清楚了。他们告诉我们，对于这段历史，父母很少讲起，他们也不太知道。那些已经进入中年，已经拥有成年儿女的第二代的拉祜人，都是在缅甸出生的。至于第三代拉祜人，他们多数是在泰国出生的青年（也有少数出生在缅甸，近年才从缅甸迁移来的），就更不知道有关迁徙的历史，甚至不知道自己的祖辈是从中国来的，只知道是从缅甸来的。

　　中文学校张老师的岳母是拉祜人，他告诉我们，拉祜人没有追寻祖宗的观念，他们甚至不知道自己的家在哪里，他的岳母就是一个很典型的例子，她出生在缅甸，她不知道他父母来自中国云南哪里，也从来不试图去找寻追踪。他们甚至连名字也没有，也无从追溯祖宗渊源。对于张老师的说法，我们也有相同的感受，在中国云南省澜沧县班利村和泰北美良河村，我们试图做一个拉祜人的家族谱系，但是在中国云南省澜沧只能做到第三代，就无法往上溯源，而在泰国，我们只能做到第二代就无法继续了，因为他们再也说不出他们祖先的名字和称谓。

最有意思的是，当我们问起美良河村的村民，他们是不是追寻着金箭来到泰国的时候，他们茫然不知所云，他们似乎没有听说过有关金箭的传说。值得庆幸的是，关于《牡帕密帕》这一创世史诗及其所叙述的历史，并未就此完全失传。在拉祜人的知识精英里，仍然有人熟知这一创世史诗，他们也努力将拉祜族的历史文化传承下去。

穆迪老师就是泰国美良河村的一个拉祜人精英。我们与他是通过英语来交流的。他的英语是在缅甸学的，在缅甸读了大专，师范专业毕业。现在他一家人（他、妻子、二儿子和儿媳妇）办了一个"儿童中心"，专门为其他山寨到泰国美良河村泰文学校读书的拉祜人孩子提供食宿，同时也兼为这些孩子补习泰文、拉祜文和圣经。他的"儿童中心"并没有在政府注册，在教会的捐助下盖了供孩子们住宿和学习的房子。"中心"向孩子收取价格不高的食宿费作为运转支出和一家人的生活来源。

在穆迪老师那里，我们看到了两本书，一本就是《牡帕密帕》，另一本是有关拉祜人历史文化的书籍《拉祜人的历史》。他告诉我们，《拉祜人的历史》这本书里的内容是根据老左寨的老左口述而整理出来的。老左是一个受人尊重的"卡些"（拉祜头人），老左寨就是以他的名字命名的。穆迪老师告诉我们，老左在收集拉祜人历史时做了很大的努力，去了很多地方，泰国的、缅甸的、中国的资料都收集了来，经过对照确认，最后花了三年的时间才完成了这本书（参见图2-5）。

但是，因为拉祜群众的文化水平普遍低，他们所学到的拉祜文，也主要是应付在教堂里学习《圣经》，很少人能具备熟练的阅读能力，因此没有多少人有兴趣阅读这两本书，对拉祜人文化也一知半解了。特别是现在的年轻人，他们只是追逐现代化，更没有兴趣关注族群历史和传统文化了。穆迪老师说着这些话，脸上露出明显的失落感。

我们在泰国美良河村的调查中，也发现拉祜村民们对自己的祖辈父辈来自中国云南省的集体记忆，是十分淡薄的。说起云南，他们似乎在讲一个与他们毫无关系的地方。这种感受让我们十分意外，我们也因此

图2-5 拉祜人精英整理出来的拉祜文出版物

不免产生几分担忧：再经过几代之后，这些泰国拉祜人也许很少有人知道他们的祖先来自中国云南了。

(三) 美良河村村民迁徙引起的思考

当我们访谈泰国美良河村的老人们，听他们讲述着离开生养他们故土的故事时，感觉到这些故事充满辛酸和无奈。还有很多已经逝去的第一代迁徙者，我们只能从他们的后代们没有任何感情色彩、信息简单的讲述中了解他们离开中国的背景。

逃离的记忆是痛苦的，对于泰国美良河村的"云南人"，他们中的大多数离开中国的主要原因是战争。20世纪三四十年代抗击法西斯战争时期，为了开辟亚太地区第二战场，一批中国军人在极其恶劣的条件下出征缅甸，为世界反法西斯战争的全面胜利浴血奋战，奉献生命。他们为保卫祖国的疆土而战，为保卫自己的父老乡亲而勇往直前，但是当战争的硝烟散去之后，他们却因为一些原因而流落在了异国土地上，再也不能回到祖国的怀抱。20世纪40年代末期50年代初期离开中国的那批国民党军人以及被国民党军人所挟裹一同离开中国的少数民族，他们离开故土的初衷，虽然有的是受"精忠报国"的爱国主义热情之宣教，但更多的是一种刀枪逼迫下的苟且求生。从村里老人的叙述之中可知，他们很多人并非主动加入国民党军队，而是被国民党军队抓兵役、受威逼而成为国民党军队的一员，他们虽然以"反攻大陆"的名义而转战，但他们内心却厌恶战争，渴望回到自己祖国的怀抱。但是"国民党军人"这个身份，使他们处于十分尴尬的境况，特别是中国"文化大革命"中的极"左"思想使这些希望回归祖国的人们不敢轻易地回来。为了生存，他们只能在异国的土地上漂流，为了生存而打仗，为了生存而迁徙。因此，这一群体离开中国，是战争和政治两个推手，将其推出了中国境内。

对于拉祜、阿卡等山地民族，他们离开中国迁徙至东南亚具有族群性特点，"寻找金箭"的神话传说只是他们不断南迁的注脚，他们的迁徙历史，同样与战争和政治有密切关系，每一次在族群战争中战败，他们就不得不离开自己的家园，重新去寻找、去创造新的家园。从拉祜族19世纪末"五佛房夷"起义失败后拉祜族族群性南迁，到20世纪40年代末期因受国民党和西方基督教势力的蛊惑而群体性迁移缅甸，都是在战争和特殊政治局势的阴霾下形成的。而"三年自然灾害"时期为逃避饥荒而出现的族群性迁移，既可以归结到自然生态恶化所产生的迁徙，也可以归结到人文生态恶化所导致的迁徙，也是一种被迫性迁徙。

由此可见，人口迁徙过程中的"推力"，应该理解为一种偶然的、非常态的力量，它具有突发性，可能因为一个特殊的国内事件或国际事件而引发。在边疆地区很容易出现突发性的、群体性的跨境人口迁移行为。即便是没有类似国家政体变更、国际武装冲突这类大事件发生，一些国内的小冲突也会引起边境地区的突发性跨境迁移，如2009年缅甸果敢地区发生地方性武装冲突，这场并不太大的冲突引起了三万多边民涌入中国，突然而至的大批难民在中国云南临沧地区得到了中国政府妥善安置，并在缅甸果敢地区局势平静之后协助他们陆续返回缅甸，并未造成难民滞留现象。短期的人口跨境流动并不构成人口跨境迁移，但若不能妥善处理边境地区突发事件，就很容易形成人口跨境迁移。

作为一种外生因素，人口迁徙过程中的"推力"是一种负力量，它迫使承担这种负力量的群体不情愿地离开自己的家园，被一种看不见的力量将其"推出"国境。这与"拉力"不同，"拉力"是离境者受他国的一些利益所吸引而主动离开。因此，当我们去认识泰国美良河村村民对其离开中国这一事实的认知，需要站在被"推出"的这一理论视角上来看，这就不难理解为什么村里的"云南人"自称自己是"中国人"，因为他们在内心眷恋着自己的故土，眷恋着这个拥有五千多年文明的国家。这也不难理解为什么一些山地民族试图将自己原来的家园遗忘，因为他们在曾经的家园有太多痛苦的记忆，战败、失去、饥荒……他们试图通过遗忘重获新生的勇气。

第 三 章

从缅甸到泰国

泰国美良河村是一个云南人、拉祜人、阿卡人等多民族杂居的泰北山地村落，他们从中国迁徙出境的历史并不长，多数可追溯到他们已经去世或已经进入风烛残年的父辈，只有为数很少的家庭可追溯到祖父辈。而如今在家庭中作为顶梁柱的中年人，虽然大多数人没有从中国迁徙到缅甸的经历，却无一例外地经历了由缅甸迁徙到泰国的经历。

为什么要不断地跨境迁移？这个问题再次出现在我们的思考之中。离开中国，是因为他们遭遇了突如其来的政治生态危机和环境生态危机，是他们在一种特殊的政治氛围下和生存危机下的被动选择。而离开缅甸，则是他们主动选择的结果。是什么因素让他们对缅甸这个国家选择了主动"离开"？

一 残军的困境

从中国云南省西南边境地区撤退至缅甸，并试图"反攻大陆"的国民党九十三师，在与新成立的中华人民共和国军队进行过几次较量之后，彻底失去了"反攻"希望，陷入了欲进不能欲退无路之境地，只好长期驻扎在缅甸北部。这并非是国民党军人的愿望，而是当时东南亚复杂的国际局势下不同政治势力博弈的结果。在当时的国民党台湾方面，虽然对靠这支军队"反攻大陆"的希望早已渺茫，但是有这样一支部队在中国大陆西南边境活动，必会对中国共产党政权造成干扰和影响,这是当时的国民党政府所期待的效果。美国也试图通过支持这支部队,对中国政府造成压力和阻止东南亚地区共产党势力渗透,以达到美国对东南亚地区的战略影响。

但是,缅甸政府并不乐意这种状态存在。缅甸北部本身就是一块政府难以控制之地,现在又出现了一支有美式精良装备的外国正规军,缅北地区将更加难以控制,缅甸政府为此惶惶不安。缅甸政府试图通过谈判让其撤离,但未达到目的。于是缅甸政府开始围剿这支军队,还联合印度、缅甸克钦邦出兵协助缅甸驱逐国民党残军,经过激烈战斗,双方伤亡惨重,最终国民党军队还是取得了胜利。面对这样"赶不走"的尴尬,缅甸政府于是向联合国提出控诉,控告国民党军队侵略缅甸领土,危害缅甸主权与安全。

在国际社会的压力之下,国民党将这支队伍改组为"东南亚自由人民反共联军",并在1953年年底开始,向中国台湾撤军。这次撤军持续到1954年5月,李弥部队共撤出军队6000余人,大部分为原第二十六军官兵,也有些就地收编的少数民族士兵。这就是第一次撤军。

第一次撤军以后,原"云南人民反共救国军"副军长柳元麟对其进行整编,这支军队也真正成为"云南子弟兵"。1954年国民党当局授予其"云南人民反共志愿军"的番号,任命柳元麟为总指挥,并不定期地给予援助,对外则宣称对其已经无法进行有效控制,只能尽力而为[①]。

撤军之后,部队人员减弱,士气涣散,不知自己未来的命运。缅甸政府借助有利时机,组织军队再次围剿国民党军队,试图将其歼灭或彻底赶走。在缅军的强烈攻势之下,部队总部勐撒失守,而残军为了保存实力,化整为零,转入深山之中,你打我逃,你退我回,与缅军玩起了"藏猫猫"游戏,缅军对此毫无办法。之后几年,因中国云南进行土地改革运动,受到打击而逃到缅甸避难的部分土司头人、地主富农等归附于这支国民党军队;因"大跃进"出现"三年困难时期",有不少云南边民逃往缅甸,其中有一部分人被国民党军队收编;同时这支军队继续

---

① 段颖:《泰国北部的云南人:族群形成、文化适应与历史变迁》,社会科学文献出版社2013年版,第55页。

招募这一地区的各类流散人员和当地少数民族。这支军队规模又逐渐扩大，柳元麟将其编为五个军，总兵力达到上万人。

与此同时，中国政府也在积极应对盘踞在缅甸的国民党军队。从20世纪50年代末到60年代初，中华人民共和国政府与缅甸政府就两国国界勘定、划界问题进行多次协商，于1960年10月1日中缅两国政府在北京签订了《中华人民共和国和缅甸联邦边界条约》，1961年1月4日，两国政府在仰光互换了《中缅边界条约》批准书，从而使这一条约在法律上正式生效，标志着中缅边界完全划定。在两国边界勘界过程中，中国与缅甸国防军联合，在中缅边境地区先后两次实施了联合清剿国民党残军的作战行动，史称中缅联合勘界警卫作战。中国人民解放军前后两次出国作战，取得了击毙敌师长2名、活捉副师长1名、共歼敌740人的战绩。捣毁了缅北国民党残军经营十多年的巢穴，协助缅方收回拥有30多万人口、3万多平方公里的土地①。

因国民党军队曾经撤退到老挝，还引起了老挝政府的抗议，缅甸政府继续寻求联合国支持挤压这支军队。1961年，迫于国际舆论的压力，国民党再次将滞留缅泰地区的国民党军队撤退至中国台湾。但是仍然有很多中国云南籍的国民党官兵不愿意撤往中国台湾，他们违抗命令选择留下。

国民党军队两次撤军后，滞留在金三角地区的国民党军队约4000多人，他们在第五军军长段希文、第三军军长李文焕的率领下，开始了艰难的寻求生存之路。

由于违抗台湾当局命令留在泰国，台湾当局断绝了对滞留残军的给养，这支军队成了真正的"孤军"，他们只能完全靠自己的力量求其生存。

段、李两位将领带着各自的队伍，逐渐撤向缅泰边境地带。段希文率领部下，来到泰北边境的密索罗，当时那里是有二十多户傈僳族居住的小村寨，段就在此安营扎寨，更名为"美斯乐"。李文焕带领的部队，也撤到了泰国清迈的窝塘一带。撤离至泰北边境的这群孤军靠以军护商和做马帮生意获得经济来源，也因此与毒品生意间接或直接地挂上了钩，而金三角也开始成为世界闻名的毒品生产加工地。

---

① 徐世强：《共和国跨国界行动：中缅两国联合清剿国民党残军纪实》，《福建党史月刊》2009年第13期，第44—46页。

20 世纪 70 年代，这支军队被泰国政府收编，归顺泰国，并帮助泰国政府清剿泰共，因"剿共"有功，泰国国王亲自颁发给段希文一枚勋章，以褒其勇，并给阵亡将士家属和负伤的将士也颁发了泰国公民证，其他人发给居住证。1992 年，这支生存于泰国境内的国民党残军，向泰国政府正式交出了所有的作战武器，至此这支曾经被中国人民解放军追击剿杀兵败撤退到缅甸，后来作为蒋介石"反攻大陆"的武装力量长期坚守在缅甸，与缅甸政府和地方武装力量对峙周旋之中艰难生存，辗转迁徙到泰国北部边境地区的特殊部队终于解体。

二 美良河村的建立

泰国美良河村的建寨者，就是九十三师段希文手下的一个副师长，他姓张，因不愿意追随撤台的部队迁居台湾，也没有继续追随段希文到美斯乐发展，而是带了十几个部属，在泰国北部的山林之中重新寻求生存之地。

老张，张副师长的二儿子，向我们叙述了他父亲从缅甸到泰北到美良河村的情况：

> 我父亲他们这支国民党军队有三次撤台的机会，第一次撤台、第二次撤台，只是部分人撤走，后来要求国民党军队全部撤退台湾。我父亲他们认为台湾土地太小，无法生存，他们说："台湾只是巴掌大的地方，连石头上都要种庄稼，怎么生活？"他们都不愿意去，就留了下来。
>
> 撤台时我父亲他们在缅甸。大部队撤离台湾后，留下来的人就各自分散寻找生存之路。父亲带着他的几个部下，从缅甸到美斯乐，又从美斯乐到莱东、大谷地，再到安康山、美芳、热水塘，还一直往下走，他们希望能找到一个适合生活的地方。
>
> 他们顺着山脊走啊走，到处寻找适合的生存之处，最后，他们来到了美良河，看到有大片的野生茶树，知道这里可以生存，就住了下来。当时，这里零散住着几户傈僳族、拉祜族和阿卡，分散在

各山上。他们安寨于现在的阿卡寨上面的一个山谷里,那里现在叫老寨,已经没有人住了。

　　父亲在这里安营扎寨后,就回去邀约其他的部下和熟悉的少数民族弟兄们一起到这里来生活。于是,连同家属大家一起从缅甸搬来了十几家,一个新的寨子就这样建了起来。当时我只有十三岁,还记得父亲写了一副对联,贴在家门口:"砍刀一把穿吃靠它,木门两副出入随我。"

为了壮大力量自我保护,张副师长不仅继续动员他的一部分部下迁移来此,而且还动员了一些追随国民党军队辗转缅甸泰国的拉祜族同胞们一同迁居此地,村寨居民逐渐增长到了几十户。因为这里有天然经济资源野生茶且土地肥美,不断吸引着与本村村民沾亲带故的"云南人"和拉祜、阿卡等山地民族自发迁徙进入,于是这个村寨的人口也越聚越多了。

村里一位"云南人"的讲述,补充了我们对这段历史的认识:

　　我随父母到这个村子的时候,只有6、7岁。现在我已经35岁,来了三十多年,时间过得真快啊。

　　当时是国民党兵撤退来到泰北,要求这些士兵到连华集中,然后会把他们送到美国。但我们的父母觉得去美国离家乡太远,不愿意去,就邀约自己熟悉的人,一起留下。

　　当时开辟这个村的人是副军长张××①,他的一个下属来到这里,看到这里有成片的野生茶树,知道这里可以讨生活,就向张副军长汇报。张副军长邀约部下,一起留在这里。

　　当时一起来到这个村寨的,还有很多副官,如罗副官、李副官等。国民党官兵们搬来这里之后,才陆续有拉祜族、阿卡等跟随着搬到这里来住。

泰国美良河村另一个五十多岁的"云南人"也向我们讲了他们之

---

① 为了隐去真实名字,这里用"×"来代替。

所以滞留在泰国的原因：

40年前，曾有美国政府到美塞招募人开发美国西部地区。去的人可以得到一块土地，政府提供拖拉机等生产工具，提供种子等，让他们开垦后收获归他们所有。当时，大家都对美国不了解，也不知道是否是真的。那时我们正值年轻力壮，也很想去闯一闯。可是，听老人说："美国人精得很，他们怎会让你们白吃白做？是要把你们当诱饵去大森林里喂大蟒蛇。"说得我们就不敢去了。

后来美国人又来招募过一次，大概在30年前。我们还是没有去。

美国人的两次招募，去的人也不少。有些人在当地一无所有，没有家庭，没有老人，他们也不在乎什么，就应召而去了。没有去的，都是有妻有儿、拖家带口的那些。

大家当时还有一个心理，要是去了美国，离中国太远了，就再也回不来了。我们这些从中国出来的人，总是希望，有一天可以回去看看老家，看看我们的父母……

我们的翻译阿美的父亲告诉我们：

我在缅甸被国民党的军队抓去当兵。加入部队后，在学校里受训，我是第四届学员。在缅甸时为了生存，我们的部队也与缅甸兵打仗。因为缅兵打我们，我们无法待在坝子里，就到山上种地。在缅甸当了四年兵，我就和另一个兵悄悄离开了大部队，来到了泰国。路上我们把在学校培训的毕业证烧掉了，所以后来我没有证明，也就得不到台湾方面给在泰国老兵20万的补贴金。

刚来泰国时，做帮工，每天得5泰铢。在泰国时，为了能够在泰国安稳下来，就在当地娶了一个妻子，这样有个照应，有人来抓时也有人给报信。但是从缅甸出来了两年还是被抓回去了，是美斯乐那边的国民党把我们抓了去的，那时我在泰国已经有妻子和儿子。被抓回去后，他们要我继续参加受训，我是第七届受训学员。回到缅甸后，那些兵都奚落我是逃兵，于是又偷偷地跑回泰国。

回到泰国，发现妻子吸食鸦片，我就离开了她。又讨了一个拉祜妻子，这个妻子带有一个5岁的儿子。后来我和妻子又有两个女儿（其中一个是阿美）、一个儿子。这位妻子去世后，我又讨了一个拉祜妻子，就是现在这位。这位妻子带来两儿一女，我们一起生活已经20多年了。

有一天，在一个"云南人"开的小吃店吃中午饭，和饭店老板娘一聊，才知道他的父亲也是国民党的兵。正好他父亲就在旁边，我们就与他聊了起来：

> 我已经有86岁了，是汉族。我出生在中国临沧泰康，靠近（临沧）飞机场旁边的村庄。民国三十七年（1948）从中国出来，当时只有十几岁。那时候我是在马帮里做杂货生意的，马帮被国民党强行征收，我们也不得不当了国民党的兵。
>
> 我们随着国民党部队撤往缅甸，在缅甸与中国打仗、与缅甸人打仗，不打仗的时候我们就自己种地生活。当了五六年国民党兵后，我们就进入了泰国。先是在美斯乐，后来又到了美塞，之后就来了这里。
>
> 我不是第一批来的人。在泰北汉人多，很多人他们都认识，有联络，与这里的张家也是认识的，知道这里还不错，就全家过来这里了，现在已经在这个村三十多年了。

听着村民们讲述他们自己的戎马生涯，或是他们父辈为生存而颠沛流离的生活历程，我们内心充盈着感慨。有一天，我们在农贸市场买菜，看到铺面旁的一个长凳上，坐着一个佝偻着背的老人，穿着一身蓝色的中山装，满脸都是皱纹。他坐在那里晒太阳，看起来身体非常虚弱，旁边还有一根拐杖。旁边的人告诉我，他就是李副官。我想过去和他说说话，但是他却听不清楚我们问他什么，没有办法和我们交谈。

还有秀的父亲，他也是国民党的老兵，我们知道他病得很严重，卧床不起几个月了，我们专程去家里看望他。听说我们是从中国来，从云南来，秀的父亲执意要起来，秀把他从病榻上扶起来到堂屋里，非常激动地拉着我们的手，和我们说话。我们看着他风烛残年的瘦弱身体，听着他每说一两句话就要大口喘气，停顿半天，我们实在不忍心问他一些他的经历，虽然这是我们特别希望得到的信息。我们只是和他讲了些安慰他的话，告诉了他一些中国国内的情况，就让秀扶他进去休息。

当我们回到国内一个月后，秀来电话告诉我们她父亲已经过世了（参见图3-1、图3-2）。

图3-1 美良河村的国民党老兵

三 逃避战乱、兵役和瘟疫

泰国美良河村村民之中的"云南人"，还有一些人不属于国民党残军，他们以个体或家庭的形式自发地、陆续从缅甸迁徙来泰国，来到泰国美良河。这些自发迁徙的"云南人"和山地民族说起他们离开缅甸的原因，几乎都会说到同样的话，那就是为了躲避缅甸的战乱和兵役。

图 3-2　埋葬在泰国美良河村的国民党老兵

我们的房东罗大哥，是汉族人，他的故乡在澜沧，他在缅甸出生，他家是十多年前从缅甸大其里搬迁过来的。每次听到我们问村民有关从缅甸迁徙的情况，他总是摇摇头，对我们说："缅甸不好，总是打仗，抓人当兵，没有办法生活。"

秀的奶奶是拉祜族人，她的身份证上的年龄是 50 岁，但实际年龄比这个大，应超过了 60 岁，自己并不知道实际年龄。她在缅甸的果腊（音）出生，很长时间她家就住在缅甸和中国边界。她 15 岁就嫁人了，丈夫也是拉祜族人，她和丈夫总是在缅甸和中国之间移来移去地居住。缅甸打仗的时候，就搬到中国，局势平和时，又从中国搬到缅甸。

因逃避兵乱，在缅甸境内也经常搬家，搬到那个山头住不久，又得搬到另外的山头住。从她嫁到夫家到现在，一直没有见过丈夫的父母，因为兵乱，整天搬来搬去的，根本没有机会见到他家那边的人。

匡玲也告诉我们：

> 我们家从缅甸搬来泰国，主要是因为缅甸政府要抓兵役。我有五个儿子，按缅甸政府的规定，要出两个兵役。我们为了逃兵役，就搬过来了。
>
> 其实，我家在缅甸生活比这边要好，因为我们是住在缅甸的一个城镇里，那里人多，可以做生意，很容易找到钱。我们在那边盖了房子，好大的房子，比这里的更大些，盖得也更好些，还买了很多的土地。
>
> 我来缅甸时，什么都没有带，只随身带了钱和地契证明等重要东西。
>
> 我们是一个大家庭一起来的，我家七个人，我男人、我自己，还有五个孩子，还有父母、姐姐一家、妹妹一家。我们一个大家族坐了大半个车厢。
>
> 缅甸那里还有一些亲戚没有搬来，在缅甸的田地和房子都留给了亲戚，我带了房产和地契，要是回去缅甸这些东西还是我们的。

在泰国美良河村村民的集体记忆中，缅甸的战乱和兵役成为其挥之不去的恐惧，这与缅甸的政治环境密切相关。

1948年缅甸摆脱了英国殖民统治者一百多年的殖民统治，获得了独立。但是独立后的缅甸人民并没有走向自由和富强，却因缅甸政治局势的混乱和复杂而陷入了长期的内乱之中。1948—1962年，缅甸由反法西斯人民自由同盟掌握政权，但由于它是一个多党派、团体和个人构成的联盟，内部政见不一，矛盾重重，国内各种力量（各政党、军队和各少数民族）冲突不断。独立初期出现了大规模的内战。1962年，奈温发动军事政变，从此，缅甸进入了长达12年之久的军人统治时期。1974年缅甸军政府更名为"缅甸联邦社会主义共和国"，奈温等21名担任政府要职的高级军官已于1972年放弃军职，但缅甸的政权、军权都牢牢掌握在以奈温为首的，以前军队领导人为核心的缅甸社会主义领导人手中。1988年，缅甸爆发了大规模的反政府游行示威，奈温辞职，结束了奈温统治时期。但是，在各方政治势力角逐的混乱下，缅甸军人于1988年9月发动政变，缅甸再次由军人统治，而反政府力量也在西方势力的支持下不断与军人政府进行斗争。

由此可见，自从缅甸独立后，缅甸国内的政治动荡一直没有平静，国内的各种政党、地方武装、少数民族等的政治角逐和武装冲突不断，保持自己的武装力量成为各种政治力量角逐的必要条件，而军人政府为了对国家进行强有力的控制，更以合法的身份加强军队的建设。在缅甸独立初期，缅甸国内的军队数量只有15000人。吴努政府时期军队有一定的发展。奈温执政的26年间，缅军经历了1962—1969年、1969—1972年、1972—1979年、1979—1988年四次扩军，军队人数和实力都大大加强。1963年奈温政府整编部队时缅军总兵力从8万增至11万多人，1988年9月军人政府接管之时，缅军共有19万多人；1990年，缅军开始制定并实施"军队建设五年规划"，经过五年建设，新增兵力约15万人；2001年，缅军又制定了从2001年到2005年扩军计划，目标是使缅军现有兵员增加1倍，达到79万[①]。

缅甸于1959年颁布了《国防军法》和《国防军法实施细则》，此后于1960年、1961年、1962年和1989年对上述法律进行了小幅度修改。缅军原实施募兵制，但为了扩大兵源，1959年改为义务兵役制。义务兵役制规定年满18岁以上的成年男子须服兵役，也有权征召女兵在军队服役和服务。士兵一般在部队有5年的专职服役期和5年的预备役期，即至少在部队服役10年。士兵年满30岁服役期满10年者可申请退役[②]。

除了正规军以外，政府还扩充警察队伍，并允许各地成立自卫队等准军事力量。奈温政府时期，地方准军事力量自卫队得到迅速发展，到1973年底，缅甸有212个镇区组织了自卫队，人数达到67000人；1988

---

① 贺圣达、李晨阳：《列国志：缅甸》，社会科学文献出版社2005年版，第265—270页。

② 同上书，第283—285页。

年，缅甸共有 246 个镇区组建了 2600 多个这样的准军事组织①。缅甸军人政治统治之下扩充军队力量的需要，军队和地方武装力量的规模越来越大，服兵役成为生活在缅甸的成年男子甚至女子不得不面对的一件大事。

　　缅甸政治中的一个特殊情况，就是少数民族地方政权与缅甸政府之间的矛盾。在缅甸北部，有多股少数民族地方力量在对缅北地区进行事实上的割据统治，这些少数民族地方政府为了与缅政府保持势均力敌的对抗，保持自己所控制地盘的实际控制权，他们组建军队，并对自己所控制的地盘实施军事化管理。20 世纪 70 年代到 80 年代中期，缅甸各地少数民族反政府武装多达 20 多支，武装力量达 7—8 万人，实际上控制着缅甸 1/4 的土地②。这些少数民族地方政权和武装力量在征兵方面就更加随意，为了壮大自己的队伍，他们在其所控制地盘上经常任意抓人当兵，若有违抗，就会遭到杀身之祸。

　　本书所关注的这些从中国到缅甸又从缅甸到泰国的"云南人"和山地民族，他们进入缅甸以后，主要是生活在掸邦地区。掸邦位于缅甸联邦东北部，面积约 16 万平方公里，约占全国面积的 1/4，是缅甸 14 个省、邦中面积最大的一个。掸邦与中国云南接壤，边境线长达 1000 多公里。掸邦是缅甸掸族主要聚居区，此外还有缅族、勃欧族、勃劳族、达努族、拉祜族、因达族、克钦族、佤族、果敢族、傈僳族等 20 多个民族。根据独立时期英国及其他国际政治势力对缅甸未来政治结构的设计，掸邦、克钦邦等非缅民族聚居区获得了自治的权力。后来，缅甸政府根据各民族武装的需求和政治考虑，将掸邦划分为 7 个特别行政区，依次由缅甸民族民主同盟军、联合佤邦团结军、北掸邦军、东掸邦民族民主联盟军、克钦族民主军、巴欧民族军和巴朗邦解放军控制。7 个特区都有自己的政治组织和军事组织，多年来，它们为了各自的利益和生存钩心斗角，与缅政府的冲突也不断出现。

　　因此，在掸邦地区生活的人民，必然经常遭遇战争，同时还常常被盘踞在这些地区的军事组织抓去当兵、打仗、为军队服务。泰国美良河

---

① 余定邦等：《缅甸》，广西人民出版社 1994 年版，第 191 页。
② 贺圣达、李晨阳：《列国志：缅甸》，社会科学文献出版社 2005 年版，第 44 页。

村村民们为我们描述的有关抽丁兵役的政策,即有两个或三个男子的家庭须有一个男子服兵役,有四个或五个男子的家庭须有两个男子服兵役,我们很难判定是缅甸掸邦某特区自己制定的政策,还是缅甸政府的征兵法律。由于缅甸政治局势非常混乱,缅北边境少数民族自治邦内部又有自己的"法律",其实无论出于国家法律还是出于地方自治政府的法律或某一军事武装力量的"法律",对其人民而言,都是一致的,那就是每个家庭都要面对被抓壮丁的问题,每个成年男子都可能需要到军队服役,每个人随时都可能遇到突如其来的战争……在这个政治冲突和武装冲突不断的国家里,人的生命安全没有保障。唯一的选择就是逃离,离开这个国家。

泰国美良河村的村民们离开缅甸的另一个原因,是对瘟疫和疾病的恐惧。

缅甸大部分地区处于热带,全年气温变化不大,最冷月份(1月)平均气温20—25摄氏度,最热月份(4月)平均气温25—30摄氏度。每年5月中旬开始进入雨季,在西南季风的影响下,降雨量很大,直到10月底,降雨逐步减少,雨季才算结束。这种炎热潮湿气候,便于病媒昆虫动物滋生和病原微生物繁殖。缅甸还是一个经济社会发展较为落后的国家,人民生活较为贫穷,卫生状况不良,医疗保健事业落后,是多种传染病多发地区,人口死亡率极高。

疟疾是缅甸最流行的传染病,该病是由雌按蚊(Anopheles)叮咬人体,将其体内寄生的疟原虫传入人体而引起的。缅甸湿润炎热的气候,特别适合疟原虫按蚊的生长。缅甸是亚洲地区疟疾高发地区之一,有70%的居民生活在疟疾流行区。生活在山区的缅甸居民,是受疟疾危害最大的群体。由于所生活的地区缺乏清洁水源,环境卫生差,没有条件进行饮用水卫生处理和环境防疫,按蚊滋生繁殖快,被按蚊叮咬后很容易感染上疟疾。而一旦感染疟疾,因缺医少药,只能用土法草药治病(很多时候就是用罂粟来作为治病良药),死亡率高。特别是疟区的婴儿,降生后一个月内,由于受来自母体的抗体保护,尚能够存活。一个月后,婴儿疟疾的发病率与死亡率均很高。

泰国美良河的村民们,在缅甸几乎都遭遇过家庭成员非正常死亡的痛苦。

娜姆在缅甸生了七个孩子,有四个孩子在未成年时就因病死亡了。

娜所在缅甸生了五个孩子,有三个孩子未能成活。

巧兰在缅甸生了六个孩子,活到成年的只有三个,其中一个女儿已经有12岁了,却因一场疾病被夺去了生命。巧兰说起这事情,仍然十分悲伤,她说因为女儿的死,她终于下定决心要搬家,要离开缅甸,"那是人不能生活的地方"。

因为儿童成活率低,所以在缅甸生活的人都不节育,任其自然怀孕和生产,很多妇女一生要生产五个以上的孩子。但是由于卫生状况差、营养不良、医药严重缺乏,新生儿和5岁以下的幼儿夭折率很高。为了保障家庭人口增长,只能尽量地多生孩子。当然,妇女不节育还因为她们在缅甸,根本就没有条件获得节育知识,也难以得到相应的节育用具和医疗设施。但这不是主要因素,关键因素还是在于每一个家庭都需要靠高生育率来维持适度的家庭人口增长。而家庭人口增长是一个家庭获得劳动力的源泉,对于生活在缅甸泰国的山民来说,劳动力就是战胜自然力的最重要力量,是一个家庭维持生存的最基本需要。

疾病不仅吞噬着儿童的生命,也时时刻刻威胁着成年人的身体和生命。在泰国美良河村,要访谈60岁以上的老人很不容易,因为很多家庭的老人都已经去世了,特别是在拉祜寨子和阿卡寨子,很多家庭的支柱力量是40多岁、50多岁的一代,他们来到泰国也只有十多年时间。在来泰国之前,他们的父母都已经掩埋在缅甸的土地里了。在"云南人"这一群体中,情况稍微好一些,因为国民党残余军人和眷属们在缅甸生活的时间短,迁移到泰国后生活相对安定,各种条件相对较好,健康与生命保障也较为好些。

四 经济利益难寻、财产没有保障

说起缅甸,房东罗大哥总是一脸的愤怒和无奈,他除了向我们控诉了缅甸的兵役外,还不无愤怒地告诉我们,在缅甸有钱都不敢用,也不敢存银行。我们问为什么,他说要是别人知道你有钱,就会有人来抢你的钱,他们扛着枪,来家里搜,逼着你把钱交出来。

戴眼镜的老杨说，在缅甸只是自己种地，自己讨口饭吃，山上的东西也没有卖处，没有价钱，听说泰国连石头都可以卖钱，他们一家就搬来这个村。现在的老杨，在街上有一个铺面，卖一些五金配件，生意蛮不错，他对他现在的生活感到很满意。

巧兰也告诉我们：

> 在缅甸生活太难了。没有地方卖东西，没有地方找钱，有力气也没有可以帮工的地方。来到泰国，有本事的可以做生意，没有本事的可以帮工赚点生活费。你看，在我们村里，可以买块地种水果卖，也可以帮人摘茶，孩子上学也得到很好的照顾。像我们年纪大了，也不用做什么工作，家里孩子们做工赚钱就足够吃了。

村民们所提到的缅甸商品经济落后、私人财产不受保护这些问题，是20世纪60年代到80年代缅甸社会生活的真实写照。

缅甸独立以后，吴努执政时期采取国有化政策，同时扶持私营工商业和小农经济，发展合作社集体经济等经济政策，使缅甸的国民经济得到一定程度的恢复发展。奈温执政时期，缅甸实行"缅甸式"的"社会主义"，实行全民国有化经济，把缅甸的外国资本和一部分民族资本收归国有，大力发展国有经济，严格限制私人经济的发展。1965年，有150000家大大小小的企业被收归国有；20世纪80年代初，全国680家50人以上的工厂中，私营的仅有45家，占7%[①]。

缅甸工商业大搞国有化的同时，还加强对农业、农村和农民的控制。通过国家规定农民所种植的农作物和农产品价格，实行"稻谷义务征购制度"，对农产品进行统购统销，低价收购农产品[②]，严重侵害了农民的利益。

奈温政府的中央集权计划经济政策给缅甸经济带来了灾难性后果，国内商品奇缺，物价飞涨，人民生活贫困，社会动荡不安。到20世纪

---

① 贺圣达、李晨阳：《列国志：缅甸》，社会科学文献出版社2005年版，第186—187页。

② 同上书，第188页。

80年代中期通货膨胀达到三位数，被世界银行视为世界上最不发达的国家之一。

正是因为缅甸实行国有化和中央集权计划经济，使私有经济受到严重打击，商品经济陷入低谷，人民生活水平也不断恶化。这就是罗大哥等泰国美良河村村民在缅甸所感受到的生活状况。缅甸自然资源丰富，光热充足，土地肥沃，应该说只要人勤快，种什么都能有好收成。可是，在高压下的计划经济体制中，生产力被束缚，人的能动性被压抑，人民只能生活在缺乏食物、衣服的世界里。经济的困窘激起了国内民族矛盾的高涨，少数民族武装力量不断与政府冲突，社会动荡不定，人民的生命财产随时受到威胁。这必然带来人口的大规模跨国迁移，从这个意义来看，从缅甸到泰国的这些移民倒颇有些"逃避政府控制"的目的了。

五 毒品危害

缅甸是一个毒品泛滥的国家，对于这群被迫离开中国，来到这个山高地僻、经济落后、社会动荡的国家寻求生存之路的过程中，他们的生活必然会与毒品多多少少有些关系，或是种毒，或是制毒和贩毒，或是吸毒。

缅甸是世界毒品的主要来源地，但是缅甸并非毒品的原产国。1885年，英国吞并上缅甸后不久，一家英国公司在掸邦高原大量种植罂粟。从此，那妖娆的罂粟花就开遍了上缅甸，而缅甸和毒品也因此结下了不解的孽缘，而与此相邻的泰国、老挝以及中国都因此而遭受着毒品的危害。

缅甸的毒品生产主要集中在"金三角"地区。"金三角"原指位于缅甸、泰国、老挝三国交界，湄公河和夜赛河汇合处的一块三角形冲积洲。这块土地相对平坦，河流冲击堆积的土地肥沃、森林茂密、物产丰富，特别是每年三四月三角洲一带水稻收获时期，一片金黄的景色很美丽，故有"金三角"之称。由于"金三角"处于三国交界地，三国政府对这片土地的控制力都相对较弱，这里是少数民族聚居区，众多少数民族武装力量盘踞在此，因此，这块土地就逐渐成为东南亚毒品种植和加工最为集中的地区，"金三角"也因此成为世界三大毒品生产地之一。目前所指的"金三角"，其地理范围也扩大了数十倍，包括缅甸东北部和老挝、泰国三国毗邻地区约 20 万平方公里的毒品生产加工贩卖地带。

"金三角"地区的毒品种植以缅甸境内为中心，20 世纪 80 年代，"金三角"地区的罂粟种植面积约有 6.7 万公顷，其中泰国和老挝境内各自为 0.35 万公顷，而在缅甸境内则达 6 万公顷[①]。"金三角"地区的毒品种植，主要是以散居在这一地区的山地民族为主。在"金三角"地区，有大大小小的山地民族部落分布在海拔约 3000 米的山上，有掸族、苗族、瑶族、拉祜族、佤族、傈僳族等 20 多个民族。长期以来，他们靠种植罂粟生存。

这些山地民族在英国殖民者那里学到了种植技术，发现种植罂粟是一个很不错的选择，因为罂粟种植所耗费的人力物力很小。每年 11 月，到山上开辟一块地，放把山火把野草烧死，把籽种播种下去，就再也不需要去管它，直到来年的 2 月就可以开割胶汁。罂粟果在割胶以后，连同枝干一起干枯并很快腐烂，变成肥料，所以罂粟地力消耗较慢，可以耕种七八年才需休耕轮种，甚至可以连续耕种更长的时间。

最重要的是，种植罂粟不需要自己去找市场。每年烟膏收割时节，就有商人上到山寨（部落）里来收购。来收购烟膏的商人，有时候还顺便会用马帮驮着大米、食盐等食品和生活日用品上来。生活在深山密林之中的山民，不需要下到平坝集市就可以获得生产生活所需。他们生产的产品也不需要担心卖不出去，上山来的商人总是会将其悉数买完。

不过，与毒品交易的巨大利润相比，山民种植罂粟所获得的收益微乎其微，仅仅只能够满足基本的生存需求。云南省社会科学院东南亚研究所刘稚研究员作为云南省绿色禁毒专家组成员，在"金三角"看到的烟农情况：

[①] 王介南、王全珍：《缅甸》，重庆出版社 2007 年版，第 322 页。

岩小四家种了"三驾犁"地的罂粟。缅北土地广阔，只要砍一片山烧一片荒就可以种罂粟。一头牛犁一天的面积为"一驾犁"，约为两亩。罂粟亩产 1 公斤左右，2000 年缅甸境内的鸦片膏收购价每公斤 1000—1500 元人民币，一户人家每人至少要有"半驾犁"的罂粟才能维持起码的生存。

在多数人的概念里，毒品与巨额利润联系在一起，但实际上，在毒品产区烟农的贫困是触目惊心的。在很多地方，妇女赤着上身，孩子们都凸着营养不良的罗锅肚，家里唯一值钱的东西就是火塘上做饭的铁三角，一半以上的人家连稍大的家畜都没有。岩小四家七口人，一年出售鸦片的收入折合人民币 6000 多元，上掉 20%的鸦片交易税和每人 5 块钱的人头税，买粮食花掉 4000 多元，所剩无几。

种鸦片并没有给毒品产地的百姓带来财富，他们只是在颠倒的巨大的财富金字塔的底部。极为严酷的现实是：百余年来，他们已不会种粮食，鸦片是他们维持生存的唯一手段。冬春时节，从云南南部口岸出境，往缅北纵深一两百公里，就能看到漫山遍野的罂粟地，一眼望去除了妖冶的花朵，几乎看不到任何农作物。

在克钦邦山区陈家寨，零散的茅草房散落在密林深处，低矮的屋檐一直垂到地面。见有外人到来，几个皮肤黝黑赤身露体的儿童跑到路边，伸着脏兮兮的小手向我们乞讨。排早堵的家，是一座阴暗潮湿的茅屋，火塘边铺上几块草席就是卧床，三角灶上的铁锅和墙角堆放的砍刀、点种棒等简陋的农具就是全部的家当，几串干苞谷挂在房梁上，已被熏得发黑，一股令人作呕的怪味弥漫在屋内。

排早堵蜷缩在火塘边，吧嗒着旱烟，他说："大烟么是从阿公阿祖时就开始种了，最先是英国人拿着大烟种到山上来，通司（指翻译）说这是神仙种，随种随长，割出来大烟英国人包收。后来就传开了。我们这里水冷草枯，庄稼黄黄瘦瘦，种一山坡，收一罗锅，从来没有吃饱过。可种大烟倒是越种越发，砍开一块地随便烧烧，播下种就不管了。收烟时一划开罂粟果只见白生生的烟浆咕嘟嘟直冒，方圆百里就数这里的大烟香，卖得起价钱。那些年，一到割烟时节，马帮就驮着粮食杂货进山来收烟了，只要能卖出一两拽（1拽相当于1600克）烟，一年的吃穿用就有了着落。我第一个媳妇是用一拽大烟换的，有一年烧荒，风向变了她没跑出来，烧死在山上。第二年罂粟果结得格外好，我又用两拽大烟换回了第二个媳妇。大烟还可以当钱用，切一块下来就可以换东西了。你说，我们的生活怎么离得开大烟？前些年上头不让种大烟了，可我们祖祖辈辈都是种大烟，别的庄稼不会种，村里人都慌了，300多户人家搬走了一大半。大儿子30多岁了媳妇还没有着落，去年也跑到山那边种大烟去了。我老了搬不动了。"说着，他唏嘘长叹，老泪纵横。①

刘稚教授因此感慨道："如果说，罂粟在金三角长得枝繁叶茂是一种自然选择的话，那么该地区一些少数民族以种植罂粟为生就是一种社会选择。"

随着国际禁毒行动在"金三角"地区的不断加强，山地民族靠种植罂粟维持生计的方式受到了限制。替代种植虽然取得一定效果，但是对于长期以种植鸦片生存的山地民族而言，他们的生活因失去种植鸦片的利益而更加贫困，特别是毒品在这一地区市场仍然火爆，市场刚性需求刺激着生产者铤而走险，于是，一些山地民族迁徙到更高更深的山林里，继续偷偷种植罂粟。

阿红从小就是被父亲带着躲到缅甸深山里偷种鸦片。

阿红是泰国美良河村的"云南人"，但她并非国民党残军后代。她告诉我们，她不知道父母是如何来到缅甸的，他们在缅甸主要靠种鸦片生活。她说种鸦片其实很辛苦的，因为要躲避警察，不得不到深山里找地种，开荒种地都很费力，很劳累。为了躲避警察，经常得换地方种地、换地方居住，她说"生活很奔波，还吃不饱穿不暖"。

拉祜族小伙子巴也告诉我们："我们家父亲母亲在缅甸都是种鸦片的，毒品可以卖大价钱，但是鸦片卖不起钱的，我们父母的生活都很苦。"

与毒品关系密切的还有国民党残军，他们占据着"金三角"地

---

① 刘稚：《罂粟花为谁开放》，《华夏人文地理》2002年第2期。

区，为了生存，他们与当地山地民族一起种植鸦片，贩卖鸦片，从事毒品走私活动，"以毒养军"。起初"以毒养军"只是因为军费不足、给养供应困难而靠贩卖毒品解决军队给养的应急之策。随着残军在缅甸的盘踞，特别是两次撤军之后留下来的国民党军人，来自台湾国民党当局和美国政府的经济支援几乎断绝了，他们只能自谋出路。于是，他们不断地扩大走私毒品的规模，靠毒资收入来添置武器装备，并以武装力量贩卖毒品。国民党残军首开"金三角"地区的毒品与武装相结合的先河。

被美国《读者文摘》称为"鸦片将军"的罗兴汉的烟毒集团，就是其中之一。罗出生于缅甸果敢的一个华裔家庭，十几岁时就混迹于缅甸的国民党残军营地，跑腿打杂，因而取"罗兴汉"之名。他曾在果敢的一个家族地方武装势力中卖力，后来因这个家族武装力量受缅甸政府围攻，他投奔了缅甸的国民党残余武装，并成为"国军"的一名军人。当国民党残余部队主力撤台后，他拉起一支武装队伍回到果敢地区，专门替鸦片商人长途贩运充当保镖，生意做得越来越大，他的武装力量也不断增强。缅甸政府想利用罗的力量维持果敢地区的统治，控制其他反政府武装力量，因此罗的集团制毒、贩毒活动得到缅甸政府的放任，一些收受贿赂的缅甸军政人员还暗中保护罗的集团走私贩毒活动。罗兴汉集团的毒品生意日益扩张，拥有庞大的运输毒品的马帮队伍，外加几十个技术先进的海洛因提炼工厂。"罗家军"成为缅甸武器装备精良、战斗力强的军队，连缅甸的正规军也不敢小视。1973年，缅甸政府下令，解散所有地方自卫队，上交一切武装。罗拒不理会政府的命令，带起自己的武装，同其他国民党残军订立秘密条约，互不干扰对方的走私活动，重新与政府军展开对抗。1973年下半年，缅泰两国政府在美国的军事援助下，采取联合行动，围剿罗家军，扫荡了他的老巢。罗败逃泰国后被俘，缅甸政府以阴谋颠覆政府罪判处他死刑。罗越狱潜逃。1974年，他在马来西亚再度被捕，以后下落不明。罗兴汉贩毒集团也因罗兴汉的落网而解散，部分人员进入后来新出现的大毒枭坤沙部下。

罗兴汉贩毒集团只是"金三角"地区贩毒集团之一。在国民党残军两次撤台以后，留在缅甸的国民党残军就四分五裂成为一个头目控制几十个兵的小队伍，在"金三角"这个毒品泛滥地区，这些小武装力量有很多都被卷入了毒品贩卖之中。

现在生活在泰国美良河村的村民们，我们不知道他们有多少人在缅甸被卷入了贩毒的行列中。这些村民已经归顺泰国，他们现在都十分清楚毒品危害和贩毒在法律上的严重后果，因此，在采访中，没有人承认自己参与过毒品贩卖。但是，作为一个以国民党残军为主体村民的"难民村"，无论他们是否参与过贩毒，书写他们历史的人都不得不追溯他们这一群体曾经与毒品打过交道这一不争事实。

从缅甸迁移到泰北的人中，还有一些是因为毒品深深地毒害了他们的家庭，他们试图逃离毒品，逃离毒品对他们的危害。

现在在中文学校当老师的华琴就是其中之一：

> 我在缅甸也是在一个中文学校里教书，当老师。其实我没有上过多少的学，但是在缅甸，中文老师特别缺乏，只要上到小学五六年级的，就可以去教书了。我姐姐从来没有进过学校，是跟着我们自己学了点中文，也在缅甸的中文学校里教书。
>
> 我之所以到泰国来是因为我的丈夫，他吸毒，把家都吸光了。没有钱，整天追着我要钱，不给就打人、骂人。还有四个孩子要吃饭，要生活，我们一无所有，那个日子真是没法过了。
>
> 为了我那几个可怜的孩子，我只好到泰国来讨生活。

在一个毒品泛滥的国家，种植毒品是当地百姓的生活来源，贩卖毒品是当地人发财致富的捷径，获得毒品轻而易举，沾染上毒品也是十分容易的事情。像华琴这样的家庭成千上万，但是能像华琴一样通过逃离来解除毒品对他们的威胁的人为数寥寥，很多人因为毒品失去了生命，很多家庭陷入了毒品的控制之中不能自拔……

六　逃离之路

从缅甸到泰国，美良河村村民们迁徙的地理空间路程并不遥远。从他们的居住地到泰国境内，多者需要大半天的时间，少者只需要一两个小时，但是，对于他们而言，迁徙之路并不容易，因为每一次离去，都意味着放弃，放弃他们曾经拥有的一切物质财富积累。

秀的奶奶从缅甸迁徙来泰国，只有十年的时间。他们从缅甸来，同村里的亲戚朋友十多个人一起来的，来的时候什么都没有带，只带了身上穿着的衣服。出来的时候，他们也带了被子、衣服等，但听说泰国的警察看到了，就知道是缅甸人，警察会不让他们入境，于是他们就把所有的东西都扔掉了。

一天清晨，我和郑永杰到茶山上拍照。在茶山上，见到姐妹俩，一个十七岁，叫平平，一个十岁左右，她们正在采茶。我们就与平平聊了起来。她告诉我们：

> 我家从缅甸来泰国才三年。因为父亲找了另外一个女人离开我们，我母亲一个人带着五个孩子，在缅甸生活困难，妈妈就带着我来泰国讨生活。我和妈妈在这个村立足之后，才回去带了哥哥、弟弟、妹妹来。我有一个哥哥，两个妹妹，一个弟弟，最小的弟妹是双胞胎，有七岁。
>
> 从缅甸来泰国的那天，妈妈带着我，我们只带着两套换洗衣服和少量的钱出来。坐车子的时候，妈妈身上的钱被小偷偷了。我们还没有来到泰国，就身无分文，妈妈哭了，我也害怕极了，大哭起来。同车的阿姨们可怜我们，就给了我们1000缅币，合40泰铢，让我们路上有碗饭吃。
>
> 我们到泰国后，就到处找帮工的地方，我们最初是去一个果园摘橙，老板先支付我们工资，我们用预支的工资把基本生活用品配置了，这样开始了我们在泰国的生活。
>
> 就这样，我们到处找帮工的地方，不断走，不断找。后来听说这个村需要帮工，我们就来到了这个村子。因为这个村有加工厂、有茶园，常年需要帮工，我和妈妈就一直在这里，我们才有了一个安定的地方。
>
> 现在，哥哥、弟弟、妹妹都接来了，在基督教会的帮助下，我们在这里有了自己的家。

几乎所有从缅甸到泰国的村民，都佯装成走访亲戚的模样，随身带少许衣服和钱币，才能顺利躲过缅甸和泰国边境检查站的盘查，进入泰国境内。可以说，从缅甸到泰国，他们抛弃了多年的财产积累，他们在泰国一无所有，白手起家；从缅甸到泰国，他们放弃了缅甸合法居民的身份，流落到他国的土地上，成为一个没有国籍的人。

随着泰国政府对边境地区的管理日益加强，从缅甸进入泰国的边民，也不像过去20世纪五六十年代那样自由和容易被承认为泰国国民，特别是近十多年才迁移到泰国的"云南人"和山地民族，他们不少人经历过被视为非法移民而过着东躲西藏的日子。当然，其中一个很重要的因素是他们要到泰国低地地区去打工，如果他们一直生活在泰北的深山密林之中，一直待在泰国美良河村之类的泰北山地部落之中，即便是非法移民，泰国政府也管不了这么多，毕竟泰缅边境沿线的深山密林之中，可以藏身之地无处不在，两国边民来来去去，不断流动，边防警察也巡视不过来，今天把他驱逐了，明天他又有可能在某一山寨中出现。

有一天早上，我和郑永杰准备到莱东村访谈。在去莱东村的路边，有一户"云南人"家宅，红砖瓦房、朱漆大铁门，门外还有中元节时烧的残香纸钱等。这家的主人阿红正好在家，看到我们就热情地迎上来："老师，老师，来家里坐坐。"之前我们就见过她好几次，有一次是在梅子加工厂，有两次是在路上，每次都用很客气的并带有几许怯意的声音热情邀请我们去她家坐坐。

当我们走进她家大院，阿红显得十分高兴，对我们非常客气，急忙倒茶端水，拿出瓜子甜点来招待我们，总是"老师"、"老师"地与我们说话。临走时，还送给我们很多洋丝瓜（佛手瓜），足够我们吃到回家的时候了。

看着阿红家的红砖瓦房和收拾得整洁干净的大院，我们不由得夸她日子好过，会持家。她叹了一口气，无奈地说：

老师！你不知道我受过多少苦！

我在缅甸出生，很小就死了母亲，父亲找了个继母。继母对我可凶了，我在家里吃不饱饭，连像样点的衣服也没有。

我们在缅甸的南坎种鸦片，种地很辛苦，同时还要躲避警察，整天在山里躲来躲去，生活很奔波，还吃不饱穿不暖。

后来，我在泰国打工的姐姐看我很可怜，就叫我出来泰国打工。

我和其他两个姐妹一起从缅甸偷渡到泰国。来到曼谷，先是住在姐姐认识的一个朋友家里。那家人送牛奶、面包让我们吃，我们还以为人家对我们好呢，可是吃了后，那家人就要我们付钱。我们身上没有钱，只好把戒指、耳环等值钱的东西便宜当了。

在那家人家住了两天，那家人叫来了一个面相凶恶的男人，他看了看我们，又与主人家叽里咕噜说些什么。我们虽然听不懂说什么，但是从他们的神态判断，他们是要把我们卖了。我们好害怕，那天晚上，就偷偷地跑了出来。

从那家人家出来以后，我和姐妹们在大街上漫无目的地逛。你想想，我们深更半夜，几个女孩在外面无家可归，当时心里难受极了。

可是，更糟糕的事情是，警察看到了我们，就过来盘问。我们听不懂泰语，更不会说泰语，就被警察抓了去。我们第一次到泰国，仅仅三天，就被抓了。

泰国警察把我们关进监狱里，我们被整天关在一个牢房里，看不到天，不知白天黑夜，也不知道要关到什么时候，心里好害怕好害怕。

还好，我们一起来的一个大姐会说一点泰语，她就与看守监狱的人进行简单的交流，我们才知道需要关两个月。由于有些交流，我们也被允许到外面打扫卫生，关了不知道多少天，第一天出来见到太阳和天空，当时心里可高兴了！我们每一天，都非常珍惜唯一可以见到阳光和天空的这点时间。

两个月后，泰国警察把阿红和她的姐妹们一起遣送回国，送到下缅甸的边境地区。可阿红再也没有回家了，她又从下缅甸偷渡到泰国南部，开始了她艰难的打工生涯。

第二次偷渡入泰，阿红是从到泰国华人人家当保姆做起，因为在华人家语言能够沟通，而且当保姆很少外出，不会被警察抓住。有一户人家是帮带孩子，才带了两个月就离开了。她带的孩子不到一岁，有一天孩子打了预防针，可能是有些疫苗反应，孩子晚上哭闹。主人怀疑她没有带好孩子，就对她严加审问，她非常委屈，受不了，就离开了。阿红在另一家雇主家的工作是打扫卫生，只是工作半天，薪水 700 泰铢/日。因为她是非法移民，不敢再出去做其他工作，如此之低的生活来源，每天只能靠喝稀饭维持生存。

后来阿红到了一家海鱼加工厂工作，薪水 1500 泰铢/日，每天工作 10 小时，很是辛苦。为了节约车费，她每天都要从住的地方步行去工厂。她步行要经过一个养虾场，有一天，一个养虾的男子问她，为什么天天都会看见她。这样，她认识了她现在的拉祜族老公，也从此和泰国美良河村结下了后半生的缘分。他们认识不久，就住在了一起，她也因此有了依靠，有了泰国的家。生了第一个孩子之后，她回到了丈夫的家乡美良河村，丈夫继续在南部养虾。

现在，她已经有了三个孩子，老大在上小学六年级，老二在上三年级，老三在上一年级。除了照顾三个孩子，她还得照顾 80 岁精神有些不正常的婆婆。她是家里的唯一劳动力，她得管理家里的茶园和果园。她家有一块分配到的野生茶园（因为丈夫曾经是国民党的兵，所以张副师长给他分了一块茶园），还有一块自己开辟的茶园和果树林。她一个人，常常管不过来，得雇工除草，让人帮摘茶。

现在生活安定了，阿红的日子过得越来越好了，可是直到现在，我们依然从阿红憔悴的脸色、卑微的眼神中，看到她过去的艰辛……

前面提到的在中文学校教书的华琴，与阿红有相似经历，她也曾经作为非法移民在泰国遭受过非常艰难的生活。她告诉我们：

> 我之所以到泰国来是因为我的丈夫，他吸毒，把家里都吸光了。没有钱，整天追着我要钱，不给就打人、骂人。还有四个孩子要吃饭，要生活，我们一无所有，那个日子真是没法过了。
>
> 为了我那几个可怜的孩子，我只好到泰国来讨生活。
>
> 我是偷渡过来的，我一个人到了曼谷，孩子留在了缅甸，由孩子的伯父伯母暂时代养。可能是我们信仰基督，有上帝的指引，我从缅甸过来很顺利，来了以后就在曼谷打工。由于没有办理签证护

照，又不会讲泰国话，在曼谷打工时时提心吊胆，生怕被警察抓去。

在曼谷，开始在我的表姐家里帮忙，每个月给2500（泰铢）。过了两个月，她帮助介绍到一家潮州人家做佣工，这个潮州人是我表姐的朋友介绍的。一个月的薪水是6000，可这家潮州人家对人太刻薄了！我每天早上4点半起来做工，一直要做到晚上11点，根本没有休息的时间。他家有五层大楼，每天上上下下打扫卫生，即使空闲的房间也要每天打扫得一尘不染。偶尔停下来喘个气，被主人看见，就要挨骂。

我们这些做佣工的只能吃他们的剩菜饭，还不是所有的剩菜饭都能吃，要是剩菜中有肉有鱼，他们还要放在冰箱里留着自己吃。他们不想吃的菜，就会对我们说："去，拿你们的盘子来！"他们的盘子我们是不能用的。我们和主人说话，也是得跪着说的。

那时我刚到泰国，朋友们都很担心，会给我打电话。那时手机还不像现在这样普遍，可是他家的电话不允许我使用，即使是表姐打电话来也不让接。有朋友来找，更不允许出去见。

我没有办法辞职走，因为若我辞职，他们家会把我送到警察局里。我最后是从这家潮州人家逃了出来，在他家整整忍受了7个月，终于在一个姐妹的帮助下逃了出来，为此我损失了半个月的薪水。

后来，那家潮州人还对我表姐说："你再帮我找一个像阿琴这样的人来啊"，又说："你让阿琴回来我家，我给她7000的薪水，让她来给我四个孩子教中文。"我在他家7个月，就没有听他们说过让我教中文！

我做佣工的第二户人家是一个"云南人"，因为我们都是"云南人"，他们家人对我还算客气，让我叫他们姐姐、姐夫。女主人正怀孕，需要人帮忙照顾即将出生的孩子，但我没有等到孩子出生就离开了他家。

我还在一个泰国人家做过，那家对工人倒不算刻薄。

我最后做工的那家是北京人，他们是政府派来泰国这边工作的。北京人家的先生倒是一个老好人，态度和蔼，从来不挑剔。可是他家的老妈妈（指老婆）太挑剔了，做饭做得迟了要骂，做得早了要骂，菜做多了要骂，做少了要骂，整天只听她在骂人，有时候真是受不了！他家的薪水较好，每月5000，做满一年有2个月的奖金，平时无论任何一个小节日，都会有至少1000的奖金。但是我还是无法忍受天天挨骂，只待了半年就走了。

我怎么说也是当过老师的人，受人尊重的职业。到了曼谷做佣工的那些日子，我过着低人一等的生活，没有了尊严，没有了人格。但是为了在泰国生存下去，我还是忍了再忍，一直坚持着。就这样做佣工做了三年。

后来，与这里中文学校的校长联系上了，他在缅甸的时候我们是一个村的。我告诉他我想找份工作，可以把孩子带在身边的工作。他说可以到这里来教书，但是薪水不高，每个月4000。

我就到这里来了，把我的小的那两个孩子带过来了，还把我姐姐的一个孩子带过来读书。学校提供一小间住房，特别是孩子在我身边，我心里舒服了很多，安心了很多。现在孩子每天在泰文学校和中文学校上学。只希望他们能学到点知识，以后能自己养活自己。

我经常觉得自己很难支撑下去了，我觉得很累很累，最大的孩子只有16岁，还在缅甸读书……

在泰国美良村的日子里，我们常常见到华琴在一家梅子加工厂里做工，她戴着塑料手套，娴熟地分拣已经用盐水浸泡过的梅子。她告诉我们，她早上和中午在这家梅子加工厂里帮工，挣些钱。这里工钱是一天120泰铢，但是她下午要教书，只能干到三点，这样她一天的工钱是90泰铢。如果没有梅子加工的季节，她就去帮人采茶，也可以挣钱。

我现在每天要做十几个小时的工作，但是我不觉得苦。

我是信基督的，每次我觉得很苦很累的时候，我就去读《圣经》，读了《圣经》或者做了礼拜，我心里会觉得舒服很多，好像苦难也减少了一些……

是上帝引导着我来到这个村里，让我有了安身的地方，让我有未来的希望。

感谢上帝对我的指引，给我的帮助。

这是华琴在梅子加工厂对我们说的话，似乎在总结她的经历。礼拜天的时候，我和郑永杰去参加华人教会的礼拜，华琴见到我们，分外高兴。礼拜结束时，她邀请我们下周礼拜天也来参加他们的礼拜，我们随口答应了，但我们并没有把它放在心上。第二个礼拜天，因为需要去了解其他教会的情况，我们就没有参加华人教堂的礼拜，华琴后来见到我们，还特意问我们为什么没有来。我们才意识到，作为一个虔诚的基督徒，一个把解脱自己的苦难全部寄托于上帝的基督徒，做礼拜是一件多重要的事情，与别人分享礼拜经验也是一种快乐和满足。

七　逃离，生存的选择

泰国美良河村的村民们给我们讲述的一件件真实的经历，让我们唏嘘感叹，心情沉重。缅甸，这块与泰国美良河村村民的故土接壤的土地，它是跨境民族自由迁徙随意出入之地，也是国民党残兵败将和逃亡分子暂时的栖身之地，但它绝不是一个理想的安身乐园。那些因得到缅甸边境森林庇护而得以保住生命和组织的国民党残军，虽然靠其精良的武器得以保持实力，但在缅甸政府不断地追逐、剿杀、驱赶和国际舆论的谴责下，他们的生存空间越来越小，不得不离开缅甸。而那些因种种原因迁徙出去的山地民族和"云南人"，即便有部落或马帮队的团体力量，也不能免于缅甸军人政府和缅北少数民族特区种种地方武装力量的奴役，他们或被抽丁强制服兵役，或被掠去了财产，或被挤压了生存空间，他们生活在国家政权和各种地方武装势力的夹缝之中，基本的生存权得不到保障，靠自己劳动获得的财产收入随时有可能被掠夺失去，更无从获得发展的空间。

在缅甸，还有一个凶恶的杀手随时会夺去他们的生命，那就是恶劣的自然环境下的瘟疫、疟疾等传染病、流行病。而政府公共产品供给的匮乏导致缺医少药，卫生状况差进一步加剧了自然环境对人造成的危害。那些人祸造成的灾难和痛苦——毒品——也犹如魔鬼一样与他们的生活如影随形，吞噬着他们的身体和灵魂。

因此，逃离缅甸，成为一些流落到缅甸的"云南人"和山地民族的选择，他们的逃离只有一个简单的理由：求生存。为此，他们放弃了一切，国籍、财产，甚至家庭，迁徙到了另一个他们向往的国家。

马斯洛的需求层次理论表明，人的需求是分层次的，从低到高可以分为五个层次，分别是生理需求、安全需求、归属需求、尊重需求、自我实现需求。其中满足人们最基本的生理需要和安全需求如吃饭、穿衣、性欲、住宅、医疗、规避不确定性等的需求是人类最强烈的不可避免的需求，也是人们行为的驱动力。泰国美良河村村民不惜以极高的成本逃离缅甸，就是因为在缅甸他们最基本的生理需求和安全需求不能够得到满足，换句话说，在缅甸他们的生存权得不到保障。强烈的求得生存的动机，驱使他们不断地迁移、南下，一直到达缅泰边境的深山密林之中，试图寻求安身之地。

第四章

从问题山民到受皇家恩泽

无休止的战乱、抓壮丁的兵役、夺人生命的瘟疫、吞噬家庭的毒品、随时可能被掠夺的财产、没有指望的生活……这些因素，让这些从中国迁移过来寓居缅甸的人们对这个国家失去了信心，他们想方设法离开，不惜放弃所有的家产积累。这些迁移者在缅甸虽然贫穷，但并非一无所有，他们至少有可以安身的房子，有基本的生活必需品。经济条件好些的家庭还有现金、黄金饰品和土地房产。但是他们要能够顺利逃离缅甸，进入泰国，就必须放弃所有的不动产和绝大多数动产，就连现金和基本生活品也不能多带。随身带一两套衣服，装作走亲戚的样子，这些迁移者才能顺利通过边境检查，进入泰国。在泰国，几乎所有迁入的人或家庭，都是一无所有、白手起家，重新开始。

为什么要迁移到泰国？地理上的邻近自然是一个重要因素，但并非主要诱因。与缅甸接壤的国家有中国、印度、老挝和泰国，离开缅甸的人，多数流向了泰国而非其他国家。那么，泰国对这些缅甸移民有什么样的吸引力呢？

边境管理松弛容易进入是20世纪70年代以前的移民者的主要选择。与缅甸接壤的泰国北部地区，在历史上也是一个国家边界模糊的地带，泰、缅、老三国的边民，总是在泰北边境一带移来移去地游耕和躲避战争，不受政府的管制。也因此造就了"金三角"这个以毒品生产加工闻名世界的特殊地区。那些试图脱离政府控制的无政府主义者，总是喜欢选择这一区域高山密林之处，作为他们生存之地。大山就是他们的衣食父母，大山还是他们躲避战乱和各种武装势力控制的庇护所。

在这片深山之中，虽然政府难以管理和控制，但是泰国毕竟是一个国家政权控制能力较强的国家。第二次世界大战以后，泰国政府开始将国家主权边界明确作为一个重要问题加以重视，到泰国边境地区的迁徙者，并非能够在这块土地上自由自在为所欲为，他们的行动逐步受到泰国政府的控制。而20世纪50年代以来，泰国政府就将这些游荡在泰北高地上的非法武装力量和山地民族，作为一个重大的政治问题和社会问题提出来，即难民问题和山民问题。

一　泰国政府眼中的山民问题

在泰国北部与西部山区，居住着一群在语言、风俗习惯方面都独具特色的少数民族，他们与生活在平原地区的泰族在风俗文化方面有很大差异。由于这些族群主要居住在海拔3500英尺到5000英尺的高山森林里，他们以族群建立大大小小的村落，因此，泰国将这些山地少数民族归为山地部落（Chaaw khaw）。归为泰国山地部落的少数民族有苗族、瑶族、傈僳族、克伦族、哈尼/阿卡族、拉祜族等，约有60万人口，占全国总人口的1%。

在泰国政府眼里，山民是一些野蛮的、未开化的民族，他们砍伐森林，刀耕火种，破坏森林；他们种植罂粟，贩卖毒品，危害社会，造成了恶劣的国际影响；他们不服从国家管制，随意地在边境地区自由迁移，造成国家边境的不安全。因此，山民问题是一个严重影响国家安全和稳定的问题。泰国政府还将山民砍伐森林、种毒贩毒问题上升到国际问题，引起国际上的广泛重视，并借助国际力量来加以解决。

（一）关于边境安全问题

泰国北部少数民族，多数是从中国、缅甸、越南、老挝迁徙而来的，有的已经迁徙过来很多年，在泰国生息繁衍好几代，而有的则是近几十年甚至近几年才迁徙过来。因此，泰北的山民是典型的"跨境民族",多数民族的主体在国外。由于族群之间密切的关系,这些山地少数民族容易受到国外同族的影响。特别是在20世纪90年代以前,这些山地民族并没有被泰国政府承认为本国公民,因此,他们自己并不认同他们与泰国这个国家有什么关系。从泰国方面来看,由于这些山民不管国界移动,从事非法活动,不宣誓对国王忠诚,他们是一些"有问题"的山民,是生存在泰北的非法者。

此外,在泰国北部还存在着一些其他组织,如进入泰国境内的国民党残余部队,如泰北苗族共产党势力,等等。

(二) 关于刀耕火种、游耕游居问题

泰国北部的山地民族,以刀耕火种为传统生计。这是热带、亚热带地区的一种原始耕作方式。先砍伐树木,再用火烧光林地,种植几年土地肥料耗尽后便撂荒,任其自然恢复地力后,再砍树、烧荒、种植作物,如此反复。为了适应刀耕火种的需要,山地民族也形成了游居的方式,在一个地方建立村寨之后,砍伐周边的森林种植,当周边土地种植几年需要轮歇之时,就舍弃村寨,集体搬迁到另外的地方重新建寨安居。因此,泰北的山民,是耕无定地、居无定所的游耕游居民族。

生活在泰北山林中的拉祜族就是典型的刀耕火种、游耕游居民族。研究泰国拉祜族的专家安东尼·沃克对泰国北部拉祜尼(红拉祜)村社的刀耕火种情况进行过详细的描述:

> 迁徙农业用刀斧砍除原始森林或休荒后的第二代森林,砍倒的木材经过或长或短的一段时间,干透后用火烧去。地里仍然残留着烧不尽的树桩和大树干,庄稼就种在树桩和树干中间,因为得到更多的庄稼地补偿不了移去树桩树干付出的劳动力。在新地上种一二年庄稼,或种五年多的鸦片,此后将休耕多年,使自然植物和土壤肥力得以恢复。
>
> ……
>
> 至于休荒时间的长短意见悬殊很大,在当地人中认为应休荒三

年至认为应休荒十年的各种说法都有,平均统计为应休荒七年。①

由于休耕的需要,拉祜族需要经常性迁徙游耕。通常会在一个定居点居住 8—10 年,最长的定居点 16 年。沃克写这篇文章时调查的村庄清迈省朴老(phrao)谷地恰西村只保持了 13 年,之后因迁徙而废弃。在同一篇文章,沃克记叙道:

> 像大多数拉祜尼的村社一样,这个村庄的名称恰西卡(Ca Shi Hk'a,即恰西村)是随头人之名命名的。今天它已经不复存在:住户已经分离,一部分人在原址东部需步行一个小时之遥的地方建立了新村寨,其余的则迁入了相邻一个拉祜尼村庄。恰西(Ca Shi)现在也不是头人了。而恰西村一直坐落在同一地点有十三年之久②。

当然,也不是所有的寨子搬迁都是因为刀耕火种的需要,而是其他一些社会因素和自然因素,导致山民经常性地在大山之中流动。

> 勐堪地区大部分村寨都是流动的,并不是永远定居某地。全村一起搬迁时,他们一般是移动到山的另一边去寻找有可靠水源的沃土,但是他们只不过搬迁到距旧址不远处,目的是选择一个干净清洁的地方和住上新房子。群主逃亡有时是为了摆脱困境,例如:敌对的邻居、冲突、传染病或莫名其妙的歉收。小群体的搬迁通常是得到头人同意后进行的,有时当然也得不到。只要土地广阔,阿卡人就会鼓励他的儿子按自己的意愿去建立自己的村寨。③

由于山地民族一直保持着刀耕火种、游耕游居的传统生计模式,山

---

① 安东尼·R. 沃克:《泰国拉祜人研究文集》,许洁明等译,云南人民出版社 1998 年版,第 41、59 页。
② 同上书,第 38 页。
③ 珍尼·理查森·汉克斯:《文化的解读:美国及泰国部族文化研究》,刘晓红等译,云南大学出版社 2002 年版,第 357 页。

民被看作是森林资源的破坏者。泰国政府认为，山民肆意地滥用森林资源、非理性地进行土地轮歇，严重破坏了生态环境。

（三）关于毒品问题

自从1852年英国殖民者占领缅甸后，发现缅北是出产上好鸦片膏的理想之地，这些西方殖民者便示范和劝诱当地居民大面积种植罂粟并积极组织收购和销售，于是鸦片成为缅北的一个产业，并逐步延伸到东南亚各国。

泰国的鸦片种植和加工贩卖是从缅甸逐渐蔓延过来的，20世纪50年代以前，在泰国开办鸦片工厂和吸食鸦片一直是合法的。1938—1940年，泰政府曾经允许苗族在国家管理的范围内种植罂粟，生产的一部分归苗人自己，其余部分交售给国家的鸦片厂[①]。1958年，国际鸦片协议颁布实施，在国际社会的压力下，泰国政府也宣布了他们的鸦片条例，禁止鸦片的生产、消费、出售。由于鸦片条例限制了泰国商人的鸦片贸易活动，为此当时泰国商人还积极呼吁，要求政府更改政策，继续鸦片贸易的合法性。泰国鸦片交易禁令实施以后，工厂大规模生产和销售鸦片成为历史。

但是，由于山民种植罂粟都在偏远山区，限制与执行法令很不容易实现，山民们仍旧没有放弃鸦片的生产。1962年，当国民党残余部队在泰国政府的同意下以及美国中央情报局（CIA）的支持下撤进泰国北部时，很有可能，国际鸦片贸易实际上已有所增加（泰国北部发展中的山地部落）。1980年，防御和制止吸毒调查委员会发现，在那时，泰国山民仍有267个村或组在种植罂粟，面积26440莱，鸦片产量约计14083公斤[②]。

泰国山民种植鸦片禁而不止的原因，除了山民种植鸦片区域偏远，交通不便，警察难以控制和监督外，还有一个重要的因素是山民自己也

---

① 佳拉·素婉维拉：《泰国的山地少数民族问题》，杜建军译，《世界民族》1987年第1期。
② 同上。

吸食鸦片。沃克调查的泰北恰西村在 1967—1968 年，平均每户生烟售出量 0.89 公斤，每户平均出售鸦片收入为 820 泰铢。剩余的鸦片在村里用了，要么个人消费（占 34%），要么用以支付鸦片鬼的酬劳（占 26%）①。山民吸食鸦片的原因主要有两个方面：其一是治病。鸦片是多种疾病的治病良药。在泰北山区，山民生活在与世隔绝的深山密林之中，生病无医可治、无药可吃的问题十分普遍，鸦片就成为山民治病的良药，久而久之，就会形成药物依赖。其二是解除精神烦恼。山民认为，吸食鸦片后全身舒适，能解除忧愁和疲劳，可安然入睡。在遇到天灾人祸和生活困苦的时候，山民就会借助吸食鸦片来暂时缓解精神上的痛苦，从而染上烟瘾。因为自己需要吸食，山民种植鸦片自然难以根除，而鸦片交易也因此相生相伴难以铲除。

（四）建寨初期的美良河村

从缅甸迁徙到泰国北部地区的"云南人"和山地民族，他们想在泰国寻求一个不受任何人管束的自由的世外桃源：成为无政府主义者和无组织群体——他们也幸运地找到了这样一个泰北原始森林之中的尚未开发的一片山谷，建立了自己的村寨——但是，他们的美好期望并未如期而至，经历了十多年的血腥洗礼，他们终于明白一个道理：一个不受政府管制的地带，其实就是一个混乱的、没有秩序的地带，要在这样一个地带生存下去，只有靠血腥的拼杀，杀出一条血路。而在拼杀—复仇—拼杀—复仇的循环中，没有赢家，所有的人最终都是失败者。

（五）山谷里的枪声

泰国美良河村的开辟者张副师长（当地人有时称张副军长）搬到这个村子里定居之时，写了一副大大的对联挂在门口："砍刀一把吃穿

---

① 安东尼·R. 沃克：《泰国拉祜人研究文集》，许洁明等译，云南人民出版社 1998 年版，第 67 页。

靠它，木门两副出入随我。"这副对联表达了他不愿意受其他势力所控制、欲自力更生的愿望和决心。

当这些国民党的军人眷属以及山地民族相继来到泰国美良河村，来到这个隐蔽在原始森林之中的山谷地带时，他们所有的人都满怀期望，期望从此过上宁静、平和、自食其力的生活。然而，美好的愿望却被残酷的现实粉碎。这个村寨建成以后的十几年中，一直枪声不断、流血不止。

尽管泰北原始森林郁郁葱葱，为人们营造了一个与世隔绝的意境，但这与缅甸的深山密林一样，无政府地带造就了众多的地方武装力量。唯一与缅甸不同的是，这里的地方武装力量的主体是泰国人而非缅甸人或缅甸的少数民族。当这些带着枪支弹药的国民党军人们来到泰国美良河山谷安营扎寨之时，他们的到来引起了泰北本土地方武装势力的紧张和不安，他们企图通过武力威胁将这群不速之客挤出这一地带。

据张副师长之子老张介绍，他父亲率下属驻扎在此之后，曾经与泰国本土的地方势力发生过多次冲突：

> 我们的人下平坝地区去卖茶叶，买东西，往往会有一些泰国人在路边埋伏，用刀砍伤我们的人，或者用枪打死我们的人。还有一些人装成来家里帮工的，在刷地、砍树过程中，趁主人不注意，一刀过来，就把主人砍死了。
>
> 我父亲就带着枪和人马出去，把他们打掉。这些被打的人又来复仇，于是经常发生冲突。
>
> 不过，我父亲很厉害，他的人马也很骁勇，武器装备也较好，因此他在当地威震一方。那些泰国人都很害怕他，也想铲除他，已经有两次派出队伍准备剿杀我们，但来到下面的那条小河旁又退了回去。
>
> 他们派人到段军长那里去了解情况，段军长、李军长告诉他们："你们去打他们，可要多派些人马，否则你们打不过他。"他们派密探扮成卖东西的、打猎的，来村里探查情报，我父亲在门上挂了长长的两串机枪子弹，还放了两串米袋和白色粉末的药，那是闹鱼的毒药。他告诉那些密探："这是闹人的药，要是有人胆敢

来打，我就要用这药把妻子孩子毒死，男人就抬起枪来，见人就打，见房就烧。"

这个村的建村者张副师长，就是凭着自己勇敢、坚定和无所畏惧，凭借着可以保护自己生命的武器，保护着几十号人马的家眷老小，艰难地在这个非边境地带的泰国山谷里顽强地生存下来了。

然而，张副师长用武力和气魄击退企图驱逐他们的泰国地方势力，却不能解决来自内部的分裂力量。

同时搬迁到这个山谷里的，还有另一个同是国民党军人出身的刘姓军官，也带着自己的十几号人马。也许是为了争夺野生茶林这片大自然赐予的"绿金"，也许是"一山容不下二虎"，于是，一场你死我活的争夺地盘的战斗在张家和刘家之间展开了，双方兵刃相见，相互残杀。为了壮大势力，甚至"红牛党"——当时泰北地区的职业雇佣军——也被聘请来帮忙打仗。张家和刘家势力此消彼长，经历十多年几个回合的争斗之后，双方伤亡都很大，张副师长及其妻子、一个儿子因此丧命，另一个儿子受了严重的脑伤，至今头脑不清醒，只剩一个儿子和两个女儿的性命得以保全。而刘家呢，也死了不少人，因最终失败，全家逃到了台湾。

有一天，我们在村子里见到一个断了一条腿的老人，村民告诉我们，他就是在张家和刘家的打斗中受的伤。前些年在村里，能看到很多这样缺胳膊断腿的人，都是在这十几年的争斗之中留下的永远的伤痛，现在他们多数都去世了。

我们的房东"阿婆"告诉我们，她们刚搬到村子里的时候，村子里经常打仗，一听到枪声、手榴弹的声音，她们就赶快从家里跑出来，跑到离房屋不远处的山坡树林里躲避。

对于这段历史，所有经历过的人都不愿意提起，张家的后人不愿意提起，曾经参与争斗受伤的老兵不愿意提起，那些在争斗之中还是十几岁的孩子现在已经是四五十岁的人也不愿意提起。一个年长男性村民对我们说："那时的寨子里，大家都是生活在笼子里，不得自由。"他用手比画出一个笼子的形状，"我们是好人，才会活到现在，坏人全都死了。"

（六）毒品与艾滋病

当山谷里的枪声渐渐远去，泰国美良河村村民开始回归到自食其力的平静生活之中时，不知不觉，不少村民的生活又笼罩在一个可怕的阴影之中——毒品。

美良河的村民们，无论是从美斯乐来的国民党残军，还是从缅北逐渐迁徙过来的山地民族，都曾经或多或少地与毒品打过交道，或是靠鸦片种植为生，或是靠毒品交易获取经济利益。他们来到这个有成片野生茶林的河谷之中，茶叶收入维持了部分村民的生计，但是并不能养活不断迁入、越来越多的村民。特别是随着有种植鸦片传统的山地民族的不断迁入，鸦片种植又逐渐蔓延起来，成为很多家庭重要的经济来源。接我们进村的巴就给我们说，他的爷爷就是种鸦片的，他告诉我们，在他们小的时候，周边的山上种满了罂粟，遍地罂粟花妖艳迷人。

在泰国政府严厉禁止种植鸦片的今天，在我们调查过程中，村民告诉我们现在仍然有村民偷偷地跑到远处的森林里种植鸦片。我们在村子里，也看到几个整天游荡的人，从他们闪烁其词的言谈举止之中，从他们试图探究你来这个村子的意图之中，我们不难猜出，他们是一些专业贩毒者。

有鸦片生产必然就会有人吸食鸦片。村寨建立初期，张副师长对村民管理非常严格，不允许酗酒、赌博、抽大烟。要是发现酗酒，要罚款500元（泰铢）。抽大烟者，轻者罚款，重者鞭刑。他早上五点钟起床，去敲那些懒人的家门，大声吆喝："快起来了，不要睡觉了，去干活去了。"村民对他十分尊重，不敢违反他设定的村规民约。因此，当时的村寨里，很少有村民抽大烟。

但是，随着张家和刘家的不断火并，整个村寨的秩序处于混乱状态。不少村民经不住毒品的诱惑，开始吸食大烟或海洛因。于是，村寨里，随处可见脸色暗黄、成天无所事事的吸毒者。

阿美是受尽了毒品折磨的一个女人，她并不吸食毒品，她是一个非常能干的女人，可是，她因为有一个吸毒的老公而受尽了苦难：

我母亲死得早，我13岁就成为家里的强劳力了。我一个13岁的女孩子，就去赶马，我可以让马驮两袋东西，随同大人赶着走，要走整整的一天，才能到达目的地，脚都走起了泡。

我年轻的时候，人们都说我漂亮，我故意把衣服穿得烂烂的，把脸抹得黑黑的，但是他们还是说我很漂亮。

18岁的时候，我到一个雇佣军头目家去做帮佣。那家有一个侄子，姓马，样子长得很俊美，一直很喜欢我，但我不喜欢他。那个雇佣军用枪逼着我嫁给他侄子。成婚11个月后，我偷偷逃了出来，跑到麦当躲了好几年。其实，那个姓马的男人对我很好，一直很尊重我，给我好吃的，还给我一间很好的房子，可是我却没有一天对他好。后来，那个男人因我离开他，很伤心，就吸毒吸死了。

我欠了这个人的情，有罪。这个罪孽在我后来的婚姻中回报出来了。

后来，我又嫁了一个男人，婚后几年，他也吸毒了。男人成天吸毒，不干活，家里所有的农活都是我做的。我像个男人一样干活，用镰刀割草，到山上采茶，摘柿子，种茶，没有一样活不是自己做的。在我们这里一般在山上钐草之类的重活都是男人做，但是我的男人吸毒以后，只会晒太阳，什么活也不做。我有三个孩子，还有这个不争气的老公，都得吃饭啊，我只能咬着牙去做这些农活。

我做农活做得可好了，别人三个月钐一次地，我一个月一次，把地伺候得干干净净的。前些年，国王帮忙，给我们每人发2000棵台湾茶苗让百姓免费栽。我也领到了2000棵，栽在地里，可是因为我勤快，把茶树地的草除得干干净净，最后所有的茶苗全死了。其实这种茶在旱季需要浇水，如果没有水浇，就要用杂草把它护住，才能成活。可我太勤快，把杂草除完了，最后茶树都死了。

阿美爽朗地呵呵笑着，继续讲着她的故事：

我那个吸毒的丈夫不但不扶持我，还把我辛苦在地里种的庄稼低价卖了。有一块地，种的苞谷都快成熟了，他犯毒瘾，没有钱去买毒品，就被他五千块钱（泰铢）卖了。当时这块地至少也值两万块，要是留在现在那就是十万块也买不到了。

我那个老公还把家具等所有值钱的东西都卖掉了，甚至把房子也卖了。有一次，我和孩子们正在看着电视，老公犯毒瘾，他回家把电视天线拔掉，抱着就去换海洛因。你说气人不气人！

为了维持这个家，为了孩子们的生活，我到处去打工，去曼谷打工，去香港打工，去台湾打工，辛辛苦苦挣来钱，把家里的用具、家具买来，自己到山上去砍竹子，做篱笆，和泥巴做土基、砌砖头把房子盖起来，把家置起来。可等到我下一次从外面打工回来，家里又空空如也。不仅如此，他还把家的房子、地基都给卖掉了。

为此，我一共置了三次家。

每次回来，看到家又没有了，我欲哭无泪。

吵也吵了，骂也骂了，眼泪也哭干了，但是老公仍然依旧。孩子也没人管，都是托付给哥哥姐姐帮忙照顾，吃住都在哥哥姐姐家。

我的老公是三年前才死的，他苦了我多少年！临死前，我正在曼谷打工，姐姐打电话给我，说是他不行了，可能没有多少日子了，要我回来。当时我真不想回来，想让他自己死了算了，但后来还是回来了，伺候了他四个月，为他送了终。

其实，在泰国美良河村，像阿美这样的家庭又何止她一家！她的经历只是因吸毒而家破人亡的其中一例。有泰国学者研究发现"泰国山民10岁以上吸毒的人数占山民人口的6%—38%，吸毒者的年龄在16—75岁，其中92%是30岁以上的人；35—55岁这个年龄组吸毒的人数占的比例最高，男人为女人的3倍"。[①]

还有一些人，因为贩毒而毁了一个完整的家庭。村民告诉我们，十

---

① 佳拉·素婉维拉：《泰国的山地少数民族问题》，杜建军译，《世界民族》1987年第1期。

多年前,这里有三个人贩毒,被政府抓住了判了 18 年的刑,但他们的妻子(拉祜族)一直守着家,等待着丈夫,一个有 45 岁,一个 40 岁,一个 36 岁,守了多年了,始终没有改嫁,"拉祜族很重感情,感情专一呢,要是换了别的人家,(妻子)早就跑了",村民说。

伴随着毒品而来的,是艾滋病。艾滋病的传染途径是血液传播、性传播和母婴传播。村民静脉吸毒,是艾滋病传染的一个渠道;另外,由于贫穷,很多山民女子到泰国南部地区从事性工作,由此染上了艾滋病。总的来说,贫穷、贫困是泰国美良河村艾滋病泛滥的根源。

在我们进入这个村庄之前,我们并不知道这是一个艾滋病流行的村寨。村民们讲,曾经有一段时间,这个村得艾滋病的人非常多,街道上、村寨里,到处可以看到手脚生疮、皮包骨头的人,那些都是艾滋病患者。当我们离开这个村寨之后,我才知道,这个村还被研究艾滋病感染群体的泰国清迈大学的老师作为研究对象来跟踪研究。

值得欣喜的是,近年来,泰国已经找到了治疗艾滋病的有效药物,经过治疗的艾滋病患者已有好转,他们身上的毒疮已经消失,脸色也恢复了常态,至少我们从表面上看不出来了。村民告诉我们,村头的那家小卖铺的老板,就是一个艾滋病患者,当时生了脓疮,很是可怕。经过他家店面的时候,我们特意留意观察,看到的是一个身体略有发胖的中年男人,经常在铺面里打麻将,家里的生意也不错,村民和孩子们都经常来买副食品。有一次正巧他家进货,他从皮卡车上把整箱的啤酒、饮用水抬下来。从外表看,这个曾经患过艾滋病的老板与正常人没有什么两样。

村民告诉我们,现在他们已经不怕艾滋病了,因为有药物可以治疗,他们怕的是癌症,得了癌症,就只能等死了。

二 政府解决山民问题的措施

20 世纪 70 年代,泰国政府借助国民党残余军队的力量,打败了苗族共产党势力。并以"剿共"有功为名,特赦国民党残余军人为泰国公民。当然,这是在国民党残军向泰国投降,放下武器的前提下。泰国政府就这样"一石两鸟",解决了两个隐藏在泰北边境地区的威胁因素。泰国政府还制订了山民发展计划,并通过"皇家项目"的实施贯彻山民发展计划,取得了积极成效。泰北地区的山民政治生活发生了重大变化,他们从一群不受政府管制的人逐渐变成了受政府管制的人,而受政府扶持的生产活动,使他们的经济水平大大改善;受政府规制的有秩序的社会,使他们过上了安宁、有保障的生活。

泰国美良河村刚建立村寨的最初十多年间,一直处于各种势力之间相互争斗和火并之中,枪声不断,流血不止。生活在这里的村民随时都处于人身安全得不到保障的紧张心理状态。村民从这种时刻处于混乱与危机的状态中解脱出来并最终走向平静和平的生活环境,并非在于张家和刘家在争斗中终于决出胜负,而是在于泰国政府开始把这个村寨纳入国民化体系之中。

20世纪70年代初期,泰国政府收编在泰国的国民党残军,段希文军长率领的国民党军队放下武器,归顺泰国。在泰国美良河村的国民党军人眷属们虽然已经脱离了段希文的指挥,但在国民党残军归顺泰国的大局下,他们也面临着放下武器、服从泰国政府的选择。在泰国政府强硬的态度之下,泰国美良河村的国民党军人们选择了"放下武器,换取定居权"。于是,泰国政府派来了边境巡逻警察,把美良河村所有的武器都没收了。缴了械的村民,事实上就意味着对泰国国王的归顺,服从于泰国政府的统治。缴械之后,泰国政府向美良河村派出了常驻警察,维护这个村寨的治安与秩序。

泰国边境巡逻警察成立于1943年,它是为了维护边境地区安全而设置的一个准军事部门。20世纪六七十年代,"冷战"中的东南亚地区政治局势十分复杂,泰国政府对泰北山区的安全问题的关注度大大提升。泰国政府认为"山地部落"生活在受"国家的敌人"和反叛者影响下的偏远边界地带,必须加强对山民的监控与管制。大量的边境巡逻警察派驻各村寨,并由边境巡逻警察在村寨里负责建立学校和培训。

泰国政府从20世纪70年代开始向美良河村派驻边境巡逻警察,一直维持到现在。警察的进驻使村寨中的各种情况受到泰国政府的监控,只要出现争斗,就可以通过畅通的通信系统,及时调集警员来解决。国民党军人们的枪支弹药被收缴,也失去了战斗力,因此,泰国美良河村同胞之间的血拼与争斗局面被控制住了,美良河山谷逐步趋于平静,村民们真正地开始他们所希望的生活。

如今,泰国美良河村的警务所,就设在进入村寨的村口上,有警务岗和办公室。有一名大约四十多岁的泰籍警官在此驻扎。据村民说,这位警官在这里工作了七八年了,与村民关系都很好。警察负责村寨的治安维护,若出现村民之间滋事打架等问题,他会出面来解决。当然,对于这位警察而言,他在这个村里最重要的任务是防范毒品生产和交易。由于种植鸦片有很大的利润空间,在泰国政府严厉禁止鸦片种植的高压政策下,仍然会有些村民铤而走险,在人烟稀少的深山之中开辟烟地种植鸦片。因有鸦片的种植,这个村里也时常游荡着一些从事鸦片交易的人,在偷偷从事毒品买卖。我们在村子里,就曾经见过三个整天在大街上游手好闲的人,贼溜的眼睛总是打量着往来的行人。我们与其中的一个人聊了起来,他说,他是缅甸人,汉族,他经常到中国去,经常去耿马、大理、巍山等地。我们问他去做什么生意呢,他说去旅游。我半开玩笑地对他说:"你怕是去做白粉生意吧?"他马上凑过来问我们:"你们想要吗?"

有一天,我们经过警务所,本想进去与这位驻寨警官聊一聊,遗憾的是我们没有见到警官,倒是在警务所里看到一个被铐在监禁室里的男子。我们的翻译阿美说,这个人不是贩毒的就是吸毒的。

这位驻寨警官与村民的关系很好,我们房东的亲戚娜妥家儿子结婚时,我们在婚宴上见到了他,他与村民们很开心地喝着喜酒。美良河村村民们有一个规矩,办喜事可以摆赌局两天,办丧事可以摆赌局三天,以活跃气氛。婚礼后第二天,我和郑永杰正在对那些兴高采烈地赌钱的人拍照时,这位警察出现在我们面前,告诉我们,不要照相,也不能对外面说起这个事情,村民们只是小范围地娱乐一下。后来我们才了解到,泰国法律是禁止赌博的,作为警察,禁赌也是他们的工作职责之一。

但是,"云南人"是好赌的,村子里的"云南人"又很有钱,当然免不了平时要小赌,过年过节时要大赌。于是,每到春节,散落在清莱府的不少难民村都会开赌场,那些头脑灵活的"云南人"集资三四十万泰铢,派人到各级警署去贿赂警察。于是,每年春节,方圆几十里的"云南人",都会聚到设赌场的村寨里赌博,场面十分热闹。入场赌博的人兴高采烈,不分白天黑夜,赌得眼睛发红。得到贿赂的警察们,自然对这里的赌场睁一只眼闭一只眼。那些设赌的人家,能够大赚一把。因人的集聚,赌场周围摊贩的生意也很好。春节,是全世界中国人的最重要的传统节日,但是在这些难民村里,春节变成了人们博彩寻乐的最佳时光,所以,当我们问秀这里怎么过春节时,她说,过年村里没什么好玩的,除了赌还是赌。

尽管这个村子里仍然有贩毒、赌博等违法行为,但有警察驻村和没有警察驻村完全是两回事。无论是建在村口的令人敬畏的警务厅,还是带着枪支和手铐经常巡回于村寨各处的警察,都给村寨的违法者以震慑力,给守法的村民以安全感。

在国家强制力直接进入和作用之下,泰国美良河村的公共秩序与安全,终于得以建立和维持下去,村寨也从纷争混乱之中逐步走向了宁静和平。

三 山民发展计划

泰国美良河村村民的社会生活发生的变化,还直接与泰国政府实施山民发展计划密切相关。

当泰国政府把山地民族作为一个"问题"加以重视之时,也在积极采取措施解决"山民问题"。1951 年,泰国政府成立了第一个山地部落管理委员会(PWT),正式负责泰北山区的行政管理和政策制定。1959 年山地部落管理委员会(PWT)制订了"北部山地少数民族福利发展计划",并具体负责实施各种旨在促进山民经济发展、保护生态环境、推进定居农耕的各种政策和措施。为了更有效地实施这项计划,1961—1962 年,泰内务部在亚细亚财团财政支持和联合国专家的配合下,对北部山民进行专项经济调查。1964 年,在清迈大学成立了山地部落研究中心(HTRC),专门负责研究山地部落发展问题,作为政府的决策咨询机构。山地部落研究中心(HTRC)所做的工作包括发展项目评估、训练官员，为其他实际的机构提供咨询服务。"直到 1974 年，山地部落研究中心（HTRC）对 1971 年后三大至关重要的计划或项目提供了建议和援助——泰/澳高地农业计划、森林及水流域土地使用相互协调计划、联合国/泰国联合计划——已经引导了对粮食与农业组织以及美国发展规划作出测绘和经济社会调查，并且已经着手于农业试验。"① 在泰国政府、研究机构以及联合国相关机构和非政府组织（NGO）的联合互动之下，泰北山地少数民族发展的一系列项目和政策措施在快速推进之中。

20 世纪 60—70 年代，"山民发展计划"政策措施归纳起来，主要有几个方面：

推进定居农耕。说服、劝导山民定居农耕；帮助山民修建水利设施，推广高原作物，并进行技术指导，让他们能长久定居下来，进行精耕细作。严禁毁林开荒，鼓励他们植树。

替代种植。帮助山民发展经济作物的种植和发展畜牧业，以减少和禁止罂粟种植，改善山区交通运输条件，为山民提供农产品销售方便，为山民提供基本生存需要保障。

加强教育。在山民集中地方建立学校，加强山民儿童教育和成人教育。

20 世纪 80 年代，泰国的山民委员会制订新的农村开发计划，政策支持的重点调整为：

改造农田、推广高原作物，推动农业科技的运用。如使用农药和农业机械，对山民技术人员进行培训等。

鼓励山民发展商品生产，在农产品走向市场方面提供了特殊的支持措施。如成立了专门收购山民农产品的机构，在价格方面予以优惠，鼓励山民成立农合组织，协助山民与商人加强联系与合作。

发展农业和农村基础设施、公共设施和社会福利。山区水利建设和山民部落的交通与公共设施改善等方面是政策支持的重点。同时在山区

---

① Kathleen Gillogly, *Developing the "Gill Tribes" of Northern Thailand*; *In Civilizing the Margins*: *Southeast Asian Government Plicies for the Development of Minorities*, Ithaca and London: Cornell University Press, 2004, pp. 117 – 149.

大力发展医疗事业，成立流动医疗小组，免费为山民看病，定期为山民检查。山民部落的清洁饮用水问题也得到了政府的重视。

政治和文化上的认同。一是让山民加入泰国国籍，使其成为泰国公民。二是在山民中传播泰人文化和宗教。政府派遣僧侣到泰国北部山民部落传播佛教。三是在山民部落点建立学校，派遣老师到学校教授泰语，以及泰国历史、地理、文化等。

20世纪90年代以来的泰国山民政策主要取向：

官方人口统计机构加强了对山民的人口调查、身份识别，村庄调查和村庄登记，其目的是为了更加妥善地解决山民公民权、居留权问题以及实施山民部落的扶持政策。他们试图把山民分为四种：A. 泰国人；B. 登记在官方文件中但未取得公民权的人；C. 不在泰国出生但有合法身份证明的人；D. 已经被政府机构调查过的人。

加强山地部落的基础设施建设，其中以道路、电力、清洁水供给等项目作为发展山地经济的主要支持项目。

重视文化割裂的弥合。一方面重视少数民族文化的价值，另一方面加强泰文化对山地文化的渗透，并采取一些特殊的方式来渗透，如1996年的政策规定如果不能讲泰语，不能够获得泰国身份证。

从上面各阶段的实施情况来看，不同的阶段，泰国山民发展政策各有侧重点，政策目标是具有鲜明阶段特色。20世纪六七十年代要达到的目的是把山民稳下来、定下来，让他们放弃毒品种植，转而搞定居农业，实行替代种植；20世纪80年代要达到的目的是发展经济和促进山民社会福利，于是重点发展山区农业，促进农产品商品化和发展教育卫生等社会福利事业；20世纪90年代要达到的目的是整合社会，其工作重心是使山民泰国化和促进山区基础设施发展建设。

（一）皇家项目

皇家项目是泰国山民发展计划中的一个重要组成部分。为了帮助山民的发展，由国王倡导发起了一个基金会，泰国政府各部门、国营企业、私营企业以及外国政府和海外非政府组织机构都纷纷积极响应，捐助资金、配备人员，积极投身这一项目之中。该项目于1969年启动，实施地区包括泰北的清迈、清莱、夜丰颂、南奔、帕幺五府，项目下设四个研究所、34个发展中心，覆盖294个村寨，人口有7300多人。主要目的是帮助山民发展适宜的经济作物，促进定居农业，改善山地生态环境；实现替代种植，减少乃至消除毒品种植及其所带来的种种社会问题。

皇家项目的结构有过多次调整，根据各项工作的进展情况其名称也有过一些变动。1992年"皇家项目"改名为"皇室项目基金会"。此基金会以泰国国王任名誉会长，王储担任会长。其他参与的王室成员还有王太后、公主等，他们亲自参与并负责其中的一些项目。基金会下设9个职能委员会，负责各地所有项目站的行政管理、运作、经费统筹、技术培训和市场营销服务等。

皇家项目基金会明确以下目的[①]：

项目实施地区的农民能够自我发展，与国家社会相融合，有更好的生活。

修复环境，使已遭破坏的山地森林重现繁荣生机。

为了实现目标，皇家项目基金会强调了三个方面的指导工作：

作物研究。对引进的作物进行试验。这项工作是皇家项目最主要的工作，并且得到众多机构、志愿者、国际组织、外国政府的帮助。研究的作物主要包括：水果、花卉、坚果、茶、咖啡、蔬菜、药草、香料、谷类作物、豆类作物、装饰用植物等。

社会发展。选择试验成功的作物，取代罂粟种植。另外还有社会活动、公共健康、家庭计划、就业的改善，麻醉植物的根除，自我发展意识的培养等工作。

市场销售。促进产品销售，使其成为受欢迎产品。这项工作要从等级划分、包装、运销等一步步做起，以使产品增值。

皇家项目的实施，对泰北山地民族经济社会发展起到了积极的推动作用，泰国国王还亲自到皇家项目实施地区视察，了解皇家项目实施的

---

① Prince Bhisatej H. S. H., Rajani. H. M. The King's Concept for Highland Agriculture. In *Proceedings of the Royal Project Symposium*: *Highland Agriculture. An Overview*. Royal Angkhang Agricultural Station, Chiang Mai, Thailand, 1998, pp. 19－23.

效果，考察山民生活水平改善情况，亲自接见山民。这些亲民、爱民举措，让泰北山民深为感动，国王和皇室成员也因此成为山民最爱戴的人们。在清莱省的 Toi Tung 皇太后开发项目，1989—1992 年共植树造林 1740 公顷，平均每年 580 公顷，种植经济林木 575 公顷，其中包括 83000 棵澳洲坚果、12000 棵板栗和 827000 棵小粒咖啡。另外，还在公路两旁的陡坡上和坡度较大的坡地上种植了 2100 万株香根草，以防止水土流失①。

（二）美良河村的变化

泰国美良河村是泰国政府山民发展计划覆盖的村寨之一，因为有了山民发展计划的支持，泰国美良河村的山地民族不再随处迁徙流动，不再种植毒品，而是进入了定居定耕、发展经济作物的新生计模式。在政府投资下，水、电、路等基础设施建设也有一定的发展，村民的生产生活状况得到了明显改善。

（三）美良河村皇家项目

在进入泰国美良河村的第二天，我和郑永杰在村寨里四处走动，以熟悉这个村的地形和环境时，我们看到了皇家项目的办公机构和农业示范基地。皇家项目办公机构位于村口大路的南侧，外面是用水泥建的醒目的机构牌子，上面用泰文写着"皇家农业发展基地"，从一个圆形的拱门进入，是一条大约 150 米的林荫道，两侧整整齐齐地种植着几排修剪得很好的高大树木，大树下的土地铲得很干净，整齐地放置着黑色的育苗袋，村民告诉我们，那些育苗袋是用来培育果树苗的，培育出来，村民可以来买去栽种。穿过林荫道，呈现在我们面前的是一个小花园，有修剪整齐的园艺，一个温室培育棚外设置着一个西式露台，放着遮阳伞和乘凉桌椅，在八月的泰国骄阳下，坐在这里喝冰咖啡，很是惬意。一间白色的平房，是他们的办公室，室内装潢倒没有什么

---

① 钟利、苏帆：《泰国的皇家项目与泰北的山区开发》，《世界农业》1995 年第 10 期。

特点，墙上有几张这个村寨的航拍照片和他们实施农业项目的一些成果照片等（参见图4-1）。

图4-1 泰国美良河村皇家项目办公室

在靠近莱东寨子的一个小半山上，还有皇家项目的农业示范基地，基地也建得像园林一样，到处都是精心修剪成各种园林景观的观赏树，就连其示范茶园——台湾茶基地——也被精心修剪得成了一道风景。基地里建有几栋独立别墅，这是他们的办公室，但是房屋里面空空如也，似乎很久都没有人在这里活动过，只有一个看守园林的人和两条能识别国籍的狗儿在看守——在泰国美良村的那一段时间，我们经常往村寨里跑，但是无论是在"云南人"村、拉祜村还是阿卡村，村寨里的狗看到我们只是哼一哼，用鼻子嗅嗅就摇起尾巴，唯有进皇家基地时，那两只狗一听到动静就冲了出来，对着我们狂吼，吓得我们大叫救命。里面传来了呵斥狗的声音，但是没有见到人出来，狗仍然对着我们狂吠。直到见到邻居家刚结婚的新郎新娘，我们才解了围。这对新婚夫妇骑着摩托、带着饮料水果，来到皇家基地里休闲，享受他们的蜜月呢。

泰国美良河村是在 20 世纪 60 年代中期建立的村寨,皇家项目的实施时间也较晚,是 1978 年才进入村寨的。皇家项目最初的工作是推行定居农耕和进行替代种植。长期以来,拉祜族和阿卡都是游耕民族,他们刀耕火种,短则四五年,长则十三四年就要一个村寨一个村寨地整体搬迁到另一个地方,重新开辟土地和建立村庄。而且,山民有很多是种植鸦片的,到乡里用皮卡车接我们的巴就曾告诉我们,他的父亲就种过鸦片。替代种植就是为村民引入适宜的经济作物和农作物,取代鸦片作为村民的新经济来源。在这个村寨里,皇家项目主要引导村民种植柿子、梅子等经济林果和引进台湾茶种植。

皇家项目的实施非常重视地方资源的运用和村民对新技术的可接受性。泰国政府派出了专门的技术人员,来到这个村里组织实施替代种植和进行技术传授。考虑到山民们泰语水平较低,他们专门从各村寨选拔了一些泰语较好且有一定组织能力和表达能力的村民,进行专门培训。扎可寨的头人扎瓦就曾经被选拔参加培训,培训班办在县里,他们经过了两个月的培训,结束时泰国皇家项目机构还给他们发了合格证。从此以后头人扎瓦就成为皇家项目的技术人员之一,每月享受皇家机构的薪水,负责将果树栽培技术传授给村民。扎瓦拿出他们培训村民的一些挂图给我们看,挂图已经发黄破损,看起来已经有些年代了,但挂图里面的内容依旧清晰可辨。这些彩色挂图上,没有任何文字说明,只是用图例来示意。如在一张果树嫁接技术的挂图上,我们了解到了果树嫁接的几个步骤,每一个步骤的技术要点都十分清楚,如如何使用剪刀、切枝的深度等,从图例看一目了然。在喷施农药的挂图上,也清楚地反映了不同农作物应该喷施农药的时间,如何勾兑农药以及如何喷施等技术要点。这让我们很受启发,在中国,有很多政府官员埋怨,少数民族群众素质太差、文化水平太低,无法推广先进科技。文化水平低是事实,但并非是技术推广不可逾越的障碍,泰国皇家项目的实施,所面对的都是没有文化知识、语言不通的山地民族,为什么他们能推广得如此成功,个中缘由,发人深省。

扎瓦从 1978 年起,就为皇家项目服务,到现在已经 30 多年了。他告诉我们,刚开始的那些年,他经常到各拉祜村寨去搞培训,晚上把村民们集中起来,点着松明火,他们就用挂图、实物向村民讲解技术要点。每次搞培训，来参加培训的人需要签名，皇家项目机构都会给签名的村民发小点心之类的东西，这样村民很有积极性，来的人不少，培训效果也不错。他们也会经常到村寨里，到每家每户的果园进行免费的技术指导。在扎瓦家的堂屋里，除了贴着国王照片印刷品外，还有一个证书，扎瓦指给我们看这个证书，说这就是他作为皇家项目成员的证书。扎瓦说这话的时候，一脸的自豪。

除了必要的技术指导外，皇家项目给村民免费发放茶苗、果苗，让村民免费栽种。泰国美良河村适合茶树生长，皇家项目就引进了台湾茶，给每户免费发放 2000 株，教村民开辟土地栽种茶树，还给村民免费发放了水管，教村民管理茶园的技术。刚开始几年，台湾茶的价格很好，村民从中受益不少。近年来，台湾茶价下跌，影响了村民种植台湾茶的积极性，不少村民不再认真看管茶园，导致不少茶园荒废。我们住的房东家就在房前屋后栽种了一些台湾茶，数量不多，任其成长，也不去采摘。起初，我们以为是庭院绿化树，后来才知道是皇家项目给他们的茶苗，他们就利用房前屋后这点空地栽种了下来，可见当时村民种茶的积极性是很高的。

在泰国美良河村，皇家项目实施最为成功的，是柿子和梅子这两种经济果林的种植。目前村子里已经有成片的柿子林和梅子林，都已经进入了挂果旺盛期，村民每年从自己的果园中得到的收入不少。扎瓦告诉我们，他家现在种的柿子收入一年有 13 万泰铢，维持一家人的生活已经没有问题了。果林多的家庭一年可收入二三十万，果林少的也有五六万泰铢。扎瓦说：

> 皇家项目实施之前这里有成片的鸦片地。现在这里也还有种植鸦片的，但是很少了，都是到很远的深山里躲着种。1978 年，在开始皇家项目后，村民把皇家发下来的果苗种在原来种鸦片的土地上，还新开了一些土地种果树。除了种柿子、梅子、李子和台湾茶外，近年来又有人种咖啡。
>
> 过去我们种鸦片，一年种一次收一次，第二年还要种。现在我们种果树，种一次，等果树挂果了，就可以年年有收成。平时只需要几个月用钐刀去钐一次地，把杂草除了，就可以等着收果子了。

而且铲地、收果时还可以请帮工来做，自己不用那么辛苦，在家里就可以得到钱。

种果子树的收入比鸦片高。皇家项目会收购我们的果子，另外外面也有老板来收购，谁的价钱高，我们就卖给谁。

皇家项目之所以取得成功，最重要的一个方面是皇家项目不仅重视发展生产，而且也重视农产品市场化的政府扶持。设在美良河村的皇家项目机构除了向山民提供技术支持外，还有一个重要的工作是负责山民的农产品收购，所有皇家项目支持的农产品，皇家机构都负责收购，他们支付的收购价格高于市场价格，但是对产品的品质有更严格的要求。几乎所有的山民都把他们的柿子卖给皇家机构，他们挑剩的才卖到外面去。由于皇家机构负责农产品的市场销路，山民能够通过种植皇家项目支持的农产品获得稳定的经济来源，这大大增强了山民发展经济林果和经济作物的信心，不仅很好地实施了替代种植，而且还促进了山区经济的开发，山民的经济收入和生活水平也大大提高了。

如今，皇家项目仍然培育果苗提供给村民，但要出钱购买，到皇家机构购买果苗的村民仍然不少。而且还有不少村民学会了自己培育果苗和嫁接果树，对皇家机构的技术依赖逐渐降低。

现在，泰国美良河村皇家项目机构有1个负责人，5个工作人员，7个工人，他们都是由泰国政府支付薪水。皇家机构负责人是个泰国人，因到美良河皇家项目工作，认识了美良河村的杨二妹，结为连理。杨二妹是我们的朋友，我们走前，她还送给我一套自己亲手编织的沙发巾，我们也常常到她开的电器商店里聊天。但是我们一直未能访谈到她的丈夫，因为她丈夫需要经常到设在清迈的皇家项目中心（总部）汇报工作，或是要外出为山里的农产品销售做相应的工作。未能如愿访谈美良河皇家项目的负责人，成了我们此次调查的一个遗憾。但通过杨二妹的介绍和对相关资料的了解，我们大概了解了皇家项目组织山民农产品销售的基本程序。这个机构是皇家项目设在泰国美良河村的农业发展中心，所负责的村寨不仅有美良河村，还包括了周围的几个村寨，他们负责培育种苗和农业技术推广，以及农产品收购销售。皇家项目有严格的管理，要求每月都要到清迈的总部汇报工作和报送各种报表（参见图 4-2）。

皇家项目在清迈和清莱建有食品加工厂，对山民种植的水果进行深加工，如做菠萝、荔枝罐头，梅子、柿子果脯加工，果酱、果汁制作等。为了将山民的时鲜农产品（如蔬菜、水果、花卉等）及时投放市场，皇家项目还专门成立了"产品挑选装箱组"，项目负责销售人员对收购的农产品按等级进行分装和再包装，并进行保鲜处理，符合国际市场标准的运往国外销售，符合国内市场销售的则装上冷冻车运往各地销售。为了使农产品能顺利投放市场并取得较好的市场价格，皇家项目在曼谷、清迈等大城市设有销售点，负责向各超市、宾馆、批发站等推销产品，保证农民的产品能够销售出去。包装运输、市场销售所需服务费，皇家项目只预收 20% 作为垫本，剩下部分农民交货 15 天以后结算①。

皇家项目还重视生态环境的保护。有一天，阿美带着我们到锣锅寨去调查，路上，她指着一种草本植物问我们是否知道这是什么草。我们都不知道，她说这叫香根草，也叫作皇太后草，是皇太后教村民种的草，这种草的根系特别发达，能够很好地保持水土。皇太后鼓励大家多种植这种草，村民们都积极响应，在房前屋后、道路两侧、山坡斜坡等水土容易流失的地方种了这种草。村民将香根草的名字命名为皇太后草，也是用这种方式表达对皇太后的尊敬和爱戴。

（四）基础设施建设

基础设施的建设，是皇家项目实施中的一个重要部分。在泰国美良河村，泰国政府给他们提供的基础设施中，解决得最彻底的可能是电力和通信问题。前面我们曾经说过，在进入村寨之前，我们担心原先购买的电话卡 happy 卡在山上没有信号，还特意购买了一个据说在山区信号较好的 one two call 卡。我们一到达泰国美良河村，就发现，在这里 happy 卡和 one two call 卡信号都很好，而且在我们的手机显示屏上用英

---

① 钟利、苏帆：《泰国的皇家项目与泰北的山区开发》，《世界农业》1995 年第 10 期。

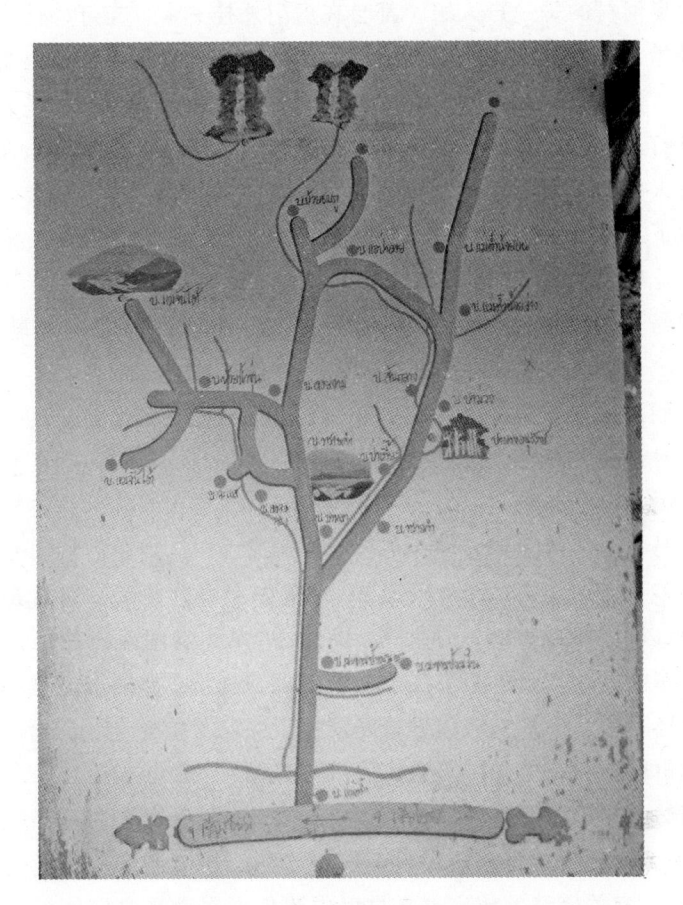

第四章　从问题山民到受皇家恩泽 / 139

图 4-2　该皇家项目中心所负责的项目及覆盖村寨示意图

文显示出"美良河村皇家项目"。泰国皇家项目就这样,以满足我们最重要的需要的方式,让我们在进入村寨的第一时间认识了它。

泰国政府为解决美良河村的用电问题颇费周折,十几年前,泰政府试图在村里建一个小型的水电站,为村民提供电力。水坝建好了,但只发了几年的电,水坝就被山洪冲垮了,再也发不成电了。后来,泰国政府又给村民们每家发太阳能充电装置,以解决照明问题。最近七八年间,美良河村才真正解决了用电问题。现在村民每户每月可以免费使用300 瓦的用电量,超过这一数额的须交纳费用。普通人家,如果只有冰箱、电视、电饭锅等少数几样电器,一般是用不完300 瓦电量的。所以，美良河村的每一户人家，都会在房门外挂一个日光灯，让它彻夜通亮。开始，我们看到我们住的下面一楼的电灯一直亮着，以为主人怕我们起夜看不见，专门为我们开的，我们就把它关了。可是没多久，主人又把它打开。后来，才知道这个村所有的建筑物，无论是有人住的，还是没有人住的，都会在晚上把外厅或墙角的灯打开，作为路灯。这个黑夜笼罩下森林环绕下的寂静山村，因为整个夜晚都有亮光，显得充满生气。

但是，除了电力和通信系统外，其他基础设施的建设就略为逊色了。

我们进入泰国美良河村的一开始，就亲身感受到了这里的道路设施较差，对于村民而言，现在有这样的道路条件，已经算是有了较大改善的了。因为在村寨建立以来的十几年间，村民们出入或运输物资，只能靠人走马驮。从村寨到县城，需要早早起来，6点钟左右就出发，到下午1点多钟，才能到达湄岁（县城）。等办完事赶回来，通常是到了晚上10点以后了。出村寨一趟非常不便。后来，泰国政府修了这条可以通皮卡车的土路，基本上解决了交通问题。这条道路路况虽然不好，但是维护还不错，一旦出现塌方堵路或过于泥泞不能行走，泰国政府的公路维修机构会在一周之内疏通完成（参见图4-3）。

当然，村民们还是特别地盼望着泰国政府能为他们修一条宽敞的柏油马路，阿美说："很多难民村都修好了路，不知道为什么我们这里还没有修。"有关修路的传言也在村民中流传，据说是要把他们村辟为旅游村，故规划了一条从另一个方向进入村寨的道路，大概是两年以后就会开修。但是，不少村民对这一传言也不太相信，说起这事儿，"阿婆"有些忧郁地对我们说："不知道什么时候这条路能修通，怕是我这辈子看不到了。"

泰国政府还为村民解决了饮水用水问题。政府在西面和南面的山上，各自建了水池，把山水收集起来，又通过自来水管道提供给每户村民。莱东寨子建在一个山头上，是一些新搬来的拉祜人把山头上的森林砍伐掉，平整出一个可以建寨的一块平地后在这里建寨的。从1978年到1985年，先后有三十多家人住在这里，但又陆续搬走了，因为这里是个山头，饮用水十分困难。1987—1988年，政府为村里修建了蓄水

图4-3　泰国美良河村泥泞的进村道路

池，村民又陆续搬来居住。现在共有32户居民。泰国美良河村的水质不好，因为含有有毒化学元素，不能直接饮用。村民们喝的水，都是从外面运输进来的瓶装饮用水。扎卡教会学校有一个水处理净化装置，泰文学校也有一个水处理净化装置，但只能供应学校学生使用，不能为村民提供净化水。

尽管泰国政府为村民们提供的生产扶持、基础设施与社会服务还有些不完善，但是，泰国美良河村的村民已经十分满意了。只要我们和村民聊起他们现在的生产生活，他们总是会说这样一些话："国王对我们太好了"，"国王就是我们的父亲，王后就是我们的母亲"。

第五章

梦想公民证

20世纪80年代中后期，泰国"山民发展计划"的实施成效已经很好地体现了出来：游荡在泰北边境地区的山民和难民们逐步稳定下来，放弃了游耕，开始从事定居农业。在皇家项目的农业发展项目扶持下，山民们的生产生活发生了很大变化：开始把种植水果、蔬菜、咖啡等作为主要经济来源，生活水平有了很大提升。发展定居农业和山区经济作物的皇家农业发展项目较好地解决了山民游耕和破坏生态环境这一环境危害问题。边境巡逻警察进驻村寨，维持山地部落社区秩序在很大程度上控制了泰北边境地区无政府状态，曾经不受政府控制的山民和难民们需要遵守泰国的法律，私人武装被解散，地方武装冲突问题得到了有效解决，人们开始过上了稳定的生活；种毒、吸毒和贩毒问题也在警察驻村"在场"中得到一定程度的控制，泰北边地山区的社会治安大为好转，人们开始过上了安定平和的日子。在泰国政府看来引起社会危害的毒品和私人武装问题得到了较好控制。

但是，发展经济和治安维持只是暂时性地解决了泰北边境地区所面临的生态问题和社会不稳定因素。生活在泰北边境地区的山民和难民，绝大多数都是从邻近国家迁徙过来的，他们长期在边境地区移来移去，没有国界的概念，也没有国家的概念。他们没有国籍，不属于任何国家，国家的法律对他们没有约束。在边境地区散居着这样一群规模庞大无国界者和无国籍者，他们没有对泰国国王宣誓效忠，即便他们安定下来从事生产和生活，也被认为是潜在的对国家安全有威胁的人群。

为此，随着经济发展计划的推进，泰国政府也开始制定相关的文化同化政策，试图通过文化同化让山民们归顺于泰国国王的统治之中。20世纪80年代制订的"山民发展计划"就包括了派遣泰国僧侣到山地部落传播佛教，在山地部落建立泰文学校，传播泰国文化等措施。由于文化涵化需要一个长期的过程，因此这些措施的效果并不能立竿见影。特别是像泰国美良河村这样西方宗教势力影响较大的村寨，派僧侣建佛寺佛塔等宗教同化的作用非常有限。泰国学校教育虽然深受山民们的喜爱，但是山民只是将其作为一个知识平台来利用，而非借此主动吸收泰国文化。再者，学校教育的主体是儿童，借此实现泰国文化同化也主要体现在下一代上。

从政府方面来看，如何消除从他国迁移到本国国土境内的第一代群体对泰国国家安全的潜在威胁是泰国政府最为关心的问题。要彻底解决这个问题，就必须让这些无国籍者成为泰国公民，让他们对泰国国王效忠，使他们受泰国法律的约束。

而对于这些深受独裁政府统治或无政府主义所引起的社会混乱危害，逃到泰国的跨境迁移者，他们最期待的是摆脱混乱的局势，过上有秩序、安定的生活。因此，当泰国政府决定给予他们泰国公民的待遇之时，他们内心的希望被点燃，开始了为泰国公民证而奋斗的努力。

一 用生命换来的国民身份

第一批获得泰国公民证者，是部分滞留在泰北边境地区帮助泰国政府"剿共"的国民党残军。

20世纪60年代初期，第二批国民党残军撤台之后，滞留在缅甸境内的国民党残军主要是云南籍官兵，主要由讲云南话的云南籍汉族组成，还有在缅甸收编的拉祜族、掸族等少数民族。第五军军长段希文和第三军军长李文焕各带一支队伍，分别驻扎在泰北清莱府密索罗（美斯乐）和清迈府窝塘及其附近地区。

自第二批残军撤台后，来自国民党台湾方面的补给也随之断绝，自谋出路成为段、李两位军长及其部下的唯一选择。为了生存，他们靠护商获得经济补给，同时还成立马帮从事商贸经营活动。当时的东南亚地区，因局势复杂，各国之间矛盾重重，正常的国际商贸活动无法开展，而纷乱战争又使这一地区物资十分缺乏，跨境贸易利润很高。受高额利润吸引，私人马帮商队异常活跃。但由于各地武装势力把持商道，在这一地区经商也是十分危险的，故马帮倾向于与军队合作，以军护商。国民党残军通过护商取得经济来源，维持了军队建设村落和运作的最初来源。后来，残军也组建了自己的马帮队伍，在护商的同时也自己从事商贸活动，进行盐、布匹、百货、玉石生意等跨境贸易，也包括鸦片贩卖。

因为护商、经商，残军在东南亚地区的影响日益增强，特别是争夺商道、争夺市场不断出现的冲突，使东南亚地区局势更加动荡。对于泰国政府和国民而言，面对这支突然冒出来的武装力量，泰国民众自然不满。泰国政府虽默许他们撤入泰北边境地区，但对这支部队也十分警惕，多次劝告残军放下武器，撤离泰国。

作为军人，武器是他们的生命，也是他们生存的保障，放下武器的的条件难以接受。面对泰国政府的施压态度，这批刚刚落脚稍得喘息的残军，又再次面临生存困境。好在泰国政府对残军的态度并不是十分强硬，采取种种军事和非军事的措施对其挤压的同时，也不断派出人员与其和谈，以寻求适当的解决方式。

当时，泰北地区有一支反政府武装势力活动十分活跃，这支反政府武装势力属于泰国共产国际主义组织。二十多年来，泰国军方多次出动正规军攻打，动用飞机大炮却未能将其扑灭。为了对付泰国共产党，泰国国防部邀请段希文部队出战"剿共"，其条件是允许段的部队长期住在现居地，并允许他们拥有自卫武装力量。

对于流离他乡、不断受驱逐的这支残军而言，能拥有一块安身之地对于他们是莫大的诱惑。于是，段、李两将军联合出兵，由段统帅出征攻打泰共。1970年12月，段希文率领的军队出征泰共占领帕蒙山区的叭当，两天就收复了叭当。之后，残军多次与泰军联合出征，打击泰共游击队。因"剿共"有功，泰国皇帝亲自颁发给段希文一枚勋章，以褒其勇。对受伤阵亡的将士家属发给抚恤金和泰国公民证，对残军发给居住证。经泰国政府批准将残军改为"泰北山区民众自卫队"。

1980年，段希文军长病逝。之后，由原第五军参谋长雷雨田担任总指挥长。应泰国军方的要求，残军再次为泰国政府出兵，围剿考牙山反政府游击队。经过几天浴血奋战，残军以260人战死的代价，换取了考牙山之战的完全胜利。至此，威胁泰国政府安全的反政府武装力量全部被清剿，泰国内战结束，泰国王室及泰国政府的地位再无威胁。这支浴血奋战的军队得到的回报是：直接参与作战的官兵，泰皇特别恩准他们及其家属获得泰国国籍；未参战的所有流离在泰国的残军及其家属，可以获得泰政府颁发的侨居证（俗称难民证）。

就这样，这支国民党残军用自己的鲜血和生命，换来了泰国国民的身份。与此同时，在残军逐渐归顺泰国的过程中，泰政府不断施压让他们放下武器。最初，残军高层同意上缴大部分武器，只留下少量自卫，并将军队改编为自卫队。1992年，这支生存于泰国境内的国民党残军，向泰国政府正式交出了所有的作战武器，至此这支曾经被中国人民解放军追击剿杀兵败撤退到缅甸、后来作为蒋介石"反攻大陆"的武装力量，在与缅甸政府和地方武装力量对峙周旋之中艰难生存，之后辗转迁徙到泰国北部边境地区，为生存而战的特殊的部队终于解体。

国民党残军在缅甸泰国的流离生活，也终于结束了。他们开始安心地定居下来，建立村落，发展生产，自给自足。在泰国北部地区，留下了几十个"难民村"，如今这些"难民村"多数被开发成为旅游村，他们的历史、他们曾经的苦难，被那些来自世界各地的旅游者们用一种轻松、猎奇的方式来认识和了解，他们也因此而得到了颇为丰厚的旅游收入回报。对这些"难民村"村民而言，不知是幸运还是无奈。

（一）山民的福音

20世纪70年代，泰国国王十分重视泰北山区发展计划的实施，他们经常视察那些遥远的村寨，了解项目开展的情况，并提出一些具体的建议。国王还对他视察过的那些"替代种植"项目发展得好的村民颁发皇家奖牌。对于山民而言，这个奖牌是他们的第一张身份认证卡。

20世纪80年代初，泰国政府开始注重塑造山民的政治认同和国家忠诚。除了发展山民教育，向山民输入泰国佛教外，对忠诚于泰国国王的山民发放身份证成为这一时期的重要政策导向。

对于长期不断迁徙和游耕的山地民族而言,泰国政府要给他们发放公民证时,一开始他们不太当一回事情。由于知识和经验的有限性,他们不太了解公民证意味着什么,对他们有什么用处。他们的世界就是大山和森林,这座山的土地不好耕种,就换到另一座山找一块土地开垦;这个山寨人口繁殖太多,人地关系恶化,就会自动分出一些人到另一个山林中建一个新寨子。山林是他们的家园,是他们的衣食之源,他们似乎也很少关心大山之外的事情,也很少有人想走出大山。

随着周边获得公民证的人开始享受泰国的各种社会福利,凭借泰国公民证可以去自己想去的任何地方,无论是泰国南部还是外国,他们才知道公民证的重要性。这个时候,他们才后悔,当初泰国政府来村寨登记人口资料时,他们因疏忽而未进行登记是一件多么失策之事。于是,他们开始想方设法去申请公民证。

2010 年,我们在泰国美良河村调查时,恰逢泰国政府正在进行新的人口统计,"阿婆"就是负责拉祜族村寨人口统计的负责人。"阿婆"和她的助手(一个能书写泰文的拉祜族女子)一起用了短短三个半天的时间就登记了一百多户家庭的家庭情况,包括人口数量、房屋居住状况、家庭耐用消费品等反映家庭经济状况的指标。"阿婆"告诉我们,村民现在都知道人口登记很重要,一接到通知,他们都赶着过来登记了。

(二)艰难的泰国公民证申请

尽管国民党残军及家属有泰国政府的特殊政策可以获得公民证,泰国政府也为山民申请泰国公民证提供了政策,但是,对于这些难民和山民们,要获得公民身份仍然是异常艰难。

泰国政府认为,拉祜族、阿卡、傈僳族等山地部落或山地民族,他们本身没有国家,四处迁徙流动,所以,只要他们父母是在泰国出生,现在他们忠诚于国王,愿意服从政府管理,就可以视为泰国公民。在泰国政府进行人口信息调查的时候,这些少数民族被定为"山民",在泰国政府人口登记中进行登记者,给其发放"边民证"(又称为"山民证"）。山民们可以据此来申请公民证。

对于申报身份信息是中国人、缅甸人等，被视为非法居住的外国人，由于泰国政府不承认双重国籍，故这些人就不能够申请公民证。对于直接参与围剿"泰共"的国民党残军及其眷属，因帮助泰国政府"剿共"有功，泰国政府直接授予他们泰国公民证。而对于没有直接参与"剿共"的国民党残军及其眷属，也允许他们以难民身份申请加入泰国国籍，其申请程序是先申请难民证，然后再通过难民证申请公民证。

在我们对泰国美良河村村民有关公民证问题的调查过程中，村民告诉我们，拉祜族、阿卡等办理公民证，首先需要办一个边民证（其实是山民证），这是一个蓝色的本子。有边民证，然后才能有资格申请公民证。在申请公民证时，他们需要证明自己是在泰国出生，或者在泰国居住多少年。在泰国出生者，如果是在政府的医院里出生，可以得到出生证，直接用出生证就可以办理。但是若没有出生证，那就需要头人和两个邻居作为担保，证明是在泰国出生或在泰国住了多少年。然后将相关资料送达县移民局进行审核，再送到清莱府审核，即可以发放公民证。

汉族办理公民证的程序就更加复杂。因为泰国政府认为"中国人"是有国家的人，为此他们首先要办一个难民证和一个随身证。难民证证明自己是从中国来的难民（在中国出生，作为难民到泰国居留），随身证则是证明自己现在的居住地。有了难民证，自己是不可能向政府申请公民证的，但他的子女可以向政府申请公民证，只要能证明孩子是在泰国出生就行。同样，若有医院出生证明即可，若无出生证明，则需要有两个邻居做证人，还要有村长（头人）做证。若自己不是在本村出生，就要跑到所出生的村找证人出证据。泰国政府对难民子女申请公民证审查很严格，难民子女很不容易得到公民证。通过难民身份申请泰国公民证，需要将资料从县上报到省上（清莱），从省上报到中央（曼谷），通过最高机构审核，才能得到公民证。

为此，很多汉族，都报自己是拉祜族、阿卡，然后通过山民身份来争取得到泰国公民证。但即便是以山民的身份去登记和申请，获得公民证的过程也是艰难而漫长的。

巧兰已经有泰国身份证了,但她的父亲和母亲都没有,父亲已经死了,母亲 80 多岁。巧兰办身份证时填的是拉祜族。巧兰说:

> 办身份证要到县政府去办,不是去办一次就能办成,要跑好多好多次。
>
> 那时,从村子里到县里还没有通车,要走路去,走路要一天,要在县里吃住,回来要一天。
>
> 政府官员(移民局官员)问你是从哪里来,住在哪里,住了多长时间等问题。然后要我们去找证人,证明你在哪里住,住多长时间,等等。要村长和两个邻居来做证,好麻烦哟。
>
> 当时我母亲已经六十多岁,身体不好,无法这样折腾,就没有去办。

当我们向扎卡寨子的卡些(头人)扎沃问起他办公民证的过程时,他声音提高了,说:

> 办公民证?太难了,太难了!
>
> 为了办公民证,我们跑县城都不记得跑了多少次,大概有十几次吧。
>
> 那时候,村子里没有公路,我们都是要走着去县城,每次去都很辛苦啊。
>
> 他们要我们去找村长(指的是行政村村长)做证,那个时候,我们这里还没有村长,我们就到另个村去找村长做证。
>
> 每次去办理,就得先去找到那个村长,找到那个村长,让他陪着,然后才去县城办。
>
> 反正麻烦得很,还经常被政府里的人(移民局官员)骂。
>
> 就这样来来回回,反反复复,才得到公民证。
>
> 你说我得到公民证有几年?已经有十多年了。

杨二妹给我们讲她们申请公民证的过程,让我们更加深刻地体会到办公民证的艰辛:

我们在办公民证，需要到处找人作证。

没有出生证，就需要到出生地去找人作证。到出生地，熟悉的人搬家去了别的地方，或者正好不在，跑好几次、跑好多地方都找不到人。当时又没有电话，沟通很困难，实在是太麻烦了。

除了出生证外，还要婚姻证明、死亡证明等。我们这些人，结婚一般都不去政府登记的，当然也没有婚姻证明，那就需要有人作证。

去办的时候，还要头人一同陪同去办理。

去移民局，官员要问各种问题，如你叫什么名字，你老公叫什么名字，你孩子叫什么名字，你住在哪里，等等。

我那个时候已经学会讲流利的泰语，又经常外出与人打交道，也不害怕她们，还容易对付。

但一些倮黑就不行了，他们泰语不太会，又没有见过世面，早已听说办公民证不容易，生怕被卡，还没有进办公室，就紧张得不得了，一紧张话更是说不出来，听也听不懂泰语，就连自己是什么名字都说不清楚。泰国的官员就大声地骂他们："你们怎么连自己的名字都不知道！滚出去！"我经常见到申请公民证的人被泰官员大骂的情形，那些被骂出外面的倮黑好可怜。

其实，大家认为办证的过程非常复杂，这并非程序复杂，而是大家都不懂如何办理，只好不断跑，不断找人，使整个程序复杂化。

（三）申请泰国公民证的法律和程序

杨二妹所说的办证程序中对问题的不熟悉，确实很大程度上成为申请公民证难以逾越的"门槛"。一是因为信息的不对称，泰国政府并没有主动在山民和难民中宣传申请公民证的程序，很多人对于如何申请，需要一些什么证明，以及具体程序都是一头雾水，所以不得不断跑有关部门，不断打证明找证人，不断受到办证人员的呵斥。二是因为不同阶段泰国政府对申请公民证的要求也不一样。

下面是泰国政府对山民申请公民证的一些相关政策和法律规定：

泰国政府对山民发放身份证的工作是建立在大规模的村庄人口调查的基础上的。1985—1988年，在山区部落中实施的"狮子"工程，其目的就是为摸清山民人口情况。之后又进行了几次专项调查，如1995年要求外国人进行登记的调查，主要是针对一些有中国、老挝、缅甸国籍的外国移民的人口登记；1999年，对米雅乍瓦（Miyazawa）地区人口调查的专用贷款也是用来调查一些可获得临时居住权利的人的身份资料（无国籍的公民）。

通过一系列的调查，泰国政府掌握了大部分山民的人口信息资料，并在此基础上，逐步地对山民和符合条件的外国人发放公民证，正式接纳其为泰国公民。具体政策变化如下[①]：

1969—1970年，泰国政府针对山民身份问题出台了新的注册系统。泰国政府的人口登记处登记了山民的姓名，并给他们身份牌（Identity medal）。但是这些山民只是被登记为部落民族，并不是泰国公民。

1972年，泰国政府宣布了改革委员会的第337条法令，法令规定不再以出生地而定公民身份。这条法令对山民有很大影响，他们很多人出生在泰国，这意味着他们仍旧得不到泰国身份证。

1985—1988年，泰国社会福利部和内务阁商议山地民族的权利地位问题，调查登记泰国山民。

1990年，山民可以获得山民身份证明（蓝色的卡），但是只可以在一定范围内生活活动。若没有规定的通行证明，只有山民身份证明到规定范围外是违法的。

1991年，地方政府部门对山民实行暂时的户籍注册，以备进一步解决身份证问题。

1992年，中央登记条款规定满足以下条件可以获得泰国身份

---

① Jarernwong Suppachai, Citizenship and State Policy: How We Can Move Beyond the Crisis? *The Crisis and Beyond: Can Youth Make A Difference?* In the Asia-Pacific Youth Forum, Thailand, 1999.

证：①需生活在政府组织、社会福利办、边界警署等的控制范围内；②已经注册相关的身份登记调查；③出生于泰国，已满18岁或者已婚；④在同一个地方持续生活至少5年；⑤有着合法的工作，并且不威胁国家安全；⑥没有参与种植生产麻醉药物。

1996年，要获得泰国身份证，又多了一条规定：必须会说主流泰语（the central Thai language）。

在山民申请公民证（ID Card）过程中，泰国政府的具体原则和要求如下[①]：

群体对象：
有效的申请必须是"高地人民"或"山区人民"；
申请人的父母，必须出生在泰国；
从1992年2月26日起，申请者必须出生在泰国，其祖父母也必须出生在泰国。
提交申请所需要的文件和证明：
申请人父母身份证复印件；
申请人父母亲的家庭成员登记或登记记录；
申请人身份的复印件或登记记录；
医院出生证明，出生登记，申请人出生地证明；
省福利中心的1985年家庭成员登记证明；
其他个人身份证明文件，例如学生ID卡，村庄民兵ID卡，等等；
两个或三个证人，能提供申请者在泰国的证明，例如，申请人在泰国的出生地，包括他父母（在实践中，其中一个证人必须是村寨头人）。
申请审批的流程：
登记人员接受申请，审核文件，在30个工作日内写介绍信给

---

① UNESCO_ REPORT（30 – Aug – 2010）：*Citizens at the Western Border*：*The Quest for Thai Citizenship and Its Problems*, Submitted on July, 3, 2010.

地区官员；

收到登记人员的介绍信后，地区官员要审核申请，在30个工作日内作出决定；

地区官员同意申请后，登记人员将增加申请者的名字到家庭登记表中，之后向申请者发放ID卡，ID卡的序列号为：8－×××
×－84×××－×××－×。

以上法律程序看似简单，事实上对于大多数山民而言，是非常复杂和困难的，他们在办理身份证的过程中，遇到了种种来自制度上的约束和来自本人无法完全理解程序的困惑。种种困难与问题使一些山民无法获得泰国公民证。据有关方面的资料，到目前为止，还有1/3的泰北山民没有得到公民证。

（四）办理公民证中的腐败

泰国政府官员的腐败问题，一直是受国际社会关注的问题。泰政府官员的腐败，在泰北山民办理公民证过程中，表现得十分突出。

根据泰国官方1998年统计数据，泰国山地民族有77万人口，约占全国总人口的1%。这些山民中绝大多数都向政府提出办理公民证的申请。从20世纪90年代初期到现在为止，泰国政府已经进行了三次大规模集中办理公民证。每一次集中办证，在各县移民局都会积累着一大批申请者的资料。

由于申请公民证的人员很多，这就存在先后办理的顺序。很多申请公民证的山民希望官员尽快帮忙办理，就会去贿赂他们。杨二妹说：

要希望泰国官员帮我们把公民证早点办下来，就需要拿钱去打点那些办证人员，塞给那些办证的泰国人5千、1万，他们就会去认真地帮你从一大堆资料中找出你的资料来，说："你的资料在这里，我会去办理的。"然后速度就会加快。等他们把资料报到省里，又要去省里打点，他们才会快些把资料审批后再向上呈报。

在办证的过程中，无论是"云南人"还是拉祜、阿卡，大家都是这样去做的，打通各种关节需要花费二三万泰铢。当然，大家都认为这个花费是值得的，因为早办下来一天，他们就可以早一天出去打工，花费的这点钱很容易就赚了回来。

通过三次大规模集中办证，泰北的山民公民证问题基本上解决，只有少数人没有得到公民证。一种情况是当时办证的时候，有些人不在泰北，因为本人不在场，无法办理，所以没有得到公民证。另一种情况是近年来才从缅甸迁徙过来的新居民，他们在集中办证时还未到泰国定居或者到泰国定居时间不足，无法办理。

现在泰国移民局也受理零星的办证者，但是随着泰国政府对山民管理的日益严格和规范，能够申请到公民证的人越来越少了。于是，公民证就越来越成为那些还没有得到公民证的泰北山民们渴求的东西。

有需求就有市场，有市场就有利润，有利润就有人想方设法去谋取，于是公民证黑市就自然而然地产生了。

村民告诉我们，现在办一个公民证需要20万泰铢，这是2010年泰北公民证的黑市价格。分割这20万泰铢的人并不仅仅是泰国移民局的官员，事实上，公民证黑市已经形成了"倒卖指标者—中介人—县级移民局官员—省级移民局官员"一条龙的利益分割者。其中，获得利益最大的，是中介人。

具体的操作方式是：在第一、第二、第三次政府大规模办理公民证之时，有一些人（主要是"云南人"）为了让公民证早点办下来，就从不同途径去申请，他们以难民的身份去申请，同时还以拉祜族或阿卡的身份去申请，最终两边都申请下来了，也就是说，一个人有两个身份，不同的名字，不同的民族。这样，一些头脑灵活的人，就将另一个身份（指标）在黑市上倒卖。在中介的参与下，一个指标层层转手倒卖，不断加码，黑市价格也越抬越高。倒卖指标之所以有市场，当然有移民局官员的参与。这个过程之中，自然会有些与移民局官员有密切交往的中介人，他们通过贿赂移民局官员，将其原指标的身份资料改成买指标者，于是，一个合法的泰国公民证就这样通过交易产生了。

由于想买公民证的人很多，黑市市场日渐上涨，从前些年七八万泰铢，一路飙涨到20万泰铢。巨大的利润空间刺激着一些中介铤而走险，他们会把一个指标倒卖给两个人，甚至三个人。在全国身份信息没有实现电子联网之前，多次倒卖指标倒也难以发现，反正你拿的身份证是真的。现在全国身份信息系统已经实现了联网，这就出现了一个人的身份证号码调出来的人像则有两三个，只要警察来查你的身份证，你的假身份就暴露了。按照泰国的法律，这种情况是要被关押的，若查实是非法移民，还要被遣送。

但是，在公民证一证难求的今天，仍然有人明知道这是被倒卖了多人的指标，还是愿意去买一个这样的身份证。当然，买证者知道，泰国警方多数情况下还是容易对付的，当警察查到的时候，他会笑着对你说："这是怎么回事啊，一个人怎会有这样多不同的面孔？你是哪一个啊？"买证者马上用钱去贿赂，警察也就睁只眼闭只眼了。泰国政府规定，公民每六年需更换新的公民证。这意味着那些使用假公民证者，只能用六年，到换公民证的时候就没有人敢去换了，怕露馅。

一天早晨，我们正在村寨里和一个汉族老大妈聊有关公民证的事情。她告诉我们她在五年前就得到了公民证，是以阿卡的身份去办理的，她有四个儿子，除了二儿子没有身份证外，其他人都得到了身份证。她家是从美斯乐搬到这里的，办理公民证时，他们得到美斯乐去开证明。二儿子没有办成身份证是因为办证时她二儿子在曼谷，没有在家，故没有办成。现在她正在通过中介为二儿子办公民证。

我们正说着这件事情，一个戴着墨镜的二十多岁的年轻人骑着摩托来到他家门外，与老大妈用泰语说话。这个年轻人我们经常在路上见到，他总是戴着墨镜、背着旅行包，骑着一张漂亮的红色日本原装马自达摩托车，常常把油门轰得很大，在山路上跑得飞快。他简短地与老大妈说完话，老大妈就立刻拿出手机，拨了一个电话，电话内容大概是让他儿子赶快回来。电话打完后，老大妈告诉我们，刚才来的那个小伙子是帮她儿子办公民证的中介者，他说政府已经批下来了，所以她赶快让二儿子回来办理。看起来她很高兴，因为儿子的公民证很快就有着落了。但是她也有些担心，她说这些中介很不可靠，有些收了钱，事情办不成。

(五) 获得公民证的种种手段

杨二妹告诉我们办证过程中的一件有趣又无奈的事情:

> 我有四个孩子,去办公民证时,官员问我孩子的父亲呢,我为了办得快、简单,就随口说他死了。政府官员要我出示死亡证明,这可为难了我了,怎么办呢?当时,正好我姐夫已经死了,我就用姐夫的死亡证明来抵,交了上去。
>
> 后来才发现出了大错,因为时间对不上,我的儿子竟然是在丈夫死后两年才出生!
>
> 这可怎么办呢?当时我愁啊愁,不知如何是好。
>
> 正好,我姐姐家有六个孩子,他们不仅从难民这边报身份,而且也作了一份拉祜族的证明,以拉祜族这边报身份,其中三个孩子从拉祜族这边获得了身份。这就空出了三个名额,这样我的儿子就以姐姐孩子的身份得到公民证。

我们问杨二妹,她拿到公民证时的感受,她笑了起来,说:

> 在办理公民证过程中,我和姐妹们经常在一起讨论如何办理之事。
>
> 姐姐说:"若公民证办下来,我就要把公民证贴在脸上,让所有的人都知道,我是泰国公民了。"
>
> 妹妹说:"公民证下来后,我可是不改名不改姓的,我就是要做中国人!"

当然,真正公民证下来后,很多人都改了姓名,按拉祜族报的当然公民证上就是拉祜族姓名。有些以难民身份申请的中国人,开始是中国姓名,后来为了方便,也改了一个泰国姓名。杨二姐是以难民身份申请的公民证,但现在公民证上是一个泰国名字。而一些本来就是拉祜族,在公民证上也会有一个泰国名字。比如我的房东"阿婆",她的公民证上的名字就是一个泰国名字。

在泰国出生的秀，她有一半汉族血统一半拉祜族血统，她有三个名字，一个中国名字，一个泰国名字，一个拉祜族名字。在身份证上和在泰国学校里，她用的是泰文名字，泰文名字是比他大十岁的哥哥起的，是"莲花"的意思；在家里和在社区里，她用的是中国名字，她的中国名字是他父亲给起的，寄托着父亲对他的希望，希望这个最小、他最疼爱的女儿有灵性且秀美；还有一个拉祜族名字，是读高中时师娘（牧师的妻子）给起的，是"金子"的意思，但她几乎不使用。

二　公民证——自由的翅膀

对于从中国流离到泰北美良河村的村民来说，公民证是他们在泰国、在世界自由飞翔的翅膀。

如果没有公民证，他们只能获得泰国政府发的"山民证"或者"难民证"。

"山民证"，这是一个受限制的泰国留居证。持有"山民证"的村民，只能在政府划定的特定范围内活动（如所在县境内），无论是到山上垦荒生产，还是走亲访友，都只能在这一范围内活动。若要去其他地方，如美良河村村民要到清莱城里去，就必须到县政府相关机构开通行证，这个通行证上面会写明你所去的地点、外出事由、外出时间（一般是半个月）。外出的人必须随身携带，以备检查。若不开通行证随意外出，或所去地点与通行证不符合，或逾期不归，警察都有权利将其拘捕，投入监狱。

可以说，"山民证"既是认可生活在泰北边境地带的山地民族们合法居住在泰国北部的证明，同时又是一个限制山民不得随意活动的"紧箍咒"。它意味着山民们永远只能是"山民"，只能生活在泰北的高地上，在原始森林里，永远靠山吃山。限制了"山民"的出行自由，事实上也限制了他们选择其他生活方式的权利。

同样，持有"难民证"的居民，其活动范围也被限制。持"难民证"者也不能随意地迁徙和流动。因为持"难民证"者，在法律意义上是其他国家的公民，是来避难的群体，是不可以出国的，即便是回原来所在国也不行，因为他们没有中国国籍的身份证明文件，进入中国境内也十分不容易，况且从泰国到中国还需要经过缅甸才能入境。因此，很多持难民证的老兵想回家探亲，却因难以办理出境手续和过境手续（过缅甸境）而终生抱憾。

获得公民证，就意味着从法律意义上取得了泰国国籍，意味着泰国政府承认你是泰国国民中的一员，可以享受公民的所有权利，如政治权、财产权、自由流动权、教育权、就业权等，同时也应承担相应的责任和义务，如对国王的忠诚、服从国家法律、缴纳赋税和服兵役等。

但是，对于大多数泰国美良河村的村民而言，诸如政治权等公民的权利都不重要，最重要的是他们终于可以自由流动了——他们像长了翅膀的鸟儿，终于可以挣扎着飞出那在参天大树下还密密麻麻长满藤蔓和荆棘的原始森林，飞向广阔的蓝天，自由翱翔在宽广的大千世界。

我们的文字，很难描述清楚美良河村那些获得公民证的第一批年轻人是如何的高兴。他们按捺不住获得自由的兴奋，急急地收拾行囊，走出大山，走出高地，到曼谷、泰国南部去打工，他们要用自己的能力为自己开辟新的生活方式。

这些走出去的村民们，凭借他们能说泰文、中文的优势，很快在华商居多的泰国南部地区站住了脚跟，开始大笔大笔地汇钱回来给他们年迈的父母。更有一些"云南人"，利用他们父辈与台湾国民党政府的特殊关系，到中国台湾去打工。越来越多的打工者们把挣来的钱变成了美良河村的汽车、新房，这又吸引了更多的人跟随着去泰国南部或者到国外打工。于是，美良河这个隐藏在深山密林之中的村寨，不再是闭塞、贫穷的村寨，而是一个随时流动着国际信息的村寨；这里的村民，不再是只会摘茶叶卖或者围着火塘转的村民，而是会赚美元、台币的村民。这里的村民有的去了马来西亚，有的去了韩国，有的去了伊朗，有的去了美国，有的去了古巴，有的去了中国台湾，还有的到了中国广东。至于泰国国内，那就不用说了，在泰国各地，只要有钱可赚的地方，都会留下他们的足迹。很多出去打工的人，在外面成了家，从此成为泰国低地地区的一员，还有的人也因为外出打工嫁给了外国人，移民出去，又成为另外一个国家的公民。

海阔凭鱼跃，天高任鸟飞，这些泰国"云南人"后代们，在获得身份证的那一刻，注定了他们的命运将被改写，注定了他们会走一条完全不同于他们父母的崭新之路（参见图5-1）。

图5-1 期待着得到公民证的新移民

三 公民证——社会福利和保障

在泰国美良河村，村民们说起泰国国王，总是说："国王对我们太好了，对老人、妇女和孩子，更是特别关心。"村民们所言，指的是泰国政府为村民提供的良好的社会福利。这也是泰国政府实施的山民发展计划中的一个重要内容。这些社会福利主要有三个内容：义务教育、免费医疗保健服务、养老金。

(一) 泰文学校

大约在20世纪70年代中期，在泰国政府向泰国美良河村派驻警察之时，也开始在村里办教学点。教学点有一间简易的房子，教师就是派驻的警察，当时有两个警察兼当老师，主要是教美良河村孩子们学习泰语，但教学不规范，时常停课。

进入20世纪80年代，泰国山民发展计划的主要目标从发展经济向促进山民对泰国文化认同转化，泰国政府加强了对泰北山民定居点的学校教育体系建设。泰国美良河村开始创办正规的中小学和幼稚园。

目前，泰国美良河村的泰文学校有教师50多人，教师至少是函授大学毕业，而且必须经过泰国师范大学的正式培训方能上岗。多数教师是来自低地地区的泰国人，如来自清迈、清莱等地；还有少数教师本身就是泰北地区的山民，在清迈、清莱等地的大学毕业后回来工作。由于泰国有关制度规定，具有从教资格的新上岗教师必须到泰北山地的学校工作至少两年，方可转入低地地区的学校从教，因此美良河村的教师，几乎都是年轻教师。我们经常见到穿着短运动服的老师，或在学校操场上打球，或环村寨道路长跑锻炼，充满了朝气。

学校有三间教学楼，一间办公楼，有教师宿舍、校卫生所、净化水设施、食堂、宽敞操场等。学校教学配备电脑、多媒体教学设备等，有公用的车子，已经是一所崭新的现代化学校了。

每天早上，学生们都穿着鲜艳的紫色校服到学校上课。学校大门口，总会有一位和蔼的年轻老师迎接他们，用泰国人特有的温柔语言向每一个到校的同学问候早安。学校现有学前班、小学一年级到六年级、中一到中三的所有班级，共800多名学生。学生最多的时候曾达1000多人。学生略有减少的原因是一些经济条件较好的家庭把学生送到县城里教学质量更好的学校学习。若按中国的学制来看，这是一所完全中学，其教育活动覆盖了义务教育全部阶段。

泰国政府对儿童实行12年制义务教育，包括幼稚园二年、学前班一年、小学六年、初中三年。在泰文学校上学的所有学生都免除学费、课本费和校服费。这项免费读书政策不仅覆盖了具有泰国公民证的适龄儿童，而且也惠及没有泰国公民证的山民，包括一些近年来才从缅甸迁徙过来的山民，无论他们年龄大小，只要他们愿意读书，都可以享受免费入学读书的政策。

近年才从缅甸迁徙过来的平平姐妹是这一政策的受惠者。有一天，在茶山上，我们遇见两个小女孩，姐姐叫平平，十七岁，妹妹十岁左右。姐妹俩正在帮人摘茶，以填补家庭生计。以下是我和姐姐平平的对话：

问：你们是泰国出生的吗？

答：不是，是在缅甸出生的。

问：你们什么时候到村里的？

答：三年前。因为我爸爸离开我们，妈妈一个人带着五个孩子，讨生活难，就到泰国找活路，然后把我们姊妹一起带到泰国来。

问：你们俩不读书吗？

答：读的。今天学校老师下山去县里参加活动，放假，我们才有时间来采茶，平时没有时间。

问：读几年级了？

答：我正在读泰文学校一年级，妹妹读三年级。

问：你也可以读书？

答：是的，我们搬到这里后，我们去问学校，可不可以让我们读书。开始他们不同意像我这样大的人读书，后来他们才同意接受。所以我妹妹先读书，她一来就读书了，我是才进去读的，所以比妹妹年级还低。像我这样大的人，在我们班读书的有3个。同学们笑话我，为什么妹妹读三年级我才读一年级，我不在乎，我只想好好地学习泰文。

问：为什么？

答：只有学会泰文，才可以出去外面打工，才能改变家里的生活。现在我妈妈一个人养五个孩子，太辛苦了。而且泰国国王给我们这样好的政策，我们读泰文学校都不用出学费的。我的哥哥在缅甸小学毕业了,他来这里读了一年的泰文学校,然后到补习学校读泰文,补习学校要出钱的,现在已经毕业了。我还读着中文学校,中文学校需要交学费。

问:你现在会说泰文了吗?

答:还不太会。我只学会了说"锅猡话"①。

问:你还说缅甸话吗?你在家说什么话?

答:自从离开缅甸,我们就不说缅甸话了。我们和妈妈说话时说中国话,和我弟弟、妹妹们说泰国话,我双胞胎弟妹才七岁,但是他(弟弟)的泰国话说得最好。

为了让愿意学习文化知识的山民能够接受更多的教育,泰国政府采取了灵活多样的办学形式鼓励山民接受教育,如主要针对泰北山民办的高中函授学校就是一种很便利的办学方式。由于需要劳动,很多山民读到中三毕业就放弃全日制学校教育,但他们可以上函授学校,每周上两天,星期四、星期五上学,其他时间都可以在家劳动,可以在这种函授学校深造得到高中学历。大学也如此,清莱省的开放大学(open university),主要就是为山民服务的高等教育机构,进入门槛较低,只要高中毕业均可申请,通过自学考试获得大学学历。函授高中和开放大学的设置,极大地满足了山民学习深造的愿望。现在在泰文学校当教师并兼扎卡教会学校老师的米妮,她的大学学历就是在开放大学获得的。

泰国政府还在山民定居点办幼稚园,并且非常注重适应当地山民的语言和文化。我们参观了一个阿卡寨的幼稚园,这个幼稚园招收2—5岁的孩子,共有20多个孩子,教室布置得色彩鲜艳,四周的墙上,除了挂有一些有关泰国文化的挂图外,还有一些代表阿卡民族文化的实物,如捕鱼的渔网、筛子、竹箩筐等。老师告诉我们,这是让孩子们从小知道阿卡文化,因为这些东西在他们的生活中逐渐消失了。幼稚园老师介绍,老师都是经过师范大学学前教育专业学习和培训的,由于这里是阿卡村,这个幼稚园特意安排了一名泰族老师和阿卡老师。来幼稚园上学的孩子不交任何费用,一日三餐全免,而且学校每天还为孩子们提

---

① 指泰北方言,泰北的华人和山地少数民族都称泰北地区的泰族为"锅猡人"。

供一盒免费牛奶（参见图 5-2）。

图 5-2　泰国美良河村阿卡村里的幼稚园

（二）医疗保健

泰国美良河村，有一个乡村卫生所，建在进村口处。外面的大路正好是这个村最差的一段（约 100 米）。8 月的泰国，正是雨季，一阵雨过后，这段道路就变得泥泞不堪，每次我们经过都要高高地挽起裤腿，有一次郑永杰的凉鞋还陷在泥泞里拔不出来，一双刚买的凉鞋就此报废。

可是，当我们走进卫生所，卫生所的干净、整洁让我大吃一惊。在卫生所的水泥地上，看不到一丁点儿泥巴，甚至连灰尘也看不到，无论是卫生所门外的场地，还是屋里的地板，都是一尘不染，其卫生程度超过中国大多数三级甲等医院。

卫生所有两个医生，一个护士，一个清洁员。所有的人员都穿着制服上班，训练有素。卫生所有服务台、接诊室、治疗室、检查室。检查室里的设施配备并不多，但能满足基本检查和急诊病人的紧急处理。

这个卫生所负责四个村，近 5000 人的健康防治。他们为每一个村民建立了统一的健康档案，上面有村民的家庭人口构成，家庭所在的村庄，还有这一家住户在村落里位置的地图。村民每一次看病的病历也一同保存在里面。他们负责小病接诊、儿童免疫、孕妇孕检、大病转院。在卫生所里，有一个显眼的柜子专门摆放各种健康档案和病历资料，整齐排列，一目了然。

卫生所的医生和护士都是外派进来的，他们并没有像学校教师那样轮转，而是在这个社区工作了十多年。他们对村民非常客气，温文尔雅，村民也很喜欢他们。我们对卫生所医生的访谈是通过英语进行的，他们的英语并不算很流利，但是能够基本表达清楚其意思。一个年轻的医生告诉我们，他们不仅在卫生所里接诊，有时候也会到村寨出诊。一些村民有慢性病，行动不便，他会骑着摩托去帮他们打针。另外，有的村民急产，也会打电话给他们，他们就赶去处理。村民对他们很好，过节的时候或者是结婚等活动，都会请他们去参加。

阿美告诉我们，这个医生很好，有些村民有病，他亲自到家里帮忙看病打针，病人走不动路，他还会用摩托车送回家。她丈夫重病期间，医生总是到他家里，为他打针治疗，她丈夫是一个吸毒的人，在村内口碑很差，患肝腹水，但医生并没有因此而轻看他，而是认真地为他治疗。

村卫生所负责美良河村及周围村寨村民的医疗服务和健康卫生保健服务。疾病预防宣传是他们的一项重要职责。在一个周日，我们亲自体验了卫生所医生们为村民进行的疾病预防保健宣传讲座。

村卫生所的两名医生是这次卫生保健预防讲座的主办者。早在一天前，开讲座的信息就通过村长、头人传达到各村。讲座地点安排在泰文学校的会议室。在会议室外面，有人专门为村民发放资料，是一个文件袋，里面有一支碳素笔和一个笔记本，还有50泰铢的现金。到会的村民签字领取资料袋。

像所有在村寨举行的会议一样，通知村民9点开始，但是一个小时后村民才到得差不多。10点，培训正式开始，会议室里已经密密麻麻坐满了人。他们计划培训200人，我们大致估计参会人员已经超过200人。村寨里的"云南人"是最早到会场的，9点钟我们到达时，会场上坐的都是我们认识的"云南人"。之后，阿卡、拉祜陆续到来，妇女来得多一些，男子少一些。

培训开始，卫生局的负责人（医生）先讲了话，大概讲了这次培训的目的以及培训计划等。主讲者是我们访谈过的那个医生，他用幻灯片（PPT）为村民做讲座，有很多图片，很直观，医生的讲话也生动有趣，村民不时发出笑声来。健康培训上午、下午都有，一直培训到四点钟。我们下午三点去看时，仍然坐满了村民，但秩序没有早上好，下面的声音多了些（参见图5-3）。

图5-3 泰国美良河村卫生所的医生为村民进行健康培训

这次健康培训的内容有癌症、艾滋病防治、妇女宫颈病、孕妇保健与儿童健康等。很多村民都觉得这样的培训很好，让他们知道如何使自己的身体好。年轻人还认真地记了笔记，年长的人没有做记录的。当然，有这么多的人来参加，还有一个原因，那就是来参加培训者都能得到50泰铢，还有一顿免费午餐，午餐有三个菜。有些村民没有参加培训，也去领了午餐吃。

村民享受的医疗卫生保健服务资源不仅仅是村卫生所提供的医疗和保健服务，还包括了县、省、中央各级医疗机构提供的服务。

我们见到房东"阿婆"第一面时，是在进村的路上，她正骑着摩托到县城做一项身体检查；我们住进她家一周后，她又一次到了清莱，做另一项检查；在我们离开村子的前一天，她又到清迈做一个小手术。这些检查、治疗和手术都是之前进行了预约的，病人只需要按预约时间去即可。

他信执政以来，泰国政府实施医疗合作制度，每个公民只需要交纳30泰铢的医疗合作费用，就可以享受免费的医疗和保健。五年后，他信第二次当选总理，他向所有公民提供全部免费的医疗保健服务。所有获得泰国公民证的山民，都可以享受这一社会福利。村民们获得医疗保健的程序是：村卫生所—县医院—清莱市医院—清迈市医院—曼谷医院。最初的病由村卫生所诊治；村卫生所不能处理的疾病，卫生所开转医证明到县公立医院治疗；县医院不能处理的疾病和不能进行的检查项目，转清莱市公立医院治疗和检查；清莱市医院根据病情，需要做手术的，转到清迈市公立医院；一些特殊的疾病，需要特殊检查和治疗的，被清莱市直接转曼谷公立医院检查治疗。从县医院向上级医院转院，不需要病人自己跑，会由下级医院联系预约好时间，病人按预约去治疗就行。

巧兰曾经得过胃溃疡，在清迈市医院里割了半个胃。巧兰在清迈住院12天，拆线后就出院了，在整个住院期间，她只出了自己的伙食费，其他费用都免了。医院要求她回家后休息并定期复查，定期复查也是免费的。因为定期复查的时间是出院前就确定了的，所以巧兰并不需要多次跑清迈市医院，只需要按照预约好的时间去就行了，这也为她节约了不少往返医院的时间和费用。

"阿婆"是我们走的前一天去清迈的，不知道是当天做的手术还是第二天做的手术，我们回到清迈的第二天打电话给她，准备去医院看她的时候，她说她已经回到村里了。

文清的父亲得了癌症，曾经被转院到曼谷治疗。文清告诉我们，去曼谷的车费、飞机票需要自己出，但是在医院的所有治疗费用，都不用自己出。

访谈时候，娜米刚刚在湄岁县医院生孩子回来，是她家人用车子把她接回来的。娜米从知道怀孕起，就在村卫生所做了登记，村卫生所为她做孕前期的检查,到孕中期和孕后期,娜米就定期到县医院做 B 超、抽血化验等检查,做胎儿筛查。预产期到了,就到医院等待临产。在公立医院生产,大大减少了母婴死亡率,而且婴儿从一出生就接受预防免疫和专业护理,极大地提高了婴儿成活率。

泰国美良河村的第一代村民,几乎都是一个家庭生很多个孩子,少则四五个,多则八九个。之所以每一家都顺其自然生孩子,一方面是他们在缅甸边缘化的生活状态中,很难得到避孕药物和相应的技术指导,另一方面是因为在缅甸孩子成活率很低,几乎每个家庭都经受过孩子夭折的痛苦,所以多生孩子也是为了在恶劣的生存环境中能够保持家族繁衍。有一个拉祜族大妈,生了六个孩子,才成活了两个;有个"云南人"大姐,生了五个孩子,也只成活了三个。每每和年长村民交谈,他们问我有几个孩子,我告诉他们中国实行计划生育,每家只能生一个孩子的时候,他们总是非常担忧地说:"一家只有一个孩子,要是孩子出现三长两短,怎么办呢?"他们的这种担忧,是来自曾经他们遭遇到失去孩子的痛苦感受。朱艳家有兄弟姊妹共 19 人,她父亲娶了两房妻子,她母亲生了 10 个孩子,姨太太生了 9 个孩子,竟然全部都成活了,这简直是奇迹,朱艳对我们说起这个情况的时候,也透着些许自豪感。

但是,在泰国成长起来的年轻一代,他们的生育观完全不一样了。因为有泰国政府提供的良好医疗服务和预防保健,孩子的成活率大大提高,而且他们也采用了有效的避孕措施,一般他们只愿意要两三个孩子。

当然,泰国政府提供的免费医疗服务也有不完善的地方,比如,预约等待的时间过长,不能得到特效药等。朱艳的母亲 70 多岁,患了尿毒症,每周需要做两次血液透析。朱艳兄妹几个并没有让母亲到泰国公立医院免费治疗,而是送到私人医院接受治疗。虽然私立医院治疗费较贵,但是能够提供更及时、更好的诊疗服务。

据我们观察,泰国公立医院所提供的药物只是常规药物,效果并不理想。一天,"阿婆"得了重感冒,她到卫生所开了些药回来,药放在塑料袋里,有白色的和粉红色的两大袋,每袋五十粒。但"阿婆"吃了两天,未见好转。我拿了从中国带来的中成药和抗生素给她吃,她吃了两次,觉得效果好,又来找我要药吃。我们走前,我把我带来的药全部留给了她,她看不懂中文,就认真地用拉祜文记下了每种药主治的症状。

(三) 养老保险与社会救济

泰国政府的养老保险和社会救济体系较为完善，覆盖所有的公民。泰国美良河村获得公民证的村民，不仅能够享有免费的医疗保健服务，而且当他们年满60岁以后还能够得到政府养老金，每月500泰铢，符合条件的残疾人每月也能得到500泰铢的抚恤金。

娜妥家共有五个人，就有两人获得政府的补助金，娜妥丈夫扎拉因为年纪超过了60岁，得到了养老金，娜妥的大儿子因为有残疾，一条腿行动不便，也得到了抚恤金，能够保障他们两人的基本生活。娜妥说：

> 还好，我们全家搬到了泰国，我儿子不能劳动，国王给他钱生活。他爸爸去年得到了养老金，我明年也会得到养老金。我们不用担心老了以后的生活，我另外两个儿子他们也可以过自己的生活，不用太操心我们和他哥哥。

在娜妥儿子的婚礼上，巧兰也感慨地对我们说：

> 你看她家（指娜妥），现在日子过得很好，扎拉有养老金，大儿子残疾，政府也给养老金。二儿子也曾经受过严重的伤，削去一块头骨，在泰国医院免费治疗，现在好了，可以外出打工，三儿子也去打工。你看，两个儿子打工收入帮父母盖了房子，三儿子今天也娶了媳妇。
>
> 再过两年，我也可以得到养老金了。

巧兰开心地笑了。

娜妥儿子结婚时，来了不少缅甸亲戚，我们都见到过。婚礼后一周，听房东阿罗哥说，娜妥家缅甸的一个亲戚到泰国来开刀，得了急性阑尾炎，缅甸那边医疗条件不好，就到泰国来做手术。

赈济救灾是政府的职责，泰国政府在这方面也有积极的行动。泰国没有春夏秋冬之分，只有干湿季节之分。8 月正好是泰国的雨季，我们在村里的这些日子，泰北一直下大雨，很多地方都出现了水灾。电视上每天都有清莱、帕幺等地遭到洪水袭击的新闻。我们住在山地，从来没有想到自己也会遭遇水灾。但洪水就是在我们无意识中突然涌入，把我们住的房子都淹没了一米多。

那是 2010 年 8 月 22 日，正好是礼拜天。大约从凌晨 4 点开始，外面就开始下大雨。我们（作者和郑永杰）住的房子是杆栏式建筑，房柱是用水泥浇灌的，地面这一层的三面墙用砖头砌起来，一面是敞开式，宽敞的大厅空空地对着外面的世界，像是随时欢迎人们来访。楼上才是人住的地方，楼面是用木板铺的，四周的墙则是用竹篾笆围成，楼上隔出了几个房间，是供家人和客人们住的地方。楼上的一间房间，就是我们的卧室。房顶是石棉瓦，太阳出来，一阵阵热浪从房顶往下蒸腾，烤得人直发晕。下雨时，豆大的雨点打在石棉瓦上，噼噼啪啪响，能把人从睡梦中吵醒。那天的雨非常大，急促的雨点打得石棉瓦噼啪作响，似乎要被雨打穿一样。大雨就这样一直下着，到早上七点钟我们去参加扎卡教堂礼拜时，看到环绕我们家的小河水已经涨到了桥面上，我们是蹚水而过的。教堂礼拜结束后，我们又回到了家里，在楼上卧室里整理调查笔记，外面雨太大了，也没有办法外出访谈。

到十点钟时，雨终于停了，我们也准备外出访谈，一下楼，才发现房屋已经进水了，水很深，快到我们的膝盖了。我们所在的这片平地，全都陷入了汪洋之中。我们不知所措，阿罗哥和"阿婆"也不见了，只好撤到楼上等待。大约过了两个多小时，水慢慢下降，开始露出了地面，阿罗哥不知道从哪里出来了，拿着大扫把在清扫积水，我们下了楼，和他一起清扫房屋的积水，他不停地对我们说："啊，这么大的水，从来没有见过！""我们来这里 30 年，从来没有见过这么大的水，从来没有过……"

清扫完积水，我们来到村口，站在村口的、街道上的人很多，都在议论着这场突如其来的大水。巧兰家就紧挨着小河，受灾更是严重，她说："我家每年雨季，都会或多或少进一点水，可从来没有这么大的！"

这时候，我们才感觉到了后怕，要是雨继续下两小时，四周的山洪必然全都往我们住的这个狭窄山谷涌来，后果真是不可想象。于是，我和郑永杰查看我们所住的位置有何逃生地方，一查看，才注意到我们住的这间房子正好处于流入美良河的一条小河包围的一个大回环之中，三面是小河水环绕，若积水逃生，稍有不慎，就会掉到河里，定被大水冲走。下午和晚上，我们的紧张情绪稍微释放以后，我把被洪水淹的情况向何明院长、马翀炜教授（我们泰国民族志调查小组的带队）进行了汇报，也给家人打了电话，当然，为了不引起他们的担忧，我没有把情况说得这么严重（参见图5-4）。

图5-4 受山洪袭击的泰国美良河村村民民居

过了三天，国王发给灾民的救济米到了。泰国美良河村的村民每家得到了三袋大米，一公斤一袋，虽然发的救济粮不多，但是村民们很是感激，村民们都说："我们这里水灾，你看，国王就知道了，给我们发了大米。国王对我们真是太好了！""阿婆"也带回来了救济大米，是用小包装塑料袋包装好的，外表看起来颗粒细长均匀，与我们在国内买的泰国香米很相似，但是口感较差。我们也是灾民，也吃到了泰国国王的救济粮（参见图5-5）。

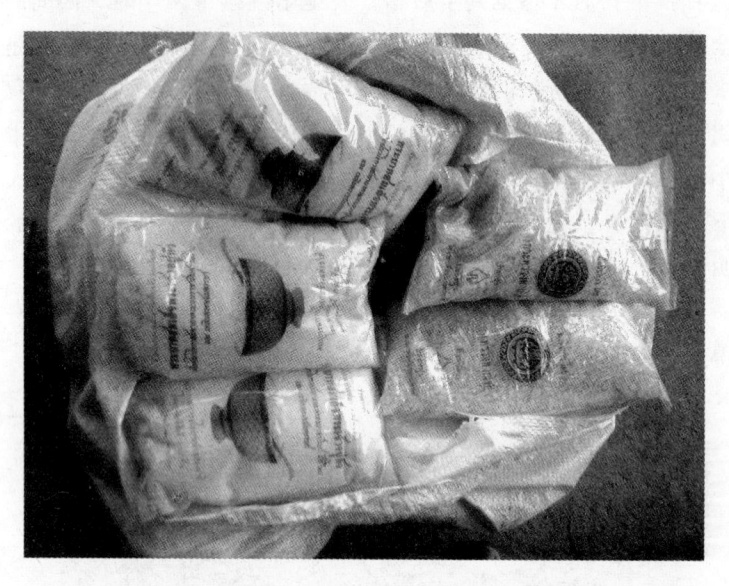

图 5-5　发放给泰国美良河村村民的国王救济大米

后来我们回到清迈，一起到泰国调查的老师们聚在一起，说起了这场水灾，其他老师所在的村庄也被淹了，他们也得到了泰国政府发的大米。

第 六 章

我是泰国人

访谈泰国美良河村村民的过程中，我们总会对他们提一个问题："你是哪个国家的人？"多数中年人的反应，先是对这个问题一怔，略作思考后，很谨慎地、不太肯定地回答："我现在住在泰国，有泰国的公民证，我应该是泰国人。"年轻人则不然，他们非常干脆地、明确地，甚至自豪地告诉我们："我当然是泰国人了！"虽然答案一致，但两代人不同的回答方式，表明了这两代移民的国家认同是以不同的心理历程、不同的生命感受、不同的文化背景建构起来的。

20年前，第一代泰国美良河村的村民们在为自己是流落异国的难民而痛苦，为自己是没有泰国人身份的山民而无奈，他们为了获得在泰国合法居住的身份，到处找证明人、想方设法地贿赂泰国官员，争取获得泰国公民证，成为法律上的泰国公民。他们的心中，对泰国国王充满感激的同时，也对这个国家持有一种文化疏离感。但是，他们的后代，那些在泰国出生、从小进入泰国学校学习，会说一口流利的泰语的孩子们，却不是这样的心态，他们认为，他们就是地地道道的泰国人，他们和低地地区的泰国人没有什么两样。

这些在泰国出生的年轻人，正以他们特殊的方式，融入泰国国家体系里，融入泰国社会里，融入国际化的全球社会里。

一　村民眼中的泰国

　　泰国是一个美丽而神秘的东南亚国家。在海外旅游者的眼中，泰国是一个旅游天堂，南部碧水蓝天下一个个由阳光、沙滩、碧海、椰树组成的充满热带风情的海岛和海滨浴场，令游客如身临奇异浪漫梦境，不由得流连忘返。泰国人脸上永恒的微笑，温文尔雅的双手合十的待人习俗，如浅吟低唱的泰国语，坐落在全国各地的金色佛寺佛塔，极具特色的大象和人妖表演，北部山地民族的奇特风俗，无不让来自异国的游客们深深感受到异域文化的魅力。

　　泰国文化贯穿着佛教文化的浓郁色彩，是一个以佛教为主要宗教的国家，有着"佛教王国"、"黄袍佛国"之美称。泰国人有90%信仰佛教，浓郁的佛教文化弥漫着整个国家。泰国从南到北，随处可见大大小小的佛寺、佛像、佛塔、佛龛。大街上时常可以看见剃度出家的小和尚。泰国国王崇佛受戒，法律规定泰国国王是佛教和佛教徒的保护者。泰国采用的纪年是佛历。泰国的南传上座部佛教宣扬清心寡欲、淡泊出世、与人为善、知足少欲、积累功德的思想，深刻影响着泰国人的社会文化心理。泰国人彬彬有礼的待人之道，泰国人优雅妥协的处事艺术，泰国社会不同政治派别、不同民族宗教、不同社会文化和谐共融的局面，无不与泰国佛教文化有着密切关系。

　　但是，泰国绝对不是一个传统守旧的国家，恰恰相反，她是开启现代化之路较早的国家，是一个长期实施民主政治和市场经济制度的国家，是东南亚地区经济社会发展最具活力的国家之一。

　　泰国历史悠久，早在旧石器时代，泰国土地上就有人类生活的遗迹。中国史书上记载，公元3—7世纪由孟人建立的几个国家，其地理位置在湄南河盆地一带。13—18世纪，以清迈为中心，建立了兰那泰国家，即中国史书中的"八百媳妇国"，这是一个以泰族为主建立的国家。素可泰是泰国第一个王朝的年号，其君主拉玛干亨大帝，被泰国人尊称为"泰国之父"。其后经历了几代王朝的发展，到18世纪，泰国历史进入曼谷王朝阶段，曼谷成为泰国的首都。19世纪中叶，西方殖民势力侵略东南亚地区，东南亚国家纷纷成为西方殖民主义者的势力范围，唯有泰国是东南亚唯一没有沦为殖民地的国家。这主要得益于曼谷王朝几任君主励精图治、善于向西方学习、精明善政的国家治理。特别是泰国历史上著名的朱拉隆功大帝在位期间，正值国家危难之际，他革新政治、改革制度，积极向西方学习，兴办新学、创立医院，修建铁路、电话电信等，全面开启了泰国现代化之路，抵御了西方帝国主义列强的侵略，维护了国家的独立与统一。而今天仍然在位的普密蓬国王，也是深受泰国人民尊重的国王，他是泰国历史上在位时间最长的国王，他爱民如子、体察民情、仁爱泽被，他以超凡的个人魅力维系着泰国政局的安定，他以卓越的道德力量将全国各族人民团结在一起，共同建设民主自由的国家。

1932年，泰国发生了由留法归来的年轻军官、知识分子组成的民党发起的军事政变，这场政变使泰国从绝对君主制国家转变为立宪君主制国家。尽管与其他君主立宪国家相比，泰国的国王具有更大的权力；尽管泰国政府官员的选举过程充斥腐败举世皆知，但是泰国政府作为民选政府，人民的政治权利在各级政府的直选过程中得到了体现，这使泰国公民实实在在地感受到了民主的意义。在泰国民主化、现代化的进程中，泰国实行自由市场经济制度，政府积极利用本国资源优势，大力发展旅游业和劳动密集型出口导向产业，使泰国的经济在20世纪八九十年代持续快速发展，使泰国进入了"亚洲四小虎"（印度尼西亚、马来西亚、菲律宾和泰国）行列。1996年被列为中等收入国家。1997年亚洲金融危机，泰国一度陷入了衰退，1999年以后逐渐复苏。2010年，泰国的国民生产总值（GDP）增长率为7.8%，通货膨胀率为3.3%，失业率为1.04%，目前在东盟十国中经济发展排名第二。

泰国美良河村的村民们对泰国的历史不甚了解，很多历史知识是道听途说或从官方媒体的宣传略有所知。但是，他们已经从缅甸迁移到泰国多年，有的村民就在泰国出生，生活在泰国的国家政体和文化环境之中，与泰国人打交道。他们在泰国几十年的生活经历，使他们对泰国这个国家有自己的切身感受和独特理解视角。

（一）泰国人较为友好和善

泰国美良河村的村民作为生活在这个国家的外来移民，总是以他者的视角去观察与他们共处的本土泰国人，特别是和他们生活在同一社区，与他们的生活息息相关的泰国人——那些来自低地的泰国教师、医生、皇家项目的技术人员和管理人员等。这些泰族人，进入这个被泰国官方称为"山地部落"的村寨为村民服务，他们的行为，无论是个人个性特征还是工作状态，都无意之中被村民们当作了认识泰国人和泰国社会的一面镜子。在社会各层面与泰国人的交流互动之中，他们也在不断认识自己在泰国人心目中的形象。

当我试图探究村民们如何看待泰国人、如何评价泰国人时，多数村民对泰国人抱有好感，他们觉得泰国人有礼貌，讲卫生，待人和气，懂得尊重人。

匡玲说："那些泰国老师对孩子们很好，总是很用心地教孩子们。小孩子逃学，他们就会来家里找家长。他们对我们也很和气，说话轻声轻语的，孩子再淘气，他们也不会太生气。"娜妥对村卫生所的医生也充满感情："这两个医生很好，年纪轻轻的，对我们很和气。去看病时，总是耐心地问我们哪里不舒服，吃了药有没有效果。"扎所被任命为皇家项目的技术推广员，他参加过政府举办的农业技术培训班，在推广项目过程中也与泰国人沟通交流较多，在他的眼里，泰国人很好相处，容易沟通。

当然，在经济上与泰国人打交道较多的"中国人"，对泰国人的和善和友好却有自己的看法。开杂货铺的老李说："泰国人一般表面上都对你很和气，但是他们却不容易接近，他们内心并不太接纳你，你很难在泰国人中交到朋友。我们和他们的关系仅限于做生意，我赚你的钱你赚我的钱而已。我们与泰国政府部门的官员打交道也不多，我们开小卖部不需要交税，我们都是做合法生意，所以不需要和他们有太多往来。"

但对所有的人来说，看到脸上挂着微笑总比看到昂着高傲的头心情要好。况且，泰国美良河村的村民们作为异国移民和非泰族人，他们或多或少会有"客居"的感觉,在社区里为他们服务的泰国人,一直都在尽职尽责地履行他们的职责和传播着泰国人的亲和关系。

友好和亲和,在某些时候,还被村民们理解为被尊重,是泰国人对他们这些来自异国的移民和山地民族在人格上的尊重。巧兰很感慨地给我们讲了她在清迈医院住院做手术的经历:

> 我的身体不好,有胃病,切除了半块胃,已经五年了。
> 当时因为胃疼,就到医院里看病,县医院把我转院到了清迈医院。清迈医院检查后说是要做手术。
> 泰国的医院很好,你只需要按预约的时间去住院开刀就行。
> 住院期间,不需要家人陪护,他们有专门的护士来护理。家人去也只能是在他们规定探视的时间见上面。
> 医生和护士都很和气,特别是知道我是从山上来的,对我更加耐心,怕我听不懂他们的话,专门问我们是否听得懂话。如果听不懂,他们会找人来给我们翻译。他们没有把我们山上来的人当外人看。
> 我向医生询问的问题,他们总是很认真细致地给我解释,一点也不嫌麻烦。出院前,他们又一遍遍交代我,不能吃什么什么,要注意什么什么,一直要我清楚了、记住了才放心。

巧兰的一句"没有把我们山上来的人当外人看"道出了她的内心真实感受,泰国医生护士对他们的和善友好,不仅仅是一种职业道德,更是一种对外来移民人格的尊重。被尊重,是这一移民群体最渴望的心理需求,也是他们对泰国和泰国人产生认同的基础。

(二) 泰国是一个自由的国家

为了了解泰国美良河村村民心目中的泰国,或者说对泰国这个国家的看法。我总是变换提问的方式,或直接或间接地向村民提出类似"你觉得泰国如何?""你认为泰国是一个什么样的国家?"等问题。在村民的回答中,我听到的最多的话是:"泰国是一个自由的国家。"

那么，在泰国美良河村村民的认知世界里，"自由"指的是什么呢？

房东罗大哥说："在泰国，我有钱可以存银行，我有钱想买什么东西就可以买什么东西。"这是罗大哥对泰国"自由"的理解，个人财产受到法律保护，这是从缅甸移民过来的泰国美良河村村民的深切体会。来到了泰国，定居于泰国，成为泰国公民，他们终于可以靠自己的辛勤劳动，收获自己的美好未来。每天，热带的骄阳把土地晒得蒸腾着温腥的热气，让人昏昏欲睡，村民们却不顾这些，依然顶着烈日，用隆隆作响的割草机割去果园茶山疯长的杂草，汗水从他们的脸上不断流下，时而抬起的脸上，透出了抗争大自然和自己命运的坚毅和信心。

扎卡寨子30岁左右的小伙子扎莫说："我们在泰国，想去哪里就去哪里，想去哪个国家就可以去哪个国家。"作为一个曾经因为身份问题而被严格限制其社会活动空间的群体，当他们获得了泰国公民权之后，过去羁绊着他们自由活动的限制解除了，他们可以自己选择自己的经济社会活动空间，可以自由地安排自己的生活方式，在家务农，或外出打工；在南部打工，或到海外打工，他们都可以选择，这就是他们最大的"自由"。

17岁的新来移民平平说："泰国很好，你看，我们现在可以靠帮人采茶、打零工养活我们一家人，我和弟弟妹妹没有泰国身份证，也可以在泰国学校读书。"劳有所得、劳有所获，能靠自我的努力改变自己的命运，这也是对泰国"自由"的一种表达。如果将劳有所得、劳有所获的意义进一步放大，那就是个人对命运的主动驾驭，而不是被奴役、被剥夺、被限制，这不就是人类自始至终追求自由的真谛吗？

空间的开放和宗教信仰的自由也是泰国美良河村村民对泰国的自由有特殊感受的另一个方面。前面已经提到，泰国美良河村是一个多宗教社区，基督教在村寨里虽然作为主导性的宗教组织，但是其他宗教如天主教、佛教、汉族民间宗教、山地民族原始宗教，也在其中交织共生。基督教、天主教教会里经常有国外的教会机构派人员来访问和援助，各种非政府组织也常常有援助项目。在村里，见到外国人不足为奇，在我们调查的短短一个月间，我们就见到过来自美国、英国、澳大利亚、韩国、日本、中国台湾等国家和地区的外来人员，有来交流和提供帮助的传教士和教会志愿者，有来帮助村里建水窖的非政府组织，有来观光的西方电影明星,有来进行田野调查的海外学者(也包括我们自己),还有回村探亲的外国女婿,等等。空间的开放使这个隐藏在深山密林之中的村寨不再是一个"孤岛",而是一个始终与外部世界紧密联系的经济文化社区。村民们深知,正是泰国实行的自由开放政策,才使他们与外部世界能够建立密切的联系,才让他们得以自由选择自己的宗教,而不是要求他们必须信仰泰国的国教佛教。

"泰国人较为友好和善"、"泰国是一个自由的国家",这就是泰国美良河村村民对泰国国家和泰国人的基本认识。不错,村民们对泰国人和泰国国家的评价都是正向的,不过客观地说,美良河村村民对泰国社会制度的偏好远远高于对泰国人的偏好。一个典型的例子就是所有的村民都有很强的意愿成为泰国公民,但很少有村民愿意嫁泰族男子或娶泰族媳妇。因此,村民们作为一个移民社会群体,在与泰国民众和泰国文化发生联系的时候,与泰国文化融合或者说是被泰国文化涵化过程,最初是从制度层面上开始的——泰国政府通过公民身份确认、强制性要求公民遵守国家法律和实施国民义务教育制度等办法,让泰文化流淌在村民身上,从而构建起一个新的文化体系,即公民文化体系。在这个新体系中,泰国文化已经具有很强的支配性,支配着村民们的公共社会生活和行为规范,使之成为一个爱国的、爱戴国王的、遵纪守法的公民。同时,作为主流文化的泰国文化既有古老的文明传统又有时尚的现代化特征,不断吸引着年轻一代村民趋之若鹜,愈靠愈近。在这一文化涵化的渐进过程中,泰国美良河村村民国家认同和文化认同也逐渐产生。

二 泰国国民教育——文化融合平台

泰国美良河村给人最深刻的印象,在于在这个一千多村民的村寨里,有多所由不同机构开办的学校和准学校——泰文学校、中文学校、基督教培训中心、寄宿中心,等等。在这些教育机构中,机制最健全、对社区影响最大的当然是由泰国政府主办的泰文学校。

在山地部落组建学校,让山民学习知识和传播泰国文化,是泰国政府"山民发展计划"中的一个重要内容,也是实施效果最好的一个文化同化政策。

泰国美良河村寨，是一个非泰语社区，在村里，汉语（主要指云南方言，即云南话）是村寨的社区交际语言，又因各族群聚居区域具有典型的空间性，各族群在其聚居区（寨子）里使用的是各自族群的语言。在社区里，泰语的使用频率很小，只有在官方活动中，如竞选活动、卫生所健康讲座等场合，有泰族人参与或是泰族人负责此项活动，才使用泰语。在社区宗教活动中没有人使用泰语。拉祜族的基督教堂使用的语言是拉祜语，阿卡天主教堂使用的语言是阿卡语，阿可基督教堂使用的语言是阿可语。华人基督教堂因为不仅有"云南人"，而且有部分阿卡人，所以他们在做礼拜时，以云南话为主，配有翻译将云南话翻译成阿卡语。泰国美良河村的一部分上年纪的村民，至今还不能够讲泰语，只能听得懂几句常用语。

但是，只要是在泰文学校读过书的人，他们的泰语都能够说得很流利。泰文学校招收五岁孩子入学前班读一年，然后进入小学一年级。从入学前班开始，他们就全部采用泰语教学。泰国义务教育是12年制，幼稚园二年，学前班一年，小学六年，初中三年。每个适龄儿童都必须完成12年的义务教育。若有学生逃学、辍学等情况，老师会及时进行家访，了解情况，并对家长提出孩子必须上学的要求。因此，在村寨里，虽然有不少学生学习兴趣并不高，但是适龄儿童辍学率很低，几乎所有的适龄孩子都会在泰文学校里读书，完成义务教育。

在泰文学校学习，最明显的收获就是他们的泰语能力的训练。通常而言，到小学一、二年级，这些孩子就已经能够用泰语熟练地进行口语交流；完成了小学阶段的学习，学生的泰文阅读能力已经不成问题；完成了初中阶段的学习，学生的泰文文字表达能力也已经基本具备。一些家长的泰语还是在泰文学校读书的孩子教的。如今，村里三十岁以下的青少年，都喜欢用泰语交流。

见到二十多岁的年轻人，我会经常问他们这样一个问题："你们年轻人在一起的时候，喜欢说哪种语言？"这些在泰国出生、受过泰国教育的年轻人，回答都是一致的："泰语"。

我问刚结婚不久的秀："你和你老公谈恋爱讲什么语言？"秀的丈夫是拉祜族，秀是汉族和拉祜族的混血，他们与父母的交流是用拉祜语和汉语。

她听了嘻嘻作笑，然后说："用泰语啊。"

"吵架呢？"

"也是用泰语。"

"为什么？"

"泰语更好表达啊！"

村寨里还有一对跨国夫妇，丈夫是日本人，妻子是"云南人"，妻子会讲普通话、云南话和泰语。丈夫也能讲泰语和普通话，但普通话不太流利，因工作需要，他很想学汉语，他希望与妻子讲普通话，但妻子并不太愿意与他讲普通话，总是用泰语回答他用普通话说的问题。

语言认同是文化认同的一个重要表现。泰国美良河村年轻一代用泰语作为交际语言，表明他们已经在某种程度上对自己的母语放弃，而把泰语作为母语来使用了。这些年轻人对泰语的认同，其实就是对泰国文化认同的一种外在表达。

我们还了解了村里的年轻人喜欢的流行歌曲，他们如数家珍的是泰国歌星、韩国歌星和日本歌星。而对中国大陆和中国台湾的歌星认识的倒不算多，他们喜欢看的电影多是好莱坞大片。在娜妥小儿子的婚礼上，从早到晚都在用扩音器播放着流行歌曲，以渲染欢乐热闹气氛。所播放的流行歌曲，都是泰国女歌星演唱的，歌曲的内容我们听不懂，但那温柔、缠绵的曲调似乎把人的身心都要摇荡得软了下去。

泰文学校对年轻一代的影响远远不止于学会泰国语言，它对泰国文化的传播以及促进文化认同的作用是非常巨大的。在泰国山地民族发展计划中，有一项内容是派遣僧侣到山民部落传播佛教。泰国美良河村也建有泰国寺庙，有泰国僧侣住寺主持。但是通过我们的观察以及对僧侣访谈，我们发现，泰国佛教在这个村的影响非常小，远远未能起到文化同化的作用。泰国美良河村基督教势力强大，同时还有天主教势力与其竞争，另外还有一些"云南人"始终坚持着大乘佛教和儒教的信仰。有时，我们都有些担心，这位需要天天靠施舍维持生活的僧侣，每天早上在村寨的化缘能否让他吃饱。我们也委婉地向他提了这个问题，僧侣不置可否地回答我们，他是出家人，对物质要求很低，只要有一点点奉献，就够他生活了。但是，学校教育对下一代的影响就不同了。在泰文学校里，小学开设了数学、泰文、生活、运动、电脑、英语、音乐、社会历史等课程；中学的课程有数学、泰文、运动、电脑、英语、社会历史、自然、科学、音乐、佛教等。让这些属于"异文化"的山民子女从小学习泰国历史文化和佛教，就能够有效达到促进山民对泰国文化的认同，激发爱国主义情怀（参见图6-1）。

图6-1 泰国美良河村泰文学校学生在上体育课

童子军是泰国基础教育中社会教育的一个重要组成部分，也是泰国国民教育的重要组成部分。泰国教育部门规定，从小学一年级开始，每一个受教育者都要加入童子军，小学一年级至三年级是预备童子军，主要是进行列队、卫生、服务等方面的训练，强化学生的纪律性和团队意识；小学四年级到六年级是普通童子军，主要进行列队、调查、旗帜与国家学习、童子军的誓言与规章学习、手工艺、室外活动等项目；初一到初三属于普通高级童子军，主要进行技能训练（体能与生存技能，还包括到野外露营训练）、公民义务、理想教育、社会服务等项目。童子军的训练宗旨被概括为①：

> 为了使学生在体育、智力、心理和道德方面有所发展，成为有责任心、有助于社会建设的好公民，不断进步、平和幸福，为了国家的稳定，应当培养学生的以下品质：
> 1. 拥有知识和理解能力，能够实践预备级或普通级童子军的誓言、规章和信条；
> 2. 拥有观察、记忆、动手、使用工具和解决问题的技能，以及与他人合作的技巧；
> 3. 忠诚，遵守纪律，团结，体谅他人，具有牺牲精神，为了集体的利益克制自己；
> 4. 始终发展自己，培养手工艺，关心自然事物的发展。

每周四，我们都看到泰国美良河村泰文学校的学生穿着童子军服装在训练，或者在操场上练习队列，或者手持棍棒在操场上练习"武术"（不知是否可以称为武术），或者在教室里做手工、进行理想教育，等等。虽然这些年幼的学生现在对童子军训练的感受还只是停留在表面上，如怕吃苦的女生觉得训练苦，爱冒险的男生渴望野营训练中的冒险，爱表现的学生喜欢童子军活动中的种种表现机会等，但是童子军持之以恒的训练和对国家意识和社会责任的灌输，必然在这些孩子幼小的心灵种下种子，到他们长大以后，自然而然地影响着他们的价值观念和日常行为。

学校在促进山民对泰国文化认同和国家认同的另一种表现形式是举行各种具有国家意义的社会活动。每天早上，全体师生都会举行升国旗仪式，全体学生穿着统一的校服，列队操场上，在国歌音乐的伴奏下，齐唱国歌目视国旗缓缓升起。升旗仪式过后，所有的人转向佛台，双手合十向一尊佛像念诵经文，大意是皈依佛教和佛法，要善待生命，要爱戴国家和国王（参见图6-2）。

---

① 龚浩群：《信徒与公民：泰国曲乡的政治民族志》，北京大学出版社2009年版，第343页。

图 6-2　泰国美良河村泰文学校里的佛塔

在泰国国家法定节日里，学校都要举行相应的活动，如国庆节暨父亲节（12月5日）、母亲节（8月12日）、儿童节（1月第二个星期六）、教师节（1月16日）、童子军创立日（7月1日）、科学日（8月18日）、民主日（10月14日）等节日，学校都会根据情况举行相关活动，以纪念节日，强化节日的意义。如2010年的母亲节，泰国放假三天，在放假前，学校已经举行了相关的感恩王后和感恩母亲的活动；在科学日，学校也举办了相关的科学活动展览，等等。

在我们待在泰国美良河村的一个月里，没有遇到节日和其他大型公共活动。每天，村寨里最热闹的地方就是泰文学校了。清晨六点半，学校的大喇叭就响了起来，打破了山村的宁静。之后，就有学生陆续来上课了。体育课、童子军训练、课间休息、放学……总之，孩子们的活动

图 6 – 3 泰国美良河村泰文学校学生在操场上集会

和嬉闹,让这个村寨充满了生机与活力。当然,泰文学校对村寨公共生活构建的贡献,远远不止于孩子们带来的热闹,它在村民生活的方方面面非正式地、间接地影响着村民的公共生活(参见图 6 – 3)。

三 服兵役——国民义务的履行

泰国法律规定,属于泰国公民的成年男子必须服兵役,这是泰国公民的一项义务。对于这项公民应尽的义务,这些曾经为躲避缅甸的兵役迁移到泰国的村民是如何看待的呢?我们调查发现,多数村民认为,他们现在生活在泰国,是泰国的公民,服兵役是应尽的义务,他们支持孩子们去服泰国的兵役。

当我们问及村民为什么不愿意服缅甸的兵役,而愿意服泰国的兵役。他们的回答是:缅甸政府的兵役太多,一家有两个男子要抽一个,有三个要抽两个,而且服兵役的时间长。有时还会不定期地抓人去部队里做劳役。泰国的兵役是对所有应役人员进行抽签，抽到的就去服兵役，没有抽到的就不需要去。虽然他们的说法是这两个国家的兵役制度不一样，他们认为泰国的兵役制度更合理更能够接受。但是这也许并非决定性原因，不愿意服缅甸的兵役而愿意服泰国的兵役，可能最关键的因素在于很多人潜意识里有这样一个想法：泰国政府给予我们很多的社会福利，我们为国家尽一分力也是应该的。

  对于年轻人而言，大多数人是不愿意去服兵役的，他们认为在军队里不自由，总是希望没有被抽到。秀的老公就是一个幸运者。20 岁那年，秀的老公也进入了服役人员的行列，所幸的是，他没有被抽到，他为此还请朋友们喝啤酒表示庆贺。后来，他去了中国台湾打工，去挣钱供养父母和为他们俩未来的生活做准备。有些被抽到服役的年轻人，也会想一些办法逃避兵役，如采取贿赂的办法，让政府官员免除他们的兵役义务，这样的情况也较为常见。但是，这并不能表明这些年轻人对泰国国家的不忠诚，只是他们不希望在部队里被束缚。

  在与年轻人聊天的时候，他们很少提到服兵役的事情，看来，村里的年轻男子抽到服兵役的概率并不高。在我们调查期间，只是在罗锅寨，看到一家的庭院里挂满了军人的服装，为我们做翻译的阿美告诉我们，这家人中，有儿子在泰国军队里当兵，可能是休假回家。可惜，我们没有见到休假的士兵，未能了解到他在部队里的一些情况。

四　海外淘金——年轻人的自由追求

  每次问到村里的年轻人对泰国这个国家的看法的时候，很多年轻人都会对我们说一句话，那就是："泰国是一个自由的国家。"当我继续追问他们对"泰国是一个自由的国家"的理解时，他们会告诉我："在泰国，想去哪里就去哪里，想去哪个国家就去哪个国家。"若是不了解这个移民群体的历史记忆和社会背景的人，也许对这个答案感到疑惑。但是，当你从本书的开头读到这里，你看到这个答案的时候，你应该不会对此感到疑惑了。因为，对于这个群体而言，他们曾经是一个没有行动自由的群体。他们居住在缅甸的时候，尽管不断迁移，但他们的流动是非法的，随时都可能受到来自政府的管制；他们迁徙到泰国，未获得公民证时，他们的活动是受到限制的。没有得到泰国官方的任何身份证明之前，他们是非法移民，随时都可能被关押和被遣送出境；即便获得"山民证"，他们只能够在有限的地域范围内活动，超越规定地域的出行必须提出申请获得批准后才能按规定的时间到规定的地方活动。也就是说，在获得泰国公民这一法律身份之前，他们是不自由的人。失去自由的人才知道自由的珍贵。泰国美良河村的年轻人们，他们的父辈，包括他们自己中的多数人，都有曾经被限制自由的经历，这一刻骨铭心的经历已经变成了他们深沉的集体记忆，也将变成他们持久的历史记忆。

得到了泰国的公民证，泰国政府在法律上承认他们的泰国国籍。对于泰国美良河村的村民，最大的益处不是泰国政府之后给予他们的种种社会福利，而是让他们成为一个自由行动的人。"走出大山，走出森林，去低地，去寻找新的生活"，这一想法，在这些移民群体的年轻人血液里涌动，他们一得到公民证，就开始收拾行装，急切地要走出去，走向山外。

泰国美良河村的年轻人走向山外的方式有两种，一种是到南部打工，然后以南部学到的技术为平台，走出国门，成为国际劳工。另一种方式是利用该村村民与台湾当局的密切关系，直接办理国际劳工签证到中国台湾打工。但无论哪种方式，他们走出大山、走到低地、走出国门都与中国台湾的企业密切相关。

中国台湾在地理位置上与泰国较为靠近，历史上与泰国有密切的经济交流。20世纪六七十年代，中国台湾作为"亚洲四小龙"之一，在经济上推行出口导向型战略，重点发展劳动密集型的加工产业，在短时间内实现了经济的腾飞。中国台湾劳动密集型的加工产业的快速发展，必然需要大量的廉价劳动力，因此吸引海外劳动力进入岛内工作和将产业转移向周边有充裕廉价劳动力的国家，是中国台湾产业发展的一种趋势。20世纪80年代以后，中国台湾加大了对外投资的力度，因为地域上的邻近和能提供廉价劳动力的优势，东南亚国家成为中国台湾对外直接投资的重点区域。泰国是中国台湾在东南亚投资的主要国家，其直接投资规模大，1990年以前，泰国是中国台湾对东南亚投资的首要地区，20世纪90年代以后，中国台湾在马来西亚的投资增大，但泰国仍然位居其在东南亚国家投资的第二位。从泰国方面看，中国台湾是泰国的第三大投资合作伙伴。从 20 世纪 80 年代中期的一组数据可窥见一斑：1986 年泰国投资委员会批准台资 21 项，金额 7000 万美元；1987 年台资增至 102 项，投资总额为 2.99 亿美元；1988 年则增至 308 项，投资总额为 8.42 亿美元，在泰国引进外商投资中居第二位（日本居第一位，为 30.17 亿美元；美国居第三位，为 6.66 亿美元）。如果从投资件数看，中国台湾在 1988 年则跃居第一位，日本和美国分别居第二位、第三位（分别为 265 件和 106 件）[①]。进入 20 世纪 90 年代，中国台湾在泰国的投资呈现下降趋势，但总体而言，中国台湾仍然是泰国最重要的投资贸易伙伴之一。

水产品生产是中国台湾企业在泰国投资的一个领域。泰国南部安达曼海沿线水域属于热带水域，少强风恶浪天气，几乎全年可以从事渔业生产。泰国政府把发展养虾业作为渔业产品的重点来发展，也采取优惠的政策吸引海外养虾企业到泰国从事养虾业。随着养虾业的发展，冻虾出口业迅速发展。使泰国成为世界第一冻虾出口大国。1998 年，亚洲金融风暴袭来，泰币贬值，泰国冻虾的出口创下了历史的最高纪录，出口冻虾 24.5 万吨，出口值 583.43 亿泰铢（约合 15.35 亿美元）。

也许是因为泰国美良河村是难民村，来自中国台湾的信息较容易传入；也许是因为泰国美良河村村民会讲汉语，容易在泰国的台资企业找到工作；也许是因为机缘巧合，最初出去的村民到了中国台湾人的养虾场工作，然后不断地带村里的亲朋好友出去……所有的也许，最后汇成的结果便是，泰国美良河村的村民们在中国台湾人在泰国南部办的养虾场里学会了养虾技术，并且很快成长为养虾师傅，被海外养虾公司外聘。

这些拿到公民证后走出大山的年轻人，他们的文化程度不高，但是他们深知要在一个新的社会环境立足，只有踏实、努力地工作，才有自己美好的未来。他们的勤奋和精明很快在养虾场里得到了展现，开始他们是中国台湾养虾师傅的徒弟，他们的工作是打下手，诸如到深海取海水、按照要求喂虾食等。他们在工作中手勤脚快，而且善用头脑，于是，他们逐渐从打杂工上升到养殖工。他们靠细心观察和用心积累，逐

---

① 周明伟：《台湾在泰国的直接投资探析》，《贵州财经学院学报》2001 年第 2 期。

渐学会了全套养殖技术，成为可以单挑独打的养虾师傅。特别是他们要的工资比中国台湾养虾师傅低，他们便逐渐成为泰国南部乃至国际养虾市场上最受欢迎的养虾师傅，这真是应验了中国的谚语："教会徒弟，饿死师傅。"

在十年前，泰国的养虾业很红火，20世纪90年代末期泰国是世界上冻虾出口第一大国。但近年来，泰国的养虾业不断萎缩。据村民说，泰国的虾经缅甸出口，缅甸人把铅放到虾里，从此没有人敢到泰国下订单了，泰国的养虾业从此一蹶不振。

身怀养虾技艺的泰国美良河村村民也只能到海外去挣钱，目前，村里的年轻人到马来西亚、伊朗等国家当养虾师傅的有不少。

在村口的一户人家，我们访谈到两个中年人，一个姓张，汉族，41岁；一个姓刘，拉祜族，40岁。他们都到过泰国南部、伊朗和马来西亚养虾。

问："你去外面打过工吗？"

张、刘答："去过。"

问："去哪里打工？"

张答："我到南部打过工，养虾。刚去的时候是徒弟，现在都可以当师傅了。养虾需要到深海里取浓度是30%的海水来，我最怕坐船，去取海水时，坐着大船去，可是风浪一来，如一叶孤舟，怕极了。我还到过马来西亚养虾，现在泰国养虾业不景气，养虾不赚钱，我们就到其他国家了。"

问："那你们从南部去马来西亚养虾，觉得好玩吗？"

张答："不管是在南部，还是在马来西亚养虾，我们多数时间都是在虾场，虾场工作很辛苦，没有时间玩，也没有钱到处玩乐，每天离开虾场的时间只是去买菜来做饭吃。"

刘答："我去南部养过虾，也去伊朗和马来西亚养过虾，当养虾师傅。我们在伊朗更是不出去，因为语言不通，也怕被警察抓。我去三个月，能听懂一些英语，也能比划着说话，别人能够听懂。去伊朗来回的飞机票都是公司给出的，每月给500元基本生活费，其他都是按收入分成。"

通常，村民们到马来西亚和伊朗养虾，都是办旅游签证出去的，因为办理国际劳工签证很麻烦，为了省心，村民们办的是旅游签证。但旅游签证是不得打工的，因此，他们在海外打工都十分小心，不敢外出，怕被警察抓住。所以，这些年轻人到海外打工，完全没有我们想象之中的浪漫，如可以领略异域风情、感受异域文化等，他们外出打工的大部分时间是面对海水，面对那些正在生长的幼虾，祈祷幼虾快快成长，有一个好的收成。

索罗是我们在村口摩托车修理站上遇到的一个青年男子，26岁，拉祜族，能说不太流利的汉语。他从伊朗回来不久。索罗有魁梧的身材，头发留得较长，脸庞黝黑，经常和几个小伙子骑着摩托车出出进进。他告诉我们在伊朗养虾的一些情况：

我们去伊朗养虾是泰国这边的公司招人应聘去的，公司为我们办了三个月的签证，然后把我们送到伊朗的公司里。在伊朗我们待了三个月，一直都是在养虾场里，一般不外出。如果需要买生活用品之类的，告诉公司里面的人，他们帮买或是他们带着我们外出买，公司不允许我们自己外出，因为我们的签证不能打工，若被发现就要抓去警察局。我不会讲英语，但这不影响我们的工作。我去了三个月，得到了4万泰铢。

养虾三个月，得到4万泰铢的收入，是属于收入较低的。作为养虾师傅，他们与虾场老板的经济关系是抽成关系。虾场由老板投资和经营管理，养虾师傅负责养殖，养虾师傅可以按自己养殖虾收入的1%抽成。因此，虾养得好不好，就直接与养虾师傅的收入挂钩。有的养虾师傅技术差或者某一季运气差，虾养不好，收入就低；有的养虾师傅技术好再加上运气好，养虾大丰收，就能够分得可观的收入。

我们到村的第三天，见到了娜妥的小儿子，他刚从马来西亚赶回来结婚，我们也参加了他们的婚礼。婚礼后几天，我们再次见面，和这位新郎聊起了他的打工经历：

我第一次出去打工是到泰国南部学习养虾，是随同朋友一同去的，当时收入也不错，与我们现在到国外打工一样多。后来泰国的养虾业萎缩，没有订单，收入少，我们都出去国外养虾了。我到过马来西亚和伊朗养虾。最近一次到伊朗养虾，4个月赚了26万。我们是按抽成得到收入的，比如老板赚100万，我们就能得到1万。伊朗的老板是一个国际化的大公司，公司业务遍及全世界，订单多。老板对我们非常好，来往的机票全包、吃住以及签证费用都包，遇到麻烦也由公司出面解决。我们在外面打工不用钱的，因为我们是旅游签证，不能打工，所以不敢到处外出玩，多数待在公司里，生活很单调，语言不通，吃穆斯林食品，在穆斯林地区也不能带家属，但我们习惯了。在伊朗养虾每年只能养三个月，因为只有三个月的时间伊朗海域的海水温度适合养虾。

马来西亚海水水温高，一年四季都可以养。但是每次办签证只有三个月期限，到期须到（马泰）边境重新签证，需要交50元马币。现在我们村的人在马来西亚至少有十个人，分散在不同的地方打工。去马来西亚可以带家属，我很想把她（指身边的妻子）带着去，但是她不想去，因为她是他们村寨教堂里的牧师，走不开。

说这些话的时候，新郎深情地看着身边的娇妻，新娘是一个二十五六岁的女子，看起来有些单薄，没想到她竟然已经当上了教会的牧师，让我们刮目相看。我们问新郎他技术好能赚很多钱，这些钱都如何花时，他笑笑说：

我带着她到（泰国）南部去旅游啊。我也要给父母寄钱，我每个月给她寄1000元，让她不要辛苦地劳动。我们谈了六年的恋爱，我大部分时间都在外面打工，她一直在家等着我，对我很忠诚。

新郎继续说他的养虾经历：

我也到过中国养虾的，是到青岛去养虾，有一个公司聘我去的。他们也是为我办好了签证，订了飞机票让我过去。我去了三个月，可是那边的水太冷，虾养不好，没有收成。走的时候，那个公司的老板给我五百块钱，我没有收下。我不好意思啊，没有帮老板赚到钱。

从目前的情况来看，从事养虾行业的村民，主要是拉祜族，"云南人"和阿卡人都很少。那么，"云南人"家和阿卡人家的年轻人外出打工，又主要到哪些地区、哪些行业呢？

中国台湾是泰国美良河村"云南人"外出打工较为集中的一个地区。这些以国民党军人眷属为主体构成的"云南人"，之所以会把中国台湾作为打工的首选，主要得益于他们的父辈与台湾国民党政府有千丝万缕的联系。首先是因为泰国美良河村村民中的国民党残军，或多或少有朋友或亲戚在撤台中到了中国台湾，这使他们在中国台湾多少有些"靠山"。其次是国民党政府曾出台扶持留泰残军的政策，允许选拔部分残军子女到中国台湾就读高中和大学，因此一部分村民把孩子送到了中国台湾读书。这些在中国台湾读书、逐渐融入中国台湾社会的子女，源源不断地把各种有关中国台湾的信息传递到泰国北部的"难民村"。最后是国民党政府和台湾基督教会与泰北各"难民村"保持着密切的联系，这些"难民村"容易得到来自中国台湾的各种信息，包括中国台湾企业对国际劳工需求的信息。

因为发展劳动密集型工业需要大量的廉价劳动力，中国台湾在东南亚地区大量招国际劳工。因此，到中国台湾打工可以名正言顺地办理劳务签证入境，劳务签证是三年期。持劳务签证在中国台湾打工是合法的，通常中国台湾的企业所支付的劳务价格也较高，中国台湾的劳动法也保障打工者的合法权益。因此，泰国美良河村村民都把到中国台湾打工作为自己的奋斗目标。

最早去中国台湾打工的泰国美良河村村民是"云南人"，主要原因是"云南人"因上述种种原因，容易接收到来自中国台湾的劳工需求信息，而且他们会讲国语，也为他们到中国台湾打工提供了方便。当然，最重要的是，泰国美良河村的"云南人"是经济条件相对较好的群体，他们有一定的经济实力支付数额不低的中介费。能否顺利地从泰国到中国台湾打工，需要靠国际劳务中介公司，当你支付一定的中介费之后，国际劳务公司会为你寻找到需要劳工的中国台湾公司，并为你办理相关的国际劳工出入境证明，在中介公司的帮助下，你就可以顺利地进入中国台湾并按合同得到第一份工作。进入中国台湾后，你也可以在企业间跳槽，寻求更好的工作机会。

泰国美良河村的"云南人"得到泰国身份证之后，第一个想法就是外出打工。因为去中国台湾打工收入较高，一个月能有3万台币收入，而且中国台湾务工签证一签就是三年，出去一次就可以赚不少钱回来。有一定家底的"云南人"，就把打工的目标瞄准了中国台湾。大家看到出去的人赚了钱，回来房子也盖起来，人见识也多了，就纷纷效仿着出去。泰国美良河村"云南人"家庭，几乎家家有人去过或现在在中国台湾打工，周边的拉祜人、阿卡人也跟着出去了，这样出去打工的人越来越多，去的国家也越来越多，流动的空间范围也越来越大。

阿美就曾经到过中国台湾打工，她告诉我们：

> 我在（中国）台湾工作，是在一家家电组装厂，一天三班倒，工作已经非常辛苦，回来也睡不好，因为有工友不断上班下班。有时候会累得昏倒掉。在上班中，太累太困，就咬一口柠檬，酸水激灵一下，接着干活。为了钱，再苦也得坚持下来。
>
> 我们一进厂，厂里就给买健康保险，看病住院自己只需要出10%。我还在（中国）台湾开过刀。因为有厂里的"健保"，我出的钱不多。
>
> 在（中国）台湾三年中，我在多家公司打过工，还给台湾人做过翻译，把华语翻译成泰语，做翻译看起来轻松，其实并不轻松，你要把别人说的话意思很明白地翻译过来，还是不容易的。老板很喜欢我做的翻译，所以干了一个月，就给我加了薪水。

阿美为我们做翻译的过程中，对我们所提到问题的理解和我们想知道的东西，认识得都很到位，原来是有当翻译的经历。除了在中国台湾，阿美也到过泰国曼谷、中国澳门等地打工。因为有一个吸毒的老公和几个未成年的孩子，她就是这样含辛茹苦，凭着一股韧劲，四处拼搏，靠着她的乐观，挺过了最艰难的时期。她呵呵地笑着对我们说："我的经历可以写一部电视剧了。你们帮我们写成电视剧，到时候我自己来演啊。"

去中国台湾打工需要通过中介公司，中介费需要 15 万台币。多数阿卡人、拉祜人没有这个经济实力拿出 15 万台币去办中介手续，所以，拉祜人和阿卡人去中国台湾的不多。去中国台湾打工的群体以"云南人"居多，一方面是"云南人"相对经济条件较好，能够出得起这笔中介费；另一方面，是"云南人"的眼光要看得长远一些。朱艳告诉我们，即便是去贷款，去中国台湾打工也划得来。中国台湾的工资较高，一个月可以赚三五万台币，去不到半年，就可以把中介费赚回来了，偿还了贷款，剩下的两年半就是自己挣的了。如今，泰国美良河村的"云南人"家，几乎每一个家庭都有人在中国台湾打工或有曾在中国台湾打工的人。那个开小卖部的张老师，有两个孩子，大的孩子有五六岁，小的孩子只有两岁左右，他的媳妇在小孩子一岁的时候就去中国台湾打工去了。就是他一个大男人在家笨手笨脚地带着孩子，每天还要在中文学校教书，经营小卖部。

秀结婚不到一年，她的丈夫现在也在中国台湾打工，是在一家生产手机的公司工作，他每天给秀打国际电话来聊天，小两口卿卿我我，一聊就是一个多小时。当然，这得益于泰国便宜的国际电话。我们在泰国打电话回国，其国际电话费折合人民币竟然每分钟仅 8 分钱，比在中国打市内电话还便宜。她丈夫每个月给秀寄钱来让她零花，她因为有钱用，也因为身体不太好，就天天在家闲着，什么也不做。因为丈夫在中国台湾打工挣大钱，公公婆婆知道他们小两口有钱，总是想让他们在盖房子时多出点儿钱，这让秀很是不愉快，她说老公挣钱也很辛苦，几个弟兄应该互相平摊才合理。

到泰国南部、中国台湾打工的经历丰富了村民们的阅历，也使这群可以自由飞翔的年轻人心更高更远了，他们四处寻求外出海外打工的机会，中国台湾、马来西亚、伊朗是村民们打工的主要国家和地区，此外，村里的年轻人还到韩国、新加坡、文莱、中国香港、中国澳门、印度、中国广东等地打工。

巴和他的表妹 2007 年去韩国打工，2009 年回国，在韩国待了两年多。他们是办旅游签证去的，去了以后就滞留在那里非法打工。当时他们去的时候，并没有联系好公司，他们找到在韩国打工的亲戚朋友，得到一个落脚点，然后再去找工作。巴在蔬菜厂工作，种番茄、青菜等，像工厂一样种植蔬菜。表妹在汽车配件厂工作。两个人的工资都是一样，一个月有2万泰铢。他们回来时，虽然受到出关警察的盘问，但算是幸运，警察只是开玩笑地说："你们怎么现在才回国？去哪里玩了这么久？"然后就放他们回来了。

但是，有些村民就没有这样幸运了。有一天，阿罗哥告诉我们，有两个村民被韩国遣送回来了。被遣送回来的村民会上韩国的黑名单，以后再也没有机会去韩国了。但是，村民们并不在乎被遣送，因为他们也只是想着做一单买卖，去打一两年的工，赚了钱就回来，反正以后也不想再去了（参见图6-4）。

图6-4 刚从海外打工回来的泰国美良河村拉祜族青年

挣大钱是所有外出打工的村民们的梦想，在这个村寨里，富饶的土地为他们提供基本生活所需,自给自足是没有问题的。普密蓬国王就教导他的人民经济自足,经济自足的思想就是依靠自己的力量满足家庭消费,依靠自己的力量实现国家自足。但是,这些生活在深山密林之中的山民,他们的后代已经不满足于靠山吃山、靠林吃林的生活了,他们想离开山林到平原去,到大海去,到广阔的世界去闯荡,赚钱是所有外出的年轻人最直接的需求。不过,他们一旦走出去,走出大山,他们所收获的,就不再仅仅是更多的金钱了,他们的思想,他们的生活方式,都随之发生着改变。他们也深刻地知道,这一切变化,都是由于自己拥有泰国国籍,有了泰国国籍,他们就从一个受限制的人变成了一个自由人,走出蛮荒森林,走向了"海阔凭鱼跃,天高任鸟飞"的大世界里,走向了不分国界的地球村之中。

这就是自由,美良河村的年轻人所理解的自由,这就是他们所说的"泰国是一个自由的国家"的含义。

五 生活的新选择——泰国文化适应

当泰国美良河村的年轻人自豪地告诉我们"我是泰国人"这句话的时候,他们对这个国家充满了感情。在他们的日常生活之中,他们也试图以自己的方式,去适应泰国的文化、泰国的社会生活,让自己变成真正的泰国人,即和泰国文化融为一体的"我者",而非保持着自己异文化的"他者"。

(一) 与低地泰族人通婚

很多女孩子去外面打工,成为她们改变"山民"身份的跳板——她们嫁给了低地泰国人,从此在低地生活了。

"阿婆"的女儿现在就在曼谷;她是到曼谷打工认识了她的丈夫,嫁了一个泰国人就生活在曼谷,现在已经有一儿一女。"阿婆"说,女儿要她到曼谷住,她不想去,每家每户都是单元房,相互不认识,不习惯。女儿和女婿过年过节的时候会回来看她,但是回来的时间不长,每次都匆匆忙忙，因为他们有工作。孙子、孙女非常可爱，在读幼稚园。说起女儿和孙子、孙女，"阿婆"脸上洋溢着幸福。"阿婆"说，孙子、孙女们都不会讲拉祜话，女儿在家里只说泰国话，女儿还是爱吃辣味的菜（拉祜菜的特色是辣味重），但是他们家里做菜的口味还是偏向泰国口味，"阿婆"不太喜欢。语言和饮食习惯的变化，是"阿婆"女儿被泰国文化涵化的一个方面，更多的方面却是"阿婆"无法用语言描述的。在我们看来，"阿婆"的女儿及其他们的后代，已经在很大程度上融入了泰国社会生活和泰国文化之中了。

李莲的女儿也是外嫁到泰国南部，嫁了一个泰国潮州人。众所周知，定居于泰国的泰国潮州人都是做生意的，有很强的经济实力。李莲的女婿比女儿年纪大得多，女儿家有宽敞的别墅、高级轿车、佣人，等等。女儿经常给李莲寄钱，李莲家的院子是看起来颇显豪华气息的红砖房，是女儿出钱盖的。不仅外表看起来很气派，室内还进行了较为时尚的装修，如客厅的吊顶，卫生间还配备了坐式抽水马桶，等等。

在村子里，像"阿婆"和李莲女儿这样外嫁的女子很多，有的嫁给了泰国华人，有的嫁给了南部的泰国人，有的嫁给了"锅猡人"（泰北的泰国人），还有的远嫁给了日本人、中国台湾人、韩国人、美国人、澳大利亚人，等等。

在村子里，我们看到一个皮肤黝黑、脸廓分明的小伙子，村民告诉我们他是南部人，是泰国人，他旁边依偎着一个女孩，这个女孩是阿卡村的，她把男朋友带了回来。村民还告诉我们，这几天还有一个女孩子把他的韩国老公带回来，他们正住在村子里，我们试图找到他们，但是未能如愿。

出于到外面打工的需要，泰国美良河村的村民十分重视其他语言的学习。村里开办着中文学校，不少村民要孩子去读中文学校，就是希望孩子能更好地学习中文、英语和电脑。阿卡人较为精明、有眼界，学习也较为勤奋，在泰文学校和中文学校中，学习成绩拔尖者都是阿卡孩子，在中文学校读书的阿卡孩子也较拉祜孩子多。对此，秀无不羡慕地告诉我们，阿卡人学习很好，特别是英语学得好，他们同学中，有几个阿卡同学能直接读英语小说。阿卡村里，有几个女孩子因为英语好，在南部打工后就嫁到了美国、英国。

除了嫁出去以外，出去打工的男子也会在低地地区定居而不再回来，有的会倒插门到低地女方家。育家有兄弟四个，现在只有育一人在家里，其他三兄弟都在外地打工。我问育为什么不去打工，他说："父母年纪大了，需要有人照顾。还有那些果林也需要有人来管理。"他告诉我们，他的三个哥哥都在外面娶了妻子定居，不会回来了，父母就得靠他来养老送终了。

匡玲也说了同样的话，她也是以同样的方法安排她的儿女们。她希望有一个儿子在家照顾他们将来年老的生活，其他的都外出定居，自谋生活。这个山谷毕竟太小了，在泰国成长的一代，他们应该有更广阔的天地去发展。

村里也有男子会娶低地的泰国人回来。我们在人口登记时见到的良，他的妻子就是泰国外府人，是他打工时认识的。现在他们俩都在家里打理他们的果林，过些日子，良又会去外面打工，让妻子带着孩子在家里。

当然，与嫁出相比，娶进来的要少得多。毕竟经济是婚姻的基础，泰北山民本身就是低收入者的代名词，而且泰国美良河村交通不便利也在一定程度上限制了低地发达地区的人口的流入。在泰国，婚礼的经济基础往往通过彩礼的多少体现出来，在当地找不到媳妇的男子到缅甸娶一个妻子，只需要支付5万泰铢；而嫁出到南部地区的女子，对方则会给女方家30万泰铢的彩礼，这让女方家庭也感到十分荣耀。

（二）泰式生活习俗

秀从读中学起就一直身体不好，不能参加体育课，她高中毕业后开始在家休息，父亲给他们兄弟姊妹们分了果林，她不需要工作，只需要管理一下果林（如定期请人到果林园里除草，水果收获的季节请人来收果等），每年也会有一些收入，而且她的新婚丈夫在中国台湾打工，每个月给她寄零花钱她都用不完，因此她现在就赋闲在家。但是秀不喜欢这样的生活，前年她还是不顾家人的劝说，到南部去打工，在一家华人公司里当翻译。她说她现在也很想出去外面打工，在村里太无聊，没什么玩的。但因病重的父亲需要她的照顾，所以得留在村里。

在秀的身上，我们看到不少泰国人的生活习惯，如吃饭喜欢使用盘子和勺，而不是她从小使用的筷子。她告诉我们她家吃饭的趣事：父亲是"云南人"，父亲吃饭用筷子；母亲是拉祜人，母亲吃饭喜欢用手抓；她和她哥哥姐姐们喜欢用盘子和勺。父亲数落母亲用手抓饭菜脏，母亲说你用筷子戳来戳去的更脏。在秀看来，父亲和母亲的吃饭方式都不文明，还是他们用盘子和勺的才文明。秀一天至少换洗一次衣服，有时候要换两次衣服。她还说她在曼谷时，有时候一天要换三次衣服呢。每天洗澡换衣服是泰国人的习惯，不仅像秀这样的年轻人在生活上效仿泰国人，而且像"阿婆"、罗大哥这样的中年人，也是天天洗澡和换洗衣服的。关于洗澡，秀给我们讲过一个故事，说是有家村民来了个中国大陆的亲戚，当时是冬天，村民就要烧水给这位远道而来的亲戚洗澡，亲戚就说："不用了，我上个星期才洗的澡。"于是，这句话变成了全村人流传的笑话。

我们刚到清迈几天，就发现了泰国人一个特别的生活习惯，那就是喜欢闻类似唇膏的薄荷膏，以清醒头脑。在大街上，在会议室中，都常常看到有人拿出薄荷膏闻一闻。秀天天和我们在一起，我们也发现她喜欢闻薄荷膏。我想这也是这些年轻人模仿城市生活和现代时尚的一种表现吧。秀还常常给我们讲述他们在曼谷打工的情况：

> 在曼谷，我和朋友们晚上就到酒吧里消遣听歌，不时会给酒吧里的歌手或侍者一点小费，大家都很开心。
>
> 我们曼谷的朋友们还经常骑着摩托车到郊外去，带着野餐，还有啤酒……
>
> 我以后生孩子，要到南部的医院里去生，那里医院非常干净……

（三）同性恋的宽容和理解

我们去扎可村基督教堂参加礼拜的时候，看到了一个短发、穿着时尚T恤和牛仔裤的年轻人，她的打扮十分男性化，乍一看去，我们还以为她是男孩子。在她旁边，还有一个也是打扮入时的女孩子。看见她们俩，我们并没有多想。秀告诉我们，她们俩是同性恋。看着她们俩很自然地在公共场合出双入对，毫不掩饰他们的同性恋倾向，我们有些惊异。

之后，秀又主动告诉了我们不少同性恋的信息。她说他们同学中，同性恋的有不少，大家都公开地表达自己的感情，家长也不反对。有时候，老师和学生也会产生同性恋关系。

众所周知，泰国有一个奇异的风俗表演——人妖表演。泰国的人妖，用通俗的话来说，就是非男非女的人。有人认为，泰国色情的泛滥，同性恋现象剧增，同性恋导致的后果便是一部分男人渐渐朝女性化发展，日积月累，人妖这种特殊产物便滋生起来。人妖成为泰国旅游业的特色项目，人妖表演者的高薪收入进一步刺激了泰国人对变性的热衷。在这种经济文化环境下，一个人自然形成的生理形态的性别和心理形态的性别不一致，就成为人们习以为常的社会现象。因此，性心理出现偏差的人和性取向同性化的人，人们都对他们抱有宽容和接纳的态度，并不会受到公众的批评或歧视。

中国学者龚浩群博士在其著作《信徒与公民：泰国曲乡的政治民族志》中也注意到了这一社会现象，她的著作里记述了她所调查的村庄中的两个性心理出现偏差的个案，其中一个个案记述了一个叫"邓"的男性青年，留着披肩长发，涂抹着口红，在征兵中等待体检的场面，龚博士还描述了"邓"的母亲和村民对"邓"的态度①：

> 邓的母亲说邓从小就特别文静，虽然个子不高，长得也很帅，但邓就是喜欢女孩子打扮。谈到邓今后会不会出家，他的母亲皱着眉摇了摇头。但是邓的母亲没有为性别的事情责怪过他，因为母亲总是爱孩子，而且，也没有什么理由责怪他。
>
> 和其他村民谈到 katheoi② 的情况时，与我一样，人们多半是抱着好奇和不解的态度。我问父母会不会为这样的孩子头疼，有村民

---

① 龚浩群：《信徒与公民：泰国曲乡的政治民族志》，北京大学出版社 2009 年版，第 102 页。
② 指具有女性心理、模仿女性行为并期望成为女人的男性。——笔者注

说:"有什么可头疼的?他们又没有让谁痛苦(duat-ron),这是自己的事情。有的孩子也很可爱。"

这是龚博士在泰国中部平原地区乡村里观察到的情况,这些个案表明,性心理异常者在泰国人之中是相对普遍的,而且社会对这一群体持理解和宽容的态度。

而我所观察到的情况,虽然也发生在泰国,但是却是在一个移民社区,这个村寨的村民有自己本民族的传统文化,而在他们的传统文化里,对性心理和性取向异常者是持有较强的偏见的。但是,在泰国美良河村,这种偏见已经几乎感受不到了,从这对同性恋者毫无顾忌地亲昵地出现在教堂中,从年轻人甚至以欣赏的口吻谈及同性恋关系时,我们感觉到了泰国文化对年轻人乃至他们的父辈的影响。

六 政治参与——公民身份的觉醒

49年,对于喜欢早婚早育的泰国美良河村的村民而言,已经有三代人的历史了。第一代村民,是从缅甸迁徙过来的父辈,如今已经进入50岁以上的年龄段之中了。第二代村民,是在泰国成长起来的新一代,他们已经成为真正的泰国人,有的读了大学,在外面有了体面的工作,有的在外面打工就定居于低地,他们正在逐步剥去"山民"的身份融入泰国社会之中,努力使自己成为一个地道的泰国人。因此这些年轻人,在他们的文化选择上,也更加偏重于泰国化的方式而非传统民族文化的方式。第三代村民,那些正在读着幼稚园、读着小学的孩子们,他们未来的文化选择,事实上已经注定了,他们就是地地道道的泰国人,一个有着其他民族血统的泰国人。将来的第四代、第五代村民,也许就很难在他们身上找到移民的痕迹,就像现在很多生活在清迈、生活在曼谷的那些祖籍是广东、福建的泰国人一样,他们从来都不把自己当作是移民的后代,而是一个完完全全的泰国人了。

政治参与是一个公民行使其公民权的重要内容,也是一个公民是否获得公民身份的重要标志。

1932年12月10日泰国第一部宪法颁布，标志着泰国从绝对君主制国家转变为君主立宪制国家，开启了泰国民主国家的新历程。泰国的民主制度经历了很多曲折，但是民主化的进程在艰难之中不断推进。1997年，泰国再次修订了宪法，新出台的《人民宪法》被认为在泰国民主政治的发展中具有里程碑意义。宪法修改了过去由国王任命参议员的规则，规定所有的参议员全部由大选产生。与之相适应的是，自下而上，泰国的各级行政管理机构的领导人都是由公民直接投票选举出来的。

　　这种民选制度一直被贯彻到泰国的乡村社会生活之中。只要是具有选举资格的泰国公民，都有资格参加村长、乡长、乡行政机构委员会、本县的府议员、本府行政机构执行委员会主席、本府的国会议员以及本府的参议院议员的选举[①]。这种民选活动在泰北的"难民村"或"山地部落"也不例外，只要是拥有泰国公民证，达到选举年龄的人，都有权参加选举和被选举。

　　在泰国美良河村和周边的村寨的调查中，我们经常看到有关村干部选举的宣传标语，与在县上和府上那样到处张挂着候选人大幅照片和竞选纲领的宣传画不同的是，这里的宣传标语的重心是让村民知晓选举程序，如何时进行选举、如何写选票、如何投票等。针对有些村民看不懂候选人的名字，他们就把候选人编号，然后在墙上写出这些编号，每一个编号对应一个参选人，让村民可以直接把编号写在选票上进行投票。

　　在我们调查的期间，泰国美良河村和周围的村庄并未举行选举，我们没有直接看到村民参加选举的过程，以及村干部竞选和拉选票的过程。在村里也并没有过多地感受到村民的政治意识（除了村长）。我们拜访过泰国美良河村现任村长两次，每次见他，他都在电视机前看电视，每次电视上播放的节目都是泰国国会议员的辩论会。

　　但在与村民的交流中，我们能很明显地感到，对于能够成为受泰国政府任命的村寨负责人，村民们是十分骄傲的。我们的房东"阿婆"就是副村长，在她家楼上正屋显眼的地方，挂着她的穿着政府制服的照

[①] 龚浩群：《信徒与公民：泰国曲乡的政治民族志》，北京大学出版社2009年版，第227页。

片，显得十分精干。"阿婆"与她丈夫的关系似乎不是很融洽，但是，她丈夫说起他的"老婆娘"时，还是不无自豪地告诉我们，她当副村长，每个月政府都发着薪水呢。其实，我们知道，他的自豪并不主要来源于得到政府的薪水，而是他的"老婆娘"被泰国政府任命为副村长这个职务。

不过对于"阿婆"来讲，她似乎并不特别在意这个职位，她说，她任完这一届，就不想再连任了，她老了，要让给年轻人去做。对于本村的三个拉祜寨子想独立成为一个行政村/组的事情，她并没有多少热情为她的拉祜同胞去努力和争取，我们问起这个事情时，她似乎并没有兴趣，甚至她都不知道为什么政府没有批准这个请求。据阿卡村的村长说，拉祜村没有被批准是因为他们没有起一个泰国村名。

在村寨里除了村长、副村长这些行政职务以外，拿政府薪水的，还有青年会会长。巧兰的二儿子是青年会会长，她为自己的孩子能为政府工作感到非常自豪，每次和我们说起她的儿子，都要告诉我们她的儿子是青年会会长。村里还有一个机构是妇女会，妇女会设主任一职，但妇女会主任并不能够得到政府的薪水，妇女会主要的职责是鼓励妇女参与政治，支持妇女自强、自尊、自爱、自足。阿美担任民养村妇女会主任，她告诉我们，她们要做的工作并不多，若政府有缝纫培训等项目下来，她们会组织女性村民来学习等。作为妇女主任的最重要工作，是参加县政府召开的会议，类似于我们的人大代表会议。帕纳赛利村的妇女会主任告诉我们，每到县政府召开会议，她们就会作为村民代表，身着少数民族服装去参加会议。

对于希望更深地融入泰国社会的年轻人，虽然政治、选举之类的事情对于他们有些遥远，但是，他们十分在意自己拥有的这张政治选票。秀告诉我们，村里的年轻人，因为多数外出打工，很少有人会为村长选举的事情回到村寨来投票或来参与竞选，但他们只要是在泰国境内，就会参加所在地区的选举活动，无论是选举地方官员，还是选举泰国总理，他们都会按时到指定的地点进行投票。

可见，当国家赋予了这些山民泰国公民的法律身份时，他们的公民意识也觉醒了，他们把自己的选举权认真地实践于政治生活之中，以此来表达自己的政治意愿和彰显自己的政治权利。

还有其他一些山民——我不知道这里有没有来自泰国美良河村的村民——在泰国政府有选择地给予山民证和公民证的过程中，他们的权利意识被唤醒。在泰国政府利用保护生态环境的借口来剥夺他们生存之地时，他们的权利主张被激发起来：

1999年4月25日，许多山地民族以非政府组织的形式，通过集会的方式在清迈政府门前请愿，这些和平请愿者是由三个组织构成：北部农民组织、泰国本土人民组织、贫困人民组织。他们主要目的就是要求泰国政府承认各族群的人权和居住在山区的权利，除此之外，他们各自还有三个要求：森林地区领土的拥有权、获得公民身份权、有关山地部落地区的决定权（无国籍的公民）。这次大规模的请愿运动有1万多人参加。

请愿活动最初阶段泰国政府作出了让步，允许民众参与谈判，并承诺在一定的时间内解决有关问题。但是后来，政府修改了原来的承诺。这使示威者与政府之间的对峙紧张起来。1999年5月19日，政府下令1200名护林员和600名警察出来殴打游行人员，以暴力的形式平息了这次示威活动。

尽管这次表达山民政治意愿的泰北山民的请愿活动以失败而告终，但是它表明，泰北的山民们，无论是泰国公民合法身份获得者还是没有获得合法身份的人，已经公开地采用一些政治手段来表达自己的政治主张。从1999年发生在清迈的泰北山民的请愿运动及他们的政治诉求和经济诉求，我们看到，泰北山民的公民身份意识，就是在泰国对山民实施国民化进程之中潜移默化地觉醒了。

第 七 章

延绵的中国文化

在离开泰国清迈进入我们田野点的前一天,有半天的自由活动时间。我们已经没有特别需要准备或购买的东西了,于是我和李欣老师及几个同学决定到泰国清迈最大的佛寺帕辛寺(Wat Phra Singh,又称双龙寺)参观。我们包了辆清迈满大街都有的带小棚子的红色出租车出发。这是我们到泰国的唯一一次"旅游"。我们除参观了帕辛寺,还同时参观了一个苗族村寨。

一进这个苗族村寨,就像中国许多旅游景区一样,门口是一排排小商铺,摆满了琳琅满目的旅游商品,穿着苗族服装的商人正在吆喝兜售各种衣服、饰品、手工绣包、茶叶,等等。在一个商铺里,女老板看到我们是中国人,就用蹩脚的中国话招揽生意。我们用中国话问她一些问题,她表示不会说,告诉我们旁边有一个中国人,可以去问她。

当我们与这个"中国人"交流时才知道,原来这个苗族大姐说的"中国人",是特指泰国的汉人。第二天,我们离开清迈到了田野点泰国美良河村时,我们发现这里所有的汉人都自称为"中国人",周围的山地民族也称他们为"中国人"。于是,我和郑永杰就天天沉浸在"中国人"的语境之中调查和访谈。当我离开田野点回到清迈与同事会合,一起讨论调研情况之时,我也总是很习惯地把泰国美良河村村民们称为"中国人"、"拉祜"、"阿卡"等,同事们颇为迷惑"中国人"的所指群体。所以在本书的导论之中,我专门做了界定,将泰国北部的这群云南籍、讲西南官话的汉人特称为"云南人"。

自称为"中国人"的泰国美良河村"云南人",大多数人已成为泰公民，但是他们的血液之中，仍然流淌着中国人的血脉；他们在异国他乡多元文化的世界里，用自己特殊的方式，守望着中华文化的精神家园。

一 一个不愿意放弃中国国籍的老人

我的田野日记里，有这样一段：

2010年8月23日，星期一　雨转晴
今天一个意外的收获是，我们见到了一个真正的中国人，一个身上还流淌着中国血液的中国人。他叫王道学，是临沧人……

郑永杰的田野日记，也记录了同样的话语：

在从阿卡村罗锅寨回村的路上，我们碰到一位大人物，一位真正的"大将"，一位有着强烈中国心的老者。他就是王道学。关于他可以写本书，这里我只能略述大概……

王道学，他是我们在这本民族志中泰国美良河村唯一一个以真实姓名出现的人。

王道学家是一个官僚地主世家。他告诉我们他家王氏宗族最初发迹于中国山西省太原市，后来他的祖先迁到了中国南京乌衣巷，后到湖北麻城做官，他的高祖叫王朝柱，从湖北到四川做官。他的祖父也曾做过清朝的官，他小的时候，还见过祖父遗留下来的清朝官袍。

后来，他祖父由四川到云南做生意。他祖父之所以弃官来云南做生意，是有原因的。有一次钦差大臣来巡视，前面举旗的兵路过王道学祖父家大院的时候，把他家院子围墙上的瓦弄坏了，他祖父就用皮鞭抽打举旗兵。钦差大人认为这是看不起钦差大人的行为，就找他的麻烦，王道学祖父因此南下云南，他的伯父也从四川一起来到了云南。

王道学的祖父做生意做得很好，买卖盐巴，在澜沧江上用船运输盐等物品，生意做得很大，临沧的马台渡、大蚌渡是他祖父开的。后来他父亲继承了他祖父的产业，又新开了一个渡口。到他父亲王家铭这一代，他们家已经是首屈一指的大富商了。他的一个大伯毕业于黄埔军校，在国民党军队里当军官。

他父亲不抽烟、不赌钱，很勤俭，身体好，对人要求严格，若衣服穿得不规整，要被他父亲指正的。他父亲在中国云南临沧创办了泰恒中学，是临沧的第一所中学。"泰恒中学"这块匾是父亲亲手写的，现在还保留在泰恒中学的一间房子里。他父亲对儿女们家教很严，小时候写字坐不正，要被他父亲打；写毛笔字，他从后面悄悄来猛然拔笔，若握笔不紧，就会被他父亲训斥。王道学只读到初二没有毕业，但他有很好的古文功底和文化基础，这得益于他父亲严格教古文和言传身教。

当我们问他为什么会来到泰国时，他沉思了一下，似乎不愿意回顾那一段历史，但是他还是缓缓地给我们讲了他的传奇故事：

> 我生于1937年，是卢沟桥事变那年。
>
> 因为是官僚地主阶级，我家在"三反五反"时成为打击对象。父亲被抓去杀了头，母亲也被关起来了，受到非人道的折磨。
>
> 那时我只有13岁，走路不能抬头走，只能低眉顺眼地走。母亲被多次批斗，每一次我都得陪斗。我和母亲跪在碎石上，膝盖都跪得磨破了皮（王道学说着，拉起裤腿，让我们看腿上的伤疤，就是当时跪着被批斗时受的伤）。母亲还被上了刑，折磨得死去活来。家里的农田、土地、财产、房屋统统被没收了。我的大哥、二哥年纪大一些，早跑了出去，跑到昆明、西安，投靠亲友，免除了皮肉之苦，而且还有机会读书。
>
> 对于只有13岁的我，逃跑是唯一的求生之路。1954年4月15日（当我们对他清楚地记得这个日子表示惊讶时，他说我当然记得了，一辈子不会忘记），那天晚上，我在大街上偷了一块布标，把它悄悄卖了，换了一块肥皂，又去买油印泥、纸。由于没有钱，我只买了一小点红印泥。我就用肥皂刻了假图章，用手攒着印泥上的红油，抹在上面，然后在写好的假证明上盖上图章。
>
> 就这样，我从管制区逃了出来。
>
> 先是到了耿马，跟着人学做木匠，到处帮工，就这样流落到了

缅甸。在缅甸打零工三年,然后当了国民党的兵,进入军官学校学习,相当于高中毕业。后又当过受训班教员。之后,跟随国民党来到了美斯乐,在国民党军队共有七年的时间。

之后,王道学脱离了国民党军队,靠着自己出色的木匠手艺为生,四处奔波,养家糊口。他说,离开国民党的军队,他感觉很轻松,很自由,自由和生命比什么都重要。后来他来到了这里,定居了下来,"我只想安定下来,过安定的生活",王道学说。

在国民党军队干了7年,但因为资料不全,王道学并没有被台湾当局认定为国民党老兵。这个村寨的"云南人",多数被台湾当局认定为国民党老兵,他们得到了20万台币的退役金,并由台湾国民党政府资助建盖了住房。王道学由于没有被认定为老兵,当然也没有得到这些退役金和资助。说起这事情,他很淡然,认为可能被什么人冒领了,"不就是一二十万嘛!"

王道学并没有加入泰国国籍,是因为泰国政府在进行山民登记的时候,他报的是中国人,不是拉祜族或阿卡族,因此泰国政府只给他发了难民证。王道学说:

> 我是炎黄子孙,我生是中国人,死也是中国人,我不会像其他人一样为了自己的个人利益去改变中国人的身份,因为,我身上流着中国人的血脉。
>
> 我从电视中看到中国不断强大,看到胡锦涛访问美国,看到中国举办奥运会,我心里真高兴。中国强大了,我们在外面的难民也有骨气了,有底气了。
>
> 过去电视没有,很多人不知道中国如何,总是鄙视我们这些难民。
>
> 那些泰国人经常会很轻蔑地问我们:"你们中国有没有大米?"我回答说:"没有,我们不种大米,我们有金子,我们用一筐金子到香港去换大米,可以换得几船粮食。"还有一次,泰国人在骑自行车,有的中国人也试着去骑,但是摔了跤。他们就问:"你们中国没有吧?!"我告诉他们:"我们中国没有,我们不骑车,我们开

吉普车。"泰国人又说:"你会开吗?"我说:"我不会开,因为不需要我自己开,我们有专门的司机。"还有一次,看到泰国的大象,很多中国人去围观,那些泰国人就问:"你们中国没有吗?"我说:"我们没有黑象,我们有白象,他们只是去看看泰国的黑象是否和中国的白象一样。"

王道学就是这样,用自己的智慧维护着一个中国人的尊严。

王道学说,父亲从小教他们读《古文观止》,他很小的时候就读《朱子治家格言》,这些对他们影响很大。王道学边说边给我们流利地背诵《朱子治家格言》的内容:

> 黎明即起,洒扫庭除,要内外整洁。既昏便息,关锁门户,必亲自检点。一粥一饭,当思来之不易。半丝半缕,恒念物力维艰。宜未雨而绸缪,毋临渴而掘井。自奉必须俭约,宴客切勿留连。器具质而洁,瓦缶胜金玉。饮食约而精,园蔬胜珍馐。勿营华屋,勿谋良田。
>
> ……
>
> 施惠勿念,受恩莫忘。凡事当留余地,得意不宜再往。人有喜庆,不可生妒忌心。人有祸患,不可生喜幸心。善欲人见,不是真善。恶恐人知,便是大恶。见色而起淫心,报在妻女。匿怨而用暗箭,祸延子孙。
>
> ……

王道学说,这些内容他自小就背得很熟练,他还背得出《出师表》、《桃花源记》。王道学说他最欣赏的是《爱莲说》,他又给我们背出《爱莲说》的内容,"予独爱莲之出淤泥而不染,濯清涟而不妖,中通外直,不蔓不枝,香远益清,亭亭净植,可远观而不可亵玩焉"。然后,他又逐字逐句进行了解释,他说《爱莲说》中最重要的是"出淤泥而不染"这句话,"在任何糟糕的环境,在任何污浊的环境,应像莲花一样,出淤泥而不染,濯清涟而不妖"。

王道学说,在缅甸、泰国,最大的痛苦是看不到中文书。旁边的妻子插话说,"他的书可多了,屋子里有好多呢"。随手给我们拿出了几本书,有《明朝通史》、《中医药大全》以及几本佛教书籍,都是文言文的书。王道学说,他在美斯乐时,经常托人从中国台湾买书,有《二十四史》,还有《大百科全书》等,《大百科全书》花了他800泰铢,但被人借去了没有还,很是可惜。还有一些书在四处奔波的过程中弄丢了或被雨淋坏了。

王道学又找出几本《社会文化教师用书》给我们看,这是中国台湾版的教师备课参考书,是他从学校老师那里得到。上面有各国历史、地理、文化等知识,他一直珍藏着,经常翻阅。我们看到在其中的一本书中,讲到人类对火的使用,王道学在书旁做了笔记:"在我的记忆中,我亲眼看到打雷把房子烧着,这就是天上留下的火种。"看着已经翻得有些卷角的书,我能深深感受到一个爱书的人,是如何想方设法去寻求知识的源泉,如何靠着几本难得的书如饥似渴地吸取知识(参见图7-1)。

图7-1 泰国美良河村"云南人"王道学

当我们准备离开美良河村向王道学告别时,老人家说有一件东西要

送我们,他窸窸窣窣找了半天,找到了夹在书页中的早已准备好的一张纸给我们,上面写着几行字(参见图7-2):

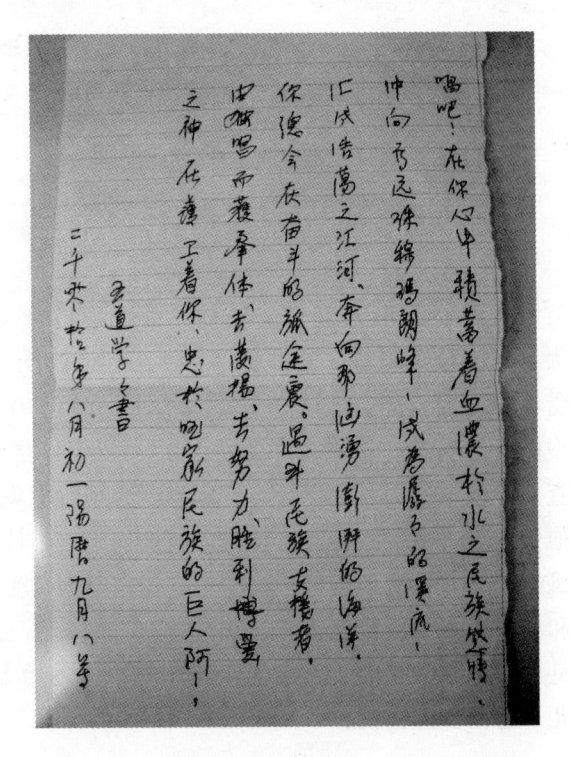

图7-2 王道学为我们写的诗,作为分别留念

唱吧!
在你心中积蓄着血浓于水之民族感情,
冲向高原珠穆朗玛峰,
成为潺潺的溪流,
汇成浩荡之江河,
奔向那汹涌澎湃的海洋。
你总会在奋斗的旅途里,
遇到民族支援者,
由独唱而获群体。
去发扬,

去努力，
胜利博爱之神在护卫着你，
忠于国家民族的巨人啊！

王道学之书
2010年9月8日

二 创办中文学校

泰国美良河村的"云南人"们，从小深受中华传统文化的浸润，几十年来因为特殊的政治因素，他们流落在异国他乡，受驱逐、排斥、侮辱。虽然受尽艰难困苦，但是他们一直坚定地站立着、生存着，一直保持着一个中国人的气节。靠什么？靠的是中华文化和民族精神这个精神支柱，一直支持着他们不甘沦落，自强不息。为了将中华文化的精髓延续传承于他们的下一代，泰国美良河村的村民们千方百计地寻求学习中国文化的机会，想方设法地创办中文学校，让孩子们接受中华文化的教育，传承和发展中华民族传统优秀文化。

泰国美良河村中文学校的创办者，是这个村寨的创始人张副师长。张副师长的儿子老张告诉我们：

> 父亲来到这个地方定居不到几年，就感到中国文化逐渐消失，中国人在泰国地盘上，不得不学泰国话。而很多中国人娶拉祜人、阿卡人，说他们的话，随他们的风俗，汉文化逐步消失。为了让下一代继续传承汉文化，不被夷化，他们就开始创办中文学校。
>
> 起初，中文学校是建在一间茅草房里，父亲从外面的难民村中请了个老师来教，学生有十几个，都是中国人的子弟。可是，因为薪水少，学校才开了两年，请来的老师跑掉，学校只好关门。过两年，又请老师来，继续办学。这样断断续续地办中文学校。
>
> 后来，父亲从台湾（当局）那里争取到了一些资金支持，同时也得到泰国皇家机构的支持（由中国人出钱捐献给皇家机构，以皇家机构的名义出资建盖房子），中文学校逐步建起了教学楼等

设施，学校建制也逐步完善。后来学校交由中文基督教会管理。

我们知道，张副师长一家，是不信仰基督教的，但是他们为了让中文学校发展得更好，有更多的资金支持学校的发展，他把自己亲手创办的中文学校，交给了基督教会管理。

中文基督教会的师母也曾经当过中文学校的老师，她告诉我们：

我第一次到这个村寨是1983年，当时我在曼谷读神学，和一个朋友来这儿玩。当时在这里传教的是一个美国传教士，建议我留在这里。第一次来这里时只待了2个月。1984年第二次来村里，待了一年，1986年完成神学学习，又来到这里待了六年。

我决定在这个村留下的时候只有23岁，还是单身。我自己住一间小屋子，那时候这个地方人很少，十几家，东一户西一户很零散，周围没有什么邻居。一开始是教这里军人的孩子中文。我一个人住在茅草房里，茅草房也是孩子们的教室，白天有孩子们在上课，阳光透过竹篱笆射进来；晚上点着油灯教学。家里没的吃，孩子就喝点粥；冬天孩子们也没有冬衣穿，我们就围着火堆一边烤火一边上课。

有一天，阿美带着我们去参观老寨，她指着一个小平坡地，说：

这就是我们小时候上学的地方。我们家离这里远，要走二十分钟的路。我们是在晚上上课，因为白天老师自己要种地，我们也要帮家里劳动。所以上课的时间多数是在晚上，从我家里来到这里可害怕了。怕什么？怕山林里的大老虎出来啊，还有鬼，闪着绿色冷光的鬼啊！

阿美做了个鬼脸，来吓唬郑永杰，郑永杰冷不丁被她一吓唬，尖叫着往我身后躲，逗得大家都笑了。阿美继续用她特有的爽朗和幽默，与我们聊着：

老师经常换，每个老师都留不长，最长的两三年就走人了。因为在这里教书不赚钱。但是张××（即张副师长，村民们提到他，多直呼其名）对我们读书要求可严格了，他经常来检查我们的学习，要是课文背不下来，他要用柳条打手心的。我们不来读书也不行，会被他骂的。

还好，当时我们被逼着学了中文，对我用处可大了，我到（中国）台湾打工时，开始是做流水工，后来老板知道我国语说得好，会读会写，会记账，后来让我当了管理人员，工资是工人的两倍呢，工作还轻松。

老李一家，是1974年搬到泰国美良河村的，他从缅甸迁移过来后在泰国北部的一个小镇里做小生意，生意很好，日子过得还不错。他之所以要从低地搬到这大山里来，是听说这里办了中文学校，他希望自己的孩子能学中文。

在中文学校操场的集会台，我们看到了一副对联，上联是"发展教育谨慎书职占优先"，下联是"传扬文化四维八德为至上"，横批"培中小学"。看来这副对联撰写已经有些年代了，因为现在学校已经发展成为有小学和初中三年级的规模了。

1999年，现任中文基督教会的牧师当了中文学校的校长，学校在台湾当局和台湾基督教会的支持下，有了较大发展。现在中文学校有十二个老师、三百多个学生，从幼儿园到中三都有。学校使用的教材均来自中国台湾。据中文学校的老师们说，他们是按照中国台湾的教学大纲和教材来实施教学的。在中文学校里的主要教学内容是：

幼稚园一年制，相当于学前班。主要教注音①。

小学六年制，主要学习的课程有：一年级课程：国语、尺牍（学习写信等）、数学、英语。

二、三、四年级：国语、数学、尺牍、申论。

五年级：国语、数学、圣经、申论。

---

① 中国台湾的注音不同于中国大陆的拼音，是一种用汉字注音而设定的符号，1913年由"中国读音统一会"制定，1918年由北洋政府教育部发布，共计39个字母。1920年改定为40个字母。1930年中华民国政府把注音字母改为"注音符号"，称为"国语注音符号第一式"。目前在中国台湾，小学生要先学习注音符号，学会注音符号，就可以拼读汉字。同时，这也是普遍的打字输入法。

六年级：国语、数学、圣经、申论、英文、电脑。

中学三年制，主要学习的课程有：

国语、数学、圣经、英文、电脑、历史、地理、演讲、三字经。

虽然这里的教学质量并不高，教师队伍也不稳定，但是在这个中文学校，能够系统学习中文和了解一些中国传统文化。来这个学校读书的阿卡人、拉祜人，多数是想多学一门语言，为将来好找工作。而把孩子送来这里学习的"云南人"，则更多的是希望孩子能够掌握中文，学习中国传统文化，"让孩子们不要忘本，不要忘记祖宗"。

虽然泰国美良河村的中文学校办学中还存在诸多困难，如资金困窘、教师力量薄弱、教师队伍不稳定等，但是中文学校一直在坚持，每天下午五点钟，从泰文学校放学的部分孩子就叽叽喳喳涌入中文学校，开始他们新的学习，他们一直要学到晚上八点钟。家近的孩子们自己回家，家离得远的孩子们村民集资包车来接送孩子。所有的"云南人"都会把孩子送来读中文学校，多数阿卡人也会将孩子送到中文学校，此外还有一些是拉祜族、傣族的孩子们，就连泰文学校的老师也有几个到中文学校学习中文。中华文化就是以中文学校这个载体，在泰国美良河村传承着、传播着、发展着（参见图7-3、图7-4）。

图7-3 泰国美良河村的中文学校

图 7-4　正在泰国美良河村中文学校学习的学生们

三　中国人的宗教

我们在泰国美良河村期间，正好是中元节（农历七月十五，俗称"七月半"或"鬼节"）前后，在铺面外或一些房屋墙角处，常常会看到一些尚未烧尽的香火纸钱。我们知道，这些房前屋檐外有香火纸钱的必定是"云南人"家庭，而且是不信基督教的"云南人"家庭（参见图 7-5）。

泰国美良河村，大概有 40% 的"云南人"没有加入基督教会。那些没有成为基督教徒的"云南人"，告诉我们他们信仰佛教。这些自称信仰佛教的家庭，在正堂屋里，都供奉着"天地君亲师"神龛，在神龛两侧点着长明灯（电蜡烛），神龛供着香炉、塑料花和时令水果。他们会在逢年过节的时候，在家里神龛前敬香、磕头。他们以此作为信仰

图 7-5　中元节泰国美良河村村寨路边烧的纸钱

佛教的象征符号。

我问他们村寨里是否有佛教的寺庙,他们告诉我有一个,是在山上。一个阳光明媚的清晨,秀带我和郑永杰一起上山,去看"中国人的寺庙"。在村寨南边的半山上,森林掩映的地方,我们见到了这个"寺庙"——其实,这不是佛寺,而是一个山神庙。

我们终于明白了,泰国美良河的"云南人"们信奉的"佛教",既非大乘佛教,也非小乘佛教,而是中国的传统宗教,集祖先崇拜、天地崇拜、鬼神崇拜为一体,即儒、释、道三者合一的,具有宗教文化色彩的"非制度化宗教"①。

---

① 杨庆堃认为,中国传统古文化宗教是一种分散性的宗教而非制度化的宗教,分散性宗教的特质就是其教义、仪式与组织都与其他世俗的社会生活与制度混为一体,并不像制度化宗教一样有其完全独立的宗教组织与教义仪式。参见杨庆堃《中国社会中的宗教:宗教的现代功能及其历史因素之研究》,上海人民出版社 2006 年版。

"天地君亲师"并非佛教的崇拜物,而是中国传统社会广大民众崇奉和祭祀的对象:天、地、君主(国家统治者)、亲(祖宗、长辈)、师(圣贤),"表现了中国人对于穹苍、大地的感恩,对于国家、社稷的尊重,对于父母、恩师的深情;表现了中国人敬天法地、孝亲顺长、忠君爱国、尊师重教的价值取向。"① 春秋战国时期的思想家荀况是"天地君亲师"崇拜的创始者,《荀子》曰:"礼有三本:天地者,生之本也;先祖者,类之本也;君师者,治之本也。无天地恶生?无先祖恶出?无君师恶治?三者偏亡,无安人。故礼,上事天,下事地,尊先祖而隆君师,是礼之三本也。"之后,通过道家的宣扬和儒学的吸收,逐渐成为国家统治者文化政策中的内容,加以广泛宣传,从而使之成为中国传统文化的代表,成为中国人的精神寄托。

土地庙也是中国传统文化的象征符号。中国传统社会是农业社会,土地能生五谷,是人类的"衣食父母",故人们对土地产生崇拜,祭祀土地,希望它给人们带来五谷丰登,家畜兴旺。因此,就要为土地建一个庙宇,供奉它,表示我们对土地神灵的敬畏。

无论"天地君亲师"还是"土地庙",都是汉文化的象征符号,是中国传统文化的典型代表,这与从印度传入中国并中国化了的佛教信仰有很大的差别。泰国美良河村的"云南人",把对中国传统文化的坚守当作一种"宗教"来皈依,这并非是对佛教了解不足、认识不够,而是他们希望借助"中国宗教"的力量,来坚守中国传统文化,来对抗那无孔不入、势力强大的基督教的冲击。

老张对此内心十分明白,他说:"其实,我们信仰的佛教,应该称之为儒教。"

老张的妻子是个快言快语的人,听到我们谈论宗教,也插话说:

> 我们父母都是信仰佛教的。父母在世时不断告诫我们,我们是中国人,要信仰自己国家的宗教。
>
> 过去,我们家经常有基督徒来劝说我们改信基督(教),他们说信仰佛教的种种不好,我听了很不舒服,我就对他们说泰国国王

---

① 徐梓:《"天地君亲师"源流考》,《北京师范大学学报》2006年第2期。

对百姓好，就如同父母，国王都是拜佛，信佛教，怎么能说佛教不好？要是佛教不好，那就不会让外国传教士到村子里来宣传基督教，也不会让你们去信仰基督教！自从我说了这话以后，基督教的人再也没有人上门来劝说我们改信基督（教）的了。

信基督（教）的人心中只有上帝，没有自己的父母。前些日子有一个中国人家的姑娘出嫁，那个姑娘信基督（教），连父母也不拜，你虽然信基督（教），但是至少你的父母还都是在世的，应跪拜父母。婚礼上不拜父母，让人看着就很不舒服，这太不应该了，没有父母你怎么来到这个世上！

现在在城市里很多孩子不懂得孝敬父母。他们在中文学校里学习《圣经》，有的老师还经常说佛教的坏话……

老张妻子对此表示出了深深的忧虑。在她忧虑的眼光之中，我感受到了在这个被基督教势力包围的村寨里，要坚持自己的传统文化、坚持自己的信仰，很是不容易。

王道学是个文化人，是传统文化的坚守者，对儒教的信仰自然更加专注和重视。王道学在正堂屋"天地君亲师"神龛四周，自己用红纸写了些敬奉之意的横条竖条，把神龛装饰得十分醒目。在他的木匠房里，还敬奉着财神关公神龛。王道学问我们信基督（教）吗，我们说不信，王道学非常高兴，说："我就说你们不会卖祖宗！"

在匡玲家里，我们没有见到多数中国人家敬奉着的天地君亲师神位。她说：

我一直信仰佛教，但家只有我一个人信仰佛教，其他的都信基督教。我的爸爸妈妈以及我的儿女们都信基督。

我自己一个人信佛教，是因为当时在家时还小，没有做洗礼。后嫁到婆家，婆婆信仰佛教，我就跟着拜佛。

来到现在这个村里，曾有基督徒多次来劝我改信基督（教）。我告诉他们，我是不会改变信仰。因为耶稣诞生2000年，而佛教则是有人类之时就有了，佛教的历史比基督教长。还有，佛教是中国的宗教，我是中国人，要信仰中国人的宗教。

李莲出生于缅甸,父母是潞西的汉人。她15岁嫁了一个当兵的,是商兵,专门护送商队的。她生了三个孩子,在最小的孩子五个月的时候,丈夫离开了她,重新去讨了小老婆。而她为了不让三个尚在年幼的小孩子受苦,就再也没有嫁过。"我一个人拉扯着孩子,到处做帮工,总是五铢十铢地挣钱养活孩子们,其中受到的苦,说也说不清",李莲如是说。

李莲20年前来到这个村子里,来的时候身上带了9.6万元,她花2.2万元买了块地(现在值30多万元),又盖了间房,为儿子娶了媳妇,把钱全部花完了。她也在这里实现了真正的安家落户。李莲虽然只有50多岁,可她现在已一个儿孙满堂的大家庭的家长。她的孩子老大是个儿子,娶了一个中国媳妇,生了三个孩子,都是男孩,大的孙子已经读初三,小的也读小学了。儿孙与她同住一起。两个女儿都在曼谷工作,她们的生活也很好。

李莲的儿子曾经有一段时间吸毒,她非常伤心,儿媳妇也十分痛苦。后来,在"云南人"基督教会孔牧师的帮忙下,把儿子送到了戒毒中心戒毒,经过一年的戒毒,儿子成功戒了毒瘾,而且皈依了基督教。戒毒后,他到神学校读了三年的书。现在他是个虔诚的基督教徒,每天晚上看《圣经》,每天吃饭都要祷告。儿子是在基督教会的帮助下,改邪归正。她非常感谢耶稣,也非常感谢孔牧师。但是,她却不想皈依基督教。她说,她受父母的影响从小信仰佛教,觉得这是一个家传,也是中国人的本性,不能放弃。在她的影响下,两个女儿也信仰佛教。她说现在若她去信耶稣,她老了,可能会让女儿不知道如何照顾她。但她也不想伤儿子的心,所以她在家里不放任何佛教用具,家里挂着十字架,也不为泰国寺庙的和尚专门准备施舍。但她内心里信佛,有事的时候,她会自己带着供品到寺庙里(山神庙里)悄悄地拜;见到和尚化缘,她也会在旁边的商店里买点水果、点心等给和尚。

在基督教会里,传道人不断地向教徒布道上帝的神奇力量,做礼拜时,还常常会有见证人用他们亲身感受不断告诉人们信仰基督教后生活发生的改变,从而证明上帝对他们的恩赐。那么,对于这些坚守着中国传统文化、中国传统宗教信仰的少数者,他们没有组织,没有共同分享信仰的团体活动，在他们的心目之中，是如何感受到佛祖赐予他们的福祉的呢？老张给我们讲了一个关于他父亲的故事：

> 有一次，我的一个哥哥生病，脚疼，不能走路了。父亲去外面找了不少医生来治疗，也做了不少法事，敬神驱鬼等，都不见好转。父亲是行伍出身，性格刚烈，有一次他从外面回来，看到母亲请来的道士正为我哥哥做法事，十分生气，就对着神位说："我看你怕不是真正的神！"说罢，掏出腰间的手枪，"啪"的一声，把神位打翻了。
>
> 就在枪声响起时，不远处的村民看到，有一头小鹿从我家里跑了出去。
>
> 父亲才知道神真在我家里，又重新做了牌位，请神回来。

这带有传奇色彩的故事，让张家坚定了对中国传统信仰的崇拜。但是这个故事的流传并不广泛，只有那些曾经跟着张副师长出生入死的下属们才知道，而这些"张家的兵"很多早已青山埋白骨了。那些始终坚持着中国传统信仰的"云南人"，他们完全就是一种孤独的自我坚持。

匡玲告诉我，她觉得菩萨在保佑着她，让她从缅甸安全地来泰国，在泰国过上安稳的日子。李莲也说，她之所以能够一个人把孩子拉扯大，现在"独树成林"（指独生儿子所生的三个孙子，李莲为她家男丁兴旺十分自豪，这也反映中国传统文化的深厚影响），肯定是有佛祖的保佑（参见图7-6）。

四 文化认同与泰北"云南人"族群形成

"文化是一个民族的血脉和灵魂。一个民族的文化，凝聚着这个民族对世界和生命的历史认知和现实感受，积淀着这个民族最深层的精神追求和行为准则……我国传统文化博大精深，源远流长，经过数千年的积淀和发展，已深深地融入中华民族的血脉之中，成为中华民族共同的

图 7-6　"云南人"家堂屋里供奉的祖宗牌位

精神记忆和中华文明特有的文化基因。"① 我们在泰国美良河村与这些流落泰北的"云南人"在一起的时候，曾经在《十七大报告辅导读本》中读过的这段凝练抽象的语言变成了一个个活生生的故事，这些故事深化着笔者对"认同"问题的思考。

20 世纪 80 年代，泰国政府制定了一项对泰北山地民族（包括难民）的文化渗透政策，派遣了一大批僧侣到泰北山区村寨里传播佛教，试图通过对这些非泰族山民和难民进行宗教文化渗透来实现他们对泰国国家的认同。泰国美良河村也有泰国僧侣和佛寺，应该是推广这项文化政策的一个产物。但是，当我们看到这个充满智慧的泰国僧侣在山寺中独处修行，过着与世隔绝的生活，而泰国美良河村礼拜天基督教堂的钟声此起彼伏，震荡在山谷之中时，我们可以毫不含糊地断定，这项政策是失败的。

---

① 雨晴：《建设中华民族共有的精神家园》，载《十七大报告辅导读本》，人民出版社 2007 年版。

虽然泰国政府的佛教文化渗透很不成功，但是泰国美良河村来自西方的基督教宗教势力却十分强大。面对西方宗教文化对中国传统文化的冲击，一些"云南人"用自己特殊的方式，艰难地、孤独地捍卫着自己的传统文化，传承着祖国的传统文化。而更多的人，在信仰上皈依了普世救济的上帝，但却通过让自己孩子学习中文、学习中国传统文化的方式，来坚持对中国的文化认同，让自己孩子仍然保持着中华民族的"根"。妥协和让步不是忘却，而是一种生存策略，在内心深处仍然有一种坚持，一种长久的坚持，一种永恒的坚持。

事实上，泰国美良河村的汉人，把自己称为"中国人"，这本身就表明了自己对中国文化的认同。他们靠自己独特的文化传统，来保持与泰国人和周边山地民族的族群边界，以确定"我者"与"他者"的关系。他们把泰北地区的泰族称为"锅啰人"，就犹如把山地民族称为"夷人"、"倮黑"、"倮倮"一样，显然这是一种蔑称，他们认为中华民族文化比泰族文化和山民文化优秀，这也是他们在夹缝中生存以保持自尊和自强的动力之源。在村里好几个"云南人"都对我们说过同样的事情，他们不希望自己的女儿嫁泰国人，尤其是"锅啰"人。他们最希望自己的女儿嫁的对象是生活在南部的泰国潮州人，其次是"云南人"。这虽然是有利益考量的工具性选择倾向（泰国潮州人多数是商人，在泰国属于富人群体），但也有深刻的文化因素，因为泰南潮州人和泰北"云南人"都是中国人，都深受中国儒家文化的影响。这并不类似于赫尔的分析。赫尔认为生活在泰北的"云南人"之所以保持云南人的特性，是因为他们的贸易圈主要在中国、缅甸、老挝、泰国之间，主要在"云南人"这一族群圈内进行贸易活动，因此，保持自己的文化有利于促进商业活动。①

大众传媒的强大力量在现代技术进步的推动下，最大限度地发挥出影响力。在泰国美良河村，几乎每一户"云南人"都购买了能够接收中国大陆和中国台湾卫星电视频道的"大锅盖"，他们日常生活中经常收看的频道是中国大陆频道，他们偶尔也看中国台湾频道，但是看得最

---

① Ann Maxwell Hill, *Merchants and Migrants*: *Ethnicity and Trade among Yunnanese Chinese in Southeast Asia*, New Haven, Com.: Yale University Southeast Asia Studies, 1998.

多的还是大陆频道，他们喜欢看大陆的新闻、大陆的电视连续剧、综艺节目和翻译成中文的日韩肥皂剧。对于泰国频道，他们很少关注，除非有什么特别重大的新闻，他们会关注一下，如我们在村子的那些天清莱大部分地区遭受洪水袭击（我们的村子也被山洪淹过）之类的新闻。在泰国美良河村的"云南人"家里，我们没有见到过任何泰文报纸，但有些村民却订了《世界日报》等泰国华文报纸，他们十分关注上面的新闻报道。村子里的一些年轻人，曾被中国广东等地的传销组织以来华打工的方式骗到中国大陆，损失了五六万泰铢才得以脱身。后来，他们通过《世界日报》得知这些骗子被中国警方抓住了，他们感到很高兴，还特意告诉我们这个好消息。

由此可以看到，认同作为一个心理的概念，它是多重性的，一个人可以归属多个群体，这就形成了人的多重社会角色。泰国美良河村的"云南人"，在异国他乡，为了自身生存和发展，他们积极争取获得泰国国籍的法律身份。当他们成为泰国公民之后，他们与泰国人平等地享受到了公民的社会福利，让他们从颠沛流离的生活之中安定了下来，过上了平静的、越来越好的生活。从感情深处而言，他们是感激泰国国王，爱戴泰国国王的，他们也热爱泰国这个国家，让他们获得了落脚生根的地方，让他们能够在泰国自由地生活，他们以遵守泰国法律的方式表达他们对这个国家的热爱和对国王的尊敬。所以，当我们问村里的"云南人"，"你是中国人吗？"他们所有的人都会毫不犹疑地回答"当然是中国人"。当我们问他们"你是泰国人吗？"他们会思考一下，并用加注释的方式回答："我们现在生活在泰国，是泰国人"，或者"我们现在已经有公民证了，是泰国人"。可见，泰国美良河村的"云南人"对"我是泰国人"的认同是建立在法律地位层面上的客体归属，而"我是中国人"则是内心情感深处的主体归属。

对于泰国美良河村的"云南人"而言，对泰国的认同并不排斥对他们原来的国家的认同，中国永远是他们的祖国，是他们内心深处的精神归宿。他们对中国的国家认同，以文化认同的方式来表达，以传承和保持中华民族传统文化的方式来强化，强化在他们的内心深处，强化在他们的下一代身上。

结 论

　　这是一个星期天的早晨，头天晚上一场大雨把天空冲洗得异常湛蓝，透着湿气的空气充满了负氧离子。赶早起床的村民，早已在教堂钟声的召唤下到教堂做完了早场礼拜。通常来做早场礼拜的多是年长者，年轻人一般都喜欢在礼拜天睡一个懒觉，然后慢慢起床、洗澡、梳妆打扮一通之后，穿着漂亮的衣服来参加十点钟的礼拜。可今天却有些不一样，参加早场礼拜的年轻人明显增多。做完礼拜之后，他们也不像平时一样，三三两两聊着天就回了家。他们都在教堂里闲聊着，似乎在等待什么。一问才知道，今天早上在泰文学校有一个健康保健培训活动，村卫生所的医生将要为村民进行有关妇女健康保健以及传染病防治的培训，他们一会儿要去参加这个培训。

　　在泰文学校的一个会议室里，卫生所的两名医生早已布置好了会场，安放好了幻灯片（PPT）和扩音器。门口还安排专门人员负责签到和发放会议资料：一个文件袋（里放着一支碳素笔和一个笔记本）。其形式颇为正式，类似于我们参加学术会议。

　　十点钟左右，村民陆续到齐了。培训正式开始。卫生所的医生放着幻灯片（PPT）用泰语向大家讲授，村民们听得都很认真，讲小话的、随便进出的人很少。有时培训医生的幽默还引来阵阵村民的笑声。真正用笔记本记录培训内容的人很少，这不仅因为村民们不太有记录的习惯，也因为来参加培训的村民文化水平并不高，一些村民有小学三四年级文化水平，文化水平稍微高点的也只是小学毕业，还有相当多的村民是文盲。像学术会议一样签到、领资料，与其说是一种华而不实的形式主义，倒不如说是象征性的文化表达——作为移民的个体受到主流文化尊重、与主流文化进行平等沟通的一种象征仪式。

对于这些跨国迁徙者来说，他们太需要被接纳、被认可、被尊重了。国家对于他们而言，是一个非常沉重的但又是一个非常重要的话题，从一个国家到另一个国家，逃离的过程充满着艰辛，充满着无奈，他们曾经渴望回归，也试图寻找归宿，但是特殊的政治局势和社会环境使他们的愿望一次一次落空，最后辗转迁徙到泰国这片土地，他们并不是用"逃避"的方式来寻找一块"无政府控制"的世外桃源；恰恰相反，他们千方百计博取泰国当局的认可，以获得作为一个合法的公民的权利。如今，他们作为泰国公民生活在这个以佛教立国的宪政国家里，这个国家的文化对他们来说既陌生又熟悉，这个国家的法律制度、社会体制对他们而言既是个人自由的约束又是个人发展的平台，他们开始适应它，喜欢它，热爱它。泰国美良河村村民逃离国家到归附国家的这一特殊的迁徙经历和心路历程，为我们深入探讨国家、政府、人民之间的关系以及国家认同等问题提供了很好的理论视角和观察个案。

一　国家、政府与人民

为什么会产生国家？人类为什么是以国家来群聚，人类社会为什么以国家政体的方式来建构？对于这个问题，从古希腊时代到今天的现代社会，在政治学、社会学、哲学领域里，不断有学者进行探讨，产生了暴力说、神权说、契约说、功利说、阶级说等理论。这些学说有些是相互对立，独立成其体系的，有的是相互关联，互为发展的。如古希腊哲学家所提出的国家产生于人的自然需求的理论，资产阶级革命时代发展起来的社会契约理论，19世纪末期出现的社会进化理论，20世纪七八十年代出现的新国家理论，都是建立在国家为了满足人的社会性的某种或某些需要的基础之上的。

柏拉图认为国家的建立起源于人类生活的自然需要。由于个人不能独立生存，总是要对别人有所求，有所依赖，因此需要结合起来建立一种组织，这种组织就是国家（城邦）①。在亚里士多德看来，这种人的需要是一种自然本性的驱使，"人类自然是趋向于城邦生活的动物（人在本性上，也正是一个政治动物）"。②

但在霍布斯看来，这种自然需求不是人与人之间友好的结果，而是处理人与人之间敌对状态的需要。他认为，人的自然状态是自私自利和相互敌对，"所以在人类的天性中我们便发现：有三种造成争斗的主要原因存在。第一是竞争，第二是猜疑，第三是荣誉。第一种原因使人为了求利、第二种原因使人为了求安全、第三种原因则使人为了求名誉而进行侵犯……根据这一切，我们就可以显然看出：在没有一个共同权力使大家慑服的时候，人们便处在所谓的战争状态之下"。为了摆脱这种"每一个人对每一个人的交战状况"，人们愿意放弃一些自己的权利，承担一些责任，权利的相互转换就构成了人与人之间的契约。霍布斯认为，"如果要建立这样一种能抵御外来侵略者和制止相互侵害的共同权力，以便保障大家能通过自己的辛劳和土地的丰产为生并生活得很满意，那就只有一条道路——把大家所有的权力和力量托付给某一个人或一个能通过多数意见把大家的意志化为一个意志的多人组成的集体……我们承认这个人或这个集体，并放弃我管理自己的权利，把它授予这个人或这个集体，但条件是你也把自己的权利拿出来授予他，并以同样的方式承认他的一切行为。这点办到之后，像这样统一在一个人格之中的一群人就称为国家，在拉丁文中称为城邦。这就是伟大的利维坦（Leviathan）的诞生"。③ 霍布斯的社会契约理论深刻影响着资本主义国家民主制度的发展。洛克在《政府论》中将这种人们通过自愿达成社会契约的国家，称为公民社会。在卢梭的思想里，以社会契约组建的国家的本质在于政府的权力是民授的。

而有关国家理论研究的另一个重要人物，英国著名哲学家和社会学家斯宾塞试图从生物社会学角度来解释国家的起源。他把国家看作一种社会现象，认为国家是一种具有集合能力的社会，是一个社会有机体，

---

① 柏拉图：《理想国》，郭斌和、张竹明译，商务印书馆1986年版，第58页。
② 亚里士多德：《政治学》，吴寿彭译，商务印书馆1981年版，第7页。
③ 托马斯·霍布斯：《利维坦》，黎思复、黎廷弼译，商务印书馆1985年版。

就像生物有机体那样，社会有机体由不同的大大小小的系统组成，而各系统之间相互联系。政府机关就像是生物有机体那样的管理、调节系统，通过政府的调节使一个社会能够应付来自内部和外部的各种变化。国家是适应社会有机体有序运作而产生的一个社会团体，它随着社会的进化发展不断演化，权力的产生、政治管理者和组织的出现都是为了适应不断发展演化的社会有机体需要而出现的。

无论人类社会的合群本性之驱动，还是为对付人们能相互敌对之状态，或是社会有机体的系统运作之需要，从满足人们互助的自然需要论到约束人们的相互侵害行为的社会契约论，从协调促进社会技能运行的社会进化论到降低交易费用的国家产权论，这些理论表达了一个共性特征，那就是国家是为了满足或达到人们的某些社会需求而产生的。

既然国家的产生渊源于人的社会性需要，那么满足人的社会性需求就成为国家存在的必然条件。人民（或民众、臣民）与国家的关系就应建立在满足与被满足之间。

在柏拉图的《理想国》里，因国家满足人们的相互依赖的需求，那么建立国家就应该达到人与人"互助"的目的。各司其职，将自己的分内事情做好，服从于社会等级制度，是人民应该做的事情，这样的社会才能和谐而有秩序。普通人的节制、军人的勇敢、统治者的智慧是建构一个理想国家的三种美德。

在霍布斯的理论中，国家应该建立在每一个个体自愿转让自己的权利，以此来缔结社会契约并共同遵守的基础之上。国家超越于个体拥有至高无上的权力，不是国家这个自然状态所获得的，而是人民让渡自己权利所获得的。因此，霍布斯对国家的定义是："这就是一大群人相互订立信约，每个人都对它的行为授权，以便使它能够按其认为有利于大家的和平与共同防卫的方式运用全体的力量和手段的一个人格。"[①]

在这个定义里，霍布斯也对国家的代理人——君主或政府——应当做什么事情做了定义，那就是为共同体创造和平。为了创造一个和平的环境，霍布斯强调国家元首必须履行的职责有：保卫和平，防止外敌入

[①] 托马斯·霍布斯：《利维坦》，黎思复、黎廷弼译，商务印书馆1985年版，第132页。

侵，使公民财富不断增加，促进生产和科学技术的发展，保护公民的权利。与霍布斯相同的理论逻辑，约翰·洛克也强调了建立国家，个人将其自身置于政府的统治之下的最重要的目的是保护他们的财产，"国家有权对社会成员之间所犯的各种罪行规定其应得的惩罚（这就是制定法律的权力），也有权惩罚这个社会之外的任何人对该社会任何成员造成伤害的行为（这是战争与和平的权力）；所有这一切都是为了尽可能保护这个社会所有成员的财产"①。国家的代理人政府应该为人民做什么，构成了霍布斯、洛克的理论中的主要内容。

与此相对应，另一个社会契约论的倡导者卢梭，他却从国家不应该做什么这个角度来界定国家职责和政府的权力。卢梭认为，君主的权力既然来自人民，就应当对人民负责，受人民的监督。他把人民主权放在了最高的位置，政府的权力由人民赋予，在他看来，官吏与人民之间的关系就是被委托者与委托者的关系，官吏只是以主权者的名义在行使主权者所托付给他们的权力，而且只要主权者高兴，他们可以限制、改变和回收这种权力②。反对社会契约理论的边沁从功利主义出发所构建的国家学说中，也特别强调限制政府的权力，特别是要能够有办法防止政府的恶行。斯宾塞从达尔文的社会进化论出发，论证了国家要以个人为目的。他反对国家对个人的过多干涉，认为政府的旨意，应当限于保障个人的生命和财产安全，并为其成员谋幸福。

那么作为受到国家机器保护的人民，他们应该为维护国家这个社会共同体做些什么呢？霍布斯认为，一是需要让渡自己的部分权利，放弃凭自己的爱好做任何事情的权利，"己所不欲，勿施于人"；二是要严格履行他自己所订立的信约，即国家制定的法律法规和所宣扬的道德准则。新制度经济学派主张，将自己的部分财富以纳税的方式让渡给国家，以换取国家对全社会进行制度化、规则化的管理，从而降低社会交易成本，增进社会总体福利。

---

① 约翰·洛克著：《政府论》，冯克利译，九州出版社2007年版，第413页。
② 卢梭：《社会契约论》，何兆武译，商务印书馆1980年版。

二 跨国迁徙者心中的"国家"、"政府"、"故乡"

泰国美良河村的村民，最早离开他们祖国的时间可追溯到 20 世纪二三十年代，而多数人则是在 20 世纪四五十年代离开中国的。他们从中国到缅甸，又辗转到了泰国，短短的六七十年的跨境迁徙历程，却跨越了两次边境三个国家，他们从中国人变成了缅甸人，又变成了泰国人。国籍和国民身份的不断变化，使他们对国家这个政治概念有其深刻的理解，只是这种理解在他们的认知世界里也许是感性的，是一次次经历和一个个真实故事串起来的。

（一）离开与找寻

对于大多数泰国美良河村的村民而言，离开中国的过程是一个被动的命运安排：一个突然下达的军队命令，使得以服从命令为天职的军人，不得不背起背包、扛起枪跨越国境，走进中缅边境的深山之中；来自外国传教士的蛊惑人心的宣传，社会上散布的种种模糊信息，让不明真相的少数民族群众携家带口仓皇出逃；一场未曾预料的疾风暴雨式的政治运动，让旧体制中的上层人士遭受打击，只好出逃境外求生……

一开始，国民党军队早已被中国人民解放军打得七零八落，节节败退，不得不撤向缅甸，直到李弥受命到缅甸重新整顿部队，并在勐撒建立据点，成立"反共抗俄大学"，招募新兵，壮大队伍之后，亡命天涯的残兵败将们才开始陆续向勐撒集聚，回归到了原来的部队里。

20 世纪 50 年代初期，这支国民党正规军在缅甸北部"适时"的出现，对于那些因政治原因、战争原因、个人原因离开祖国、离开故乡，流落到缅甸的"云南人"和山地民族，具有非同寻常的意义——这一支军队是国民党的军队，那些离开祖国的人们，因为他们曾经生活在国民党统治下，如今归附到这支军队里，就像是在异国找到了一块自己的组织。

如果不归附到国民党军队之下，这些单个的或三五成群的没落地主和跑马帮的生意人独自游荡在缅甸北部地区，是十分危险的。当时的缅甸，是一个国内多种政治力量角逐之地，也是境外各种势力试图染指之地。特别是缅甸北部，有很多少数民族地方武装力量对其割据统治，为争夺地盘不断火并，并与缅甸政府长期对峙。一个或几个孤零零的逃亡者进入这块充满纷争的土地，要想独善其身生存下来几乎是不可能的——或被人无端杀戮，或被某支武装力量拉了去充当炮灰。除非你也做一个强盗，拉几十号人马，扯一面大旗，自封"将军"。即便做了个草莽英雄，也难免在这块无政府土地上被其他武装力量所消灭，因为弱肉强食是这里的唯一生存法则。

这就是为什么这支最初仅仅残存 1000 多人的军队，经过李弥整编之后，在短短的时间能够扩充发展到近 20000 人。王道学的个人经历（本书第二章）是个人归附的注解，石炳麟所率领的拉祜族地方武装投奔国民党（本书第二章）是团队归附的例证，拉祜族基督教精英李崇仁及其信教群众追随着国民党军队[①]也是典型的宗教组织归附例子。这也是泰国美良河这个难民村呈现多族群杂居的格局的原因。

为什么当时会有这么多的个人和群体选择了归附于国民党军队？归附的意义在于这支军队是"政府"的象征符号——尽管这支军队背后的政府已经是逃亡政府，但是对于这群流落他乡的群体而言，出现在他们身边的这支军队，因其有严密的组织体系，有给予个体保护的能力，具有准政府的特点。归附于其麾下，是他们在缅甸险象环生的生存环境中获得保护和求其生命安全的选择。当然这支军队也是在缅甸唯一能够与原来的国家产生密切联系、让他们获得归顺于组织的实体依靠和产生归属于国家的心理感受。

由此可见，本书所关注的这一群体在行动上是"逃离"了"政府"，但他们逃避的只是特殊的政局，并非"逃避政府的统治"，相反他们无时无刻不期待着回归到"政府"的庇护之中，回归到"国家"这个政体之下。当他们迁徙到泰国，再次面临去留选择之时，泰国政府提出了留下的条件——为泰国政府的利益而战，他们将会得到在泰国的

---

① 片冈树：《基督教与跨境民族——泰国拉祜族的族群认同》，载《中国西南地区跨境民族的文化及其变迁》，云南大学出版社 2008 年版。

永久居留权——他们的选择是愿意,这既是生存的不得已选择,也是他们渴望进入泰国这一个新的共同体的主动选择。

这就回到了前面我们所讨论的国家产生的原因,以及国家职能、政府责权等问题。国家是为了满足或达到人们的某些社会需求而产生的,因为国家"可以使用他们大家的力量和工具来谋求他们的和平和公共的防御",所以人作为社会人有一种本能的或主动的社会需求,就是成为一个国家这一共同体的成员之一,受国家机器的保护。为此,这些成员愿意让渡一部分个人权利和财产,接受政府所指定的法律的约束,向政府交纳赋税、承担兵役等。

政府是国家的代理人,因此,国家和政府是两个密切联系的概念。由于政府具有可选择性和可更替性,国家可以选择不同类型的政府作为代理人,"统治者总存在竞争对手:与之竞争的国家或本国内部的潜在统治者。后者相当于一个垄断者的潜在竞争对手"。因此政府和国家这两个概念,又可以是分离的。因此很多时候,人们是从两个不同的心理认知层面去理解的,如某人认为他十分热爱自己的国家,但是他明确表示不喜欢现任的政府,这种情况是十分常见的。

在泰国美良河村"云南人"的跨境迁徙中,国家和政府的联系性随着时间和环境变化产生了明显的位移,国家和政府的联系性在不断减弱,而国家和故乡的联系性在逐渐加强。

"故乡"和"家乡"这两个词在词义上略有区别。"故"其意为"过去的","故乡"即"过去的家乡,曾经的家乡",是对"家"进行了过去时态界定。"家乡"是一个非时态界定的中性词,通常意义上"家乡"是现在时,即现在的"家"所在地。在20世纪50年代,这群国民党军队撤出国境,留守缅甸,意在"反攻大陆"。事实上,多数官兵都心知肚明,"反攻大陆"只是一个口号,这支盘踞缅甸的部队虽在战略上对当时东南亚地区的共产主义革命运动有一定的遏制作用,但是要靠他们"打回老家去"是不可能的。可是,这些国民党官兵们,特别是云南籍的官兵们却不愿意放弃总有一天可以回到自己故乡的幻想。也正因为有这个幻想,他们在国民党军队两次撤台中,不愿意追随部队撤台,而选择自愿留下,自谋出路。"到了台湾,不是离自己的家乡更远了吗?"这就是他们的理由,一个没有人能够说服他们的理由。家乡是什么？家乡是生养他们的地方，是白发父母望儿归的地方。家乡是那么近，他们甚至可以清楚地计算用脚一步步走回家的里程时间。

"不能回家"的现实，在"云南人"集体记忆中，"家乡"逐步转变成了"故乡"。故乡在云南，云南是中国的一部分，他们深恋着故乡的情感就逐渐转化为对"中国"的特殊情感。他们心目中的"中国"，是一个地域空间，更是一个文化空间，一个历史空间，是有三千多年历史长河留下许多波澜壮阔英雄伟绩、留下许多引人自豪文化瑰宝的文明国家。但它并非某一政府统治下的国家概念，也就是说，不是中国国民党统治下的国家，也非中国共产党统治下的国家，而是几千年来形成的中华民族共同的家园。他们把自己称为"中国人"，事实上，在他们的语境中，"中国人"是指云南籍讲西南官话的汉族。但他们并不自称为"云南人"，这不仅因为他们来自中国，关键在于"中国人"的称呼，标明了他们是中国文化的持有者，这给予他们很强的文化自尊心和自信心，这种文化的优越感，使他们生活在"蛮夷之地"保持着族群的心理优势。

而中国台湾，那个"连石头上也要种庄稼"的小海岛，对于这些从没有见过大海的"云南人"，不仅是陌生的，甚至是有些害怕的。即便那里有曾经他们所归属的政府，他们仍然感到与其的心理距离，"因为那些当官的都是南京的、山东的、河北的"。于是，曾经在他们心目中密切联系在一起的两个概念"国家"和"政府"开始分离，"中国"已经不再是和某一政府联系起来的国体，而是和中华民族文化以及自己的故乡紧密联系在一起的概念。他们对中国的认同，已经上升到了另一种层面，那就是对中华民族文化的认同。这种文化认同，深植于他们内心，与血脉交织在一起，流淌在他们身上，传承于他们的后代。

（二）跨境迁移与"用脚投票"

跨境迁徙，从实质上来说就是对国家的选择，他们"用脚投票"来选择自己想要生活的国家。最早提出"用脚投票"术语的是美国经济学家蒂伯特（Charles Tiebout）。他认为：在人口流动不受限制、存在大量辖区政府、各辖区政府税收体制相同、辖区间无利益外溢、信息完备等假设条件下，由于各辖区政府提供的公共产品和税负组合不尽相同，所以各地居民可以根据各地方政府提供的公共产品和税负的组合，来自由选择那些最能满足自己偏好的地方定居。居民们可以从不能满足其偏好的地区迁出，而迁入可以满足其偏好的地区居住。在他的研究视角里，对公共产品和税收选择的"用脚投票"人口迁移，是对国家代理人政府——主要指地方政府的选择。

在自由经济体制下，一个国家内部的地理空间是对国民开放的，人口流动不受限制。因此，"用脚投票"的选择成本并不高。但是对于跨境流动者而言，他"用脚投票"的是国家，国家是一个有主权的政治团体，国与国之间不仅有标志明显并有军队把守的国界线，还制定了种种国家政策对人口的跨境流动作出限制，因此，穿越这些障碍跨境流动"用脚投票"的成本无疑是很高的。

泰国美良河村的村民们，他们离开中国是不得已的选择，而离开缅甸却是主动的选择。他们对缅甸和泰国两个国家所进行的"用脚投票"，也是付出了巨大的代价的。

泰国美良河村村民可计算的直接迁徙成本就是：他们不得不放弃所有不动产和大部分动产。正如本书第三章所描述的一个个真实鲜活故事，在泰国美良河村村民从缅甸向泰国的迁徙中，无不只带一身简单的换洗衣服和少量现金，为的是能够顺利通过缅泰双方严格的边境检查。至于在缅甸购置的房产、土地等不动产，更是无法将其变现带出。还有那些不可用数量计算的非经济成本——如"云南人"为了获得泰国身份证不得不放弃自己的族群身份，"加入"到被自己视为"夷人"的山地民族之中。虽然这仅仅是工具性的利用，但在艰难生活中以其文化优越感保持自尊的"云南人"，其心理的挫败感也是不言而喻的。无论是"云南人"还是山地民族，要加入泰国国籍，必须学会讲泰国话，对泰国国王宣誓效忠。在泰国节庆聚会上，需要跪在泰国国王的巨型画像下，表达对国王的忠诚。这些仪式，对于第一代移民来说，是极不情愿不得已而为之的，同样在他们心灵里留下隐痛。这也许是泰国美良河村的"云南人"对明朝皇帝出逃东南亚、郑和下西洋等历史故事津津乐道的原因，在这些故事之中，隐喻着国家权力、征服与被征服以及文化渗透，这无疑能够激发出强烈的国家情感和民族自尊心。

国家是一个政治的概念，跨境迁徙者"用脚投票"是对国家政体和制度的主动选择，也就是说，他们用迁移的方式寻求适合自己生存和发展的政治环境和社会文化空间。"用脚投票"的经济成本和文化心理成本很高，但是他们义无反顾、勇往直前，哪怕是杀出一条血路。因为他们放弃的，是无政府主义的混战、极权政府的奴役，可怕的瘟疫和疟疾，万恶的毒品……这当中的任何一项，都会严重地损害他们的生命安全和财产安全。

然而，在有效的国家政权没有介入之前，即便他们迁徙到了另一个国家的国境内，他们的生活也依然得不到改变。泰国美良河村建村初期枪声不断、流血不止的历史让村民们不堪回首。泰国美良河村村民的生活真正发生了改变，是在泰国"皇家项目"在村寨里实施之后。而泰国作为一个对缅甸移民具有强烈吸引力的国家，也主要在于20世纪50年代以后，泰国对山民实施了具有积极意义的"皇家项目"。皇家项目让山民（包括难民）建立了定居村落、帮助村民发展定居农业，村寨里被派驻了警察、开办了学校、建立了卫生所……国家政权的介入改变了泰北深山密林之中的一个个难民村和山地部落的无政府主义状态，他们在政府统治下开始过上了他们所希望的安定生活。

逃离缅甸的过程，似乎在形式上有些像斯科特所描述的"逃避政府的统治"。但是，这一群体逃离缅甸的时间段，并非在斯科特"逃避政府统治"理论所提出的时间界限里（斯科特限制了他所研究的对象只是20世纪40年代以前），更重要的是，"逃离"这一事实所呈现的实质也并不符合斯科特的理论框架分析。随着现代民族国家的兴起，20世纪中期的东南亚地区，已经被大大小小的民族国家分割成为一块块具有国家主权的领土。尽管在国家与国家的交界的某些地区还存在着一些边界模糊、国家政权控制弱的"模糊地带"，但是，随着边界划分的逐渐清晰化和国家政权向边疆渗透的加强，这样的"模糊地带"越来越少，要找一块可以"逃避政府统治"的自由自在的"桃花源"已只是幻想而已。因此，当一个人跨越国界从一块主权国土进入另一块主权国土，他就被贴上了"非法入境"的标签，就会受到入境国法律惩罚并被遣送回国。

即便因一些特殊原因受迁入国的包容，可以在"模糊地带"自由迁徙和活动——如泰国法律认为山民是没有国家、四处游动的族群，对其进入泰国抱有宽松的态度——但是在缅泰边境深山密林之中，也同样不能找到"桃花源"式的自由生活。与无政府主义相伴随的是人与人为生存的相互拼杀。泰国美良河村寨初建期间的混乱和战争就是20世纪五六十年代缅泰边境地区"模糊地带"无政府状态下的真实写照，显然这很好地应验了霍布斯有关国家起源的冲突论。因此，在缅甸时，作为个体的迁徙者为了生存，他们选择向具有准政府性质的国民党军队靠近；当泰国政府允许国民党残军的难民和山民们申请获得合法公民身份时，这些难民和山民努力去争取，希望将其纳入国家政体之中，主动接受"政府的统治"。这也如霍布斯所言："人类仅仅为了求得生存，就已有合群而组成并维持政治团体的必要了。"

从想方设法逃离缅甸政府统治，到千方百计主动接受泰国政府统治，这一过程表明泰国美良河村村民的"逃离"并非想真正"逃避政府的统治"，而只是对当局者的"用脚投票"，是对政府执政行为赞成或反对的"投票"。从泰国美良河村村民"用脚投票"的选择中，我们也看到，对国家、政府的选择并不具备族群性差异，无论汉族、拉祜族、阿卡或其他山地民族，他们并不愿意生活在一个杂乱无序的、充满暴力的无政府状态下，也不愿意生活在一个缺乏人身自由和财产保护的独裁政府强权统治下。

三 从泰国公民到国家认同

泰国美良河村村民社会生活和个体生活的改变，并非来自他们从缅甸迁移到了泰国，而是来自泰国政府致力于解决"山民问题"的政策措施的实施。

"山民问题"一度成为泰国政府头痛的社会问题。泰国政府认为山民有三大隐患：山民没有国家概念，不管国界随意移动，不受政府管制，是边境安全的隐患；山民刀耕火种，毁林游耕，对生态造成严重破坏；山民以种植鸦片为生计，导致北部地区毒品贸易严重。所以，1959年，泰国政府制订了"北部地区山地少数民族福利发展计划"，旨在对泰国北部的山民提供援助，鼓励山民放弃游耕，实行定居农业；铲除罂粟种植，发展林果经济和山地经济，实行替代种植。20世纪70年代，国王成立了一个特别基金，资助山民发展农业经济和促进山区社会事业发展，称为"皇家项目"。20世纪80年代，泰国政府实行边民登记制度，向符合规定的山民发放身份证，国家正式将其纳为国民成员。

也许泰国政府第一次大规模的山民人口统计并没有让这些迁移到泰国边境地区的"云南人"和山地民族的人们意识到它意义重大，但是，泰国政府依据山民人口统计资料为核心信息为其审查申请公民身份信息的事实，让这些迁移者们高度重视之后泰国政府所进行的人口统计。我们调查期间，村干部们在短短两三天之内就实施完最近一次泰国政府对该村的人口统计，这并非是村干部们工作有效率，而是村民人口登记的积极性空前高涨。在申请公民证过程中，这些迁移者们经历了很多的曲折，因为难民的身份不容易获得泰国公民证，很多"云南人"把自己"变"成了山民身份，将自己归属到那些他们曾经鄙视的"夷人"、"倮倮"族群之中。为了办证方便，他们把自己的丈夫说成已经过世，把自己的孩子办成为亲戚家的子女。公民证申请程序十分复杂，山民们不得不一次又一次地从深山之中来到县城、省城，费尽周折。而申请公民证需要能说泰语，他们不得不与泰国人主动接触，努力去学会说一种陌生的语言……他们费尽无数周折，想尽一切办法，花费许多金钱，正是为了一个目标：获得公民证。

泰国美良河村的村民们想方设法争取公民证，最重要的动机是成为一个合法定居者，不被泰国政府驱逐，不再过东奔西走的生活。要成为合法定居者——即泰国公民，这些迁徙者也必须把他们个人的部分权利让渡。泰国政府要求他们：第一，放弃武装与组织。放下武器，缴械投诚，归附泰国王，这是在泰北活动的所有国民党残军所必须做到的一件事情。因此，泰国美良河村的国民党军人把武器上缴给了政府，失去了武器的村民，也意味着失去了自我保护的能力，他们需要得到新的保护者，泰国边地警察的及时进驻为他们解决了这一问题。这个转变，也就是村民放弃武器拥有权，同时将保护人身财产的责任转让给了国家的过程。第二，改变传统生计。游耕游居，刀耕火种、种植罂粟，是山地民族传统的生计方式。泰国政府要求山民们改变千百年来的传统生计，定耕定居，保护森林，铲除鸦片生产和交易。对于山民而言，千百年来所延续的传统生计是他们的生存方式，也是他们传统文化植根的基石，改变生计的同时也要改变文化，这是一个十分艰难的过程。这一权利的让渡，不言而喻阻力很大，但在泰国政府"皇家项目"的有效推进下，在给予山民广泛的社会福利的诱导下，山民们的权利让渡并没有预想的那么困难，反而今天没有得到公民证的山民们，甚至采用请愿等方式来伸张自己希望得到公民证的意愿。第三，解散传统村落组织。在泰国美良河村建立之初，村落的实际控制者是军人（"云南人"群体中）和头人（山民群体中）。随着泰国政府控制力进入之后，村落内部组织结构也随着泰国政府改组村寨、村民选举村长等一系列的政治构建而消亡。曾经是村寨灵魂的张副师长（当地人称为张副军长）及其后代不再具有地方性权威，拉祜、阿卡的头人与村长合二为一的格局也在逐步改变，泰国式的地方行政管理制度在不断完善，曾经的"自治"变成了"他治"，村落治理权利的转让，使社区呈现了一种能够保护大多数人利益的新秩序。

村寨和村民生活的一系列改变使泰国美良河村村民们对泰国这个国家有了新的认识和感受。他们开始像泰国人一样在家里挂泰国国王和王后的画像。当泰国的父亲节母亲节时，他们在自己的教堂里集体为泰国国王和王后祈祷平安、健康。他们开始发自内心地说："国王就像我们的父母"，"我是泰国人"，一种新的国家认同的集体意识就逐步建立起来了。

四 关于国家认同的思考

"认同"作为表示"自我"与"他者"关系的心理学名词，"他者"并非是个体而是群体的概念。因而，"认同"也主要体现在"个体"与"群体"之间的心理归属感。"归属"就是一个群体的成员通过共同特征的辨识而归属于某一个群体①，从而形成集体意识。涂尔干认为，"集体意识"是"将共同体中不同个人团结起来的内在凝聚力"②。由于"认同"关系到一种团结的力量的来源，这就为"认同"赋予了强烈的政治意义，也是族群认同、国家认同等论题成为学术研究热点的原因。

　　国家是一种法律上的政治共同体，"拥有要求公民对其顺从和忠诚的权力"③。国家的强制力能够给国家共同体内的成员带来行为上的服从，但不一定能使共同体成员获得心理的归属。若一个政治共同体内认同弱，团结的力量也就很难产生。在民族国家中，国家是由多个族群组成的，个体对群体的认同是体现在多层面上的，并且认同的构建也随着社会—文化的变迁不断发生变化。

　　安德森指出，民族（nation）"它是一种想象的政治共同体——并且，它是被想象为本质有限的，同时也是享有主权的共同体"。④ nation，也常被翻译为国家，不过它主要是指由成员所构成的"共同体"，与 state 所表达的政体在意义上有所区别。在安德森看来，民族作为一种现代的想象形式，是社会心理学上的"社会事实"。这种"社会事实"的构建是有条件的，除了人们理解世界的方式发生变化，报纸、小说等现代媒体等技术条件也为其提供了"想象"的基础。

　　建构理论为我们提供了国家认同也是源于"认同想象"的解释。认同是一种主观识别，是建立在内省基础上的情感体验。对于跨境迁徙者，从一个国家到另一个国家，国家的集体记忆随着社会身份的变化不断变化，"我是哪一个国家的人"的认同想象和情感归属也在不断发生改变。是什么原因促使个人对国家的"认同想象"和"情感归属"发

---

① 江宜桦：《自由主义、民族主义和国家认同》，台北扬智文化事业股份有限公司1998年版，第8—11页。
② 埃米尔·涂尔干：《社会分工论》，渠东译，生活·读书·新知三联书店2000年版，第22—23页。
③ 休·希顿·沃森：《民族与国家——对民族起源与民族政治的探讨》，吴洪英、黄群译，中央民族大学出版社2009年版，第1页。
④ 本尼迪克特·安德森：《想象的共同体：民族主义的起源与散布》，吴叡人译，世纪出版集团2003年版，第5页。

生变化呢?

从泰国美良河村村民的个案中,我们可以看到村民们对泰国国家认同是一个渐进建构的过程:

国家认同的萌芽——皇家项目的实施。

1976年,皇家项目在泰国美良河村开始实施。皇家农业发展项目机构进行替代种植,免费向村民发放果树苗,派技术人员指导种植。几年以后,种下的成片的柿子树、梅子树已经挂果有收成。从此以后,村民不用常年辛苦劳动,每年就可以从果园得到10万—30万泰铢的经济收入,能够保障一个家庭的基本生活需要,村民从此过上了安定的生活。皇家项目的实施,使村民切实感受到了国王对他们的关心和照顾,使村民对泰国国家和泰国国王抱有强烈的感恩之情。20世纪70年代末期,泰国国王还到北部山民村寨去实地考察皇家项目的实施效果,对实施好的山民还亲自给他们发放了大勋章,泰国国王向山民发放皇家大勋章也意味着山民必须服从于他的王国的统治。泰国美良河村村民虽然没有得到国王的大勋章,但是他们对国家的归顺和国王的爱戴却从此建立起来了。

国家认同的法律化——国籍归化。公民证是所有山民梦寐以求的东西。20世纪80年代早期泰国政府就开始对山民进行官方家庭登记。20世纪90年代以来,泰国官方人口统计机构加强了对山民的人口调查、身份识别、村庄调查和村庄登记。泰国美良河村的村民已经登记过三次家庭人口信息,每一次登记意味着符合条件者可以获得公民证。经过这三次登记和集中办理,目前,该村90%的"云南人"和拉祜族、阿卡等村民获得了公民证,只有少数近年从缅甸迁入的移民没有得到公民证。公民证的获得,从法律上界定了"我是泰国人",这使村民对泰国的认同从抽象的情感转化为具象的实体。在没有得到公民证之前,经过登记的山民有山民证,他们只能有限制地在国内流动。比如山民要到曼谷或国内其他地区探亲或打工,需要向地方政府申报,包括外出原因、地点,在政府批准后方能外出,但只能到所批准之地,而且须在期限内回来,否则视为非法,会被警察拘捕。没有山民证的人,则被视为非法偷渡者,被警察抓到后经过两个月的拘禁遣送缅甸。公民证,对于山民而言,最大的好处莫过于有了流动的自由,比如外出打工,特别是他们可以自由地去国外打工。

国家认同的强化——社会福利。

公民证获得后,"云南人"、山地民族与泰族人一样,获得了国民待遇,享受同样的社会福利。目前泰国美良河村村民享受以下福利:第一,免农业税。这项税收优惠政策只针对高地农民,低地农民则需要交纳农业税。第二,12年制的免费教育。在泰国美良河村有政府创办的幼稚园(2—6岁儿童)和泰文学校(包括学前班、六年制小学、三年制初中)。12年的义务教育学费全免,还向幼稚园和小学生提供免费午餐、课间牛奶和免费校服。第三,免费医疗。所有有公民证的村民,能够享受免费的疾病治疗和预防保健。第四,养老保障。政府向残疾人和60岁以上的老年人,每月发放500泰铢的救济金/养老金,满足其基本的生活需要。国民化的社会福利,使村民觉得泰国政府真正地把他们当作泰国人,爱护他们、关心他们。

由此可见,国家认同作为一种社会构建,是同合法性、公民的权利与责任等政治要素紧密联系在一起的。因此,国家认同的关键性要素在于政治认同。

泰国美良河村村民深切地感受到,只有身份合法化,才能够得到人最基本的自由,他们争取泰国公民证的过程是要使自己在泰国具有合法国民身份。法律的国民身份界定是国家认同的前提条件,也就是说,"被认同"才能产生"认同"。很难想象一个移民者在未取得移民国家的国民身份之时,就会对其在心理上产生强烈的认同。而相反的情形,则有很多的经验性案例可以证明,当一个人因种种原因而失去原来的国籍,但是对原来的所属国依然有强烈的认同。从一个国家到另一个国家的移民群体,只有得到定居国法律上"被认同",获得实体性的承认,才有可能从心理上产生正向的"认同"感。

国民(people)身份同时也是公民(citizen)身份的前提,特纳将其表述为:"要拥有公民身份,就必须拥有姓氏。姓氏明明白白地印在一个人所持有的护照上,表明其在血缘系统和国家中所具有的合法地位。"① 进入泰国之后的云南人和拉祜族等山地民族一度作为流民、非

---

① 布莱恩·特纳:《公民身份与社会理论》,郭忠华、蒋红军译,吉林出版集团有限责任公司2007年版,第15页。

法者、边境不安定因素而存在。通过泰国政府解决"山民问题"的政策措施的实施，尤其让其取得公民证的举措，使曾经是非法者的难民和山地民族终于获得国民地位的承认，由此产生了从"流离国外"（云南人）、"没有国家"（山地民族）到"国家要我们"的"被认同"感。这种感受是十分来之不易的，不仅因为在此之前有多年的不断迁徙、颠沛流离的苦难经历，而且还因为在泰国政府为他们办理公民证的过程中他们所经受了种种波折。艰难的办证过程让这些迁徙者感受到了成为泰国人的不容易，也因此对公民证更加期待，对成为"泰国人"更加珍惜，甚至产生了"被认同"的幸福感。

对于移民群体而言，合法性的过程就是从我者的"被认同"到对他者的"认同"。但我们也应看到，从因"被认同"而产生感激的"认同"这一社会心理并不能持续长久。在时间推移之中个体过去的经历将会在记忆中逐渐被抹平，这种回馈式的认同情感会逐步递减。要让一个移民群体或者一个非主流族群在共同体内保持和不断强化其对这一共同体的认同，需要对共同体成员赋予有激励性的法律地位，那就是公民身份。

公民身份并非一个自然身份，而是一个社会身份，是与权利与义务相结合的社会人身份。马歇尔把公民身份归纳为公民权利、社会权利和政治权利三个方面的权利要素。公民权利包括公民的人身自由、言论、思想和信仰自由，拥有财产、订立契约的权利和司法权利；政治权利包括选举权、参与公共决策权；社会权利包括获得经济福利、安全、社会资源等方面的权利。马歇尔所强调的公民身份的三个权利，均指向一个共同的内容：共同体成员资格的"最基本的平等"，即个人权利、政治权利、经济权利、社会权利的平等[1]，当然还包括了马歇尔没有提到的文化权利的平等。

泰国是一个民主国家，有较为通畅的权力表达渠道。在获得了泰国身份证之后，个人迁徙的自由得到了法律保障，个人生命安全得到了警察的保护，家庭财产和正当的经济活动得到了法律保护，同时还在一定程度上获得了政治参与的平台。民主选举制度自下而上实施，小到村

---

[1] T. H. Marshall, *Citizenship and Social Class in his Sociology at the Cross Roads*, London: Willian Heimemann Ltd. Press, 1963.

长，大到总理都是公民投票选举。尽管泰国政治贿选问题备受诟病，这些生活在泰北地区、在地理上处于边缘、在社会中也处于边缘的"云南人"和山地民族对国家政治也并不关心，但是他们珍视法律所赋予他们的投票权，这意味着他们参与了国家事务，有"主人翁"的政治体验。获得公民证的跨境迁徙者，也同时获得有限的表达其政治权力的社会空间。这在一定程度上强化了"我是泰国人"的认同感。

马歇尔在强调公民身份所具有的权利要素的同时，也表达了公民身份的另一个维度——公民责任的承担："如果公民身份是在维护权利的过程中被唤起的，那么公民相应的责任就不会被忽视。这些责任不需要人们牺牲他们的自由或不加质疑地服从于政府的每个要求。"① 尼克·克罗斯利进一步解释了马歇尔这句话的含义，他指出："公民只能以权利的形式从共同体中拿走他们以责任形式置入其中的东西，因为任何一个公民的权利都是由其他人的责任所构成的。例如，自由言论的权利就建立在容忍和尊重表述不同意见的责任基础之上。""作为公民，要通过纳税为国家提供资金，通过选举行为和大众忠诚（mass loyalty）与国家发生关系（构成国家权力）、行使权力。"② 布赖特·特纳则更为直接地将公民身份定义为各种权利与义务的集合③。不同的国家制度对公民义务的陈条规定不一致，要求公民承担的责任有很大差异。作为一个民主宪政制度体系下对公民所应该承担的义务，一般而言，至少有以下几个方面：纳税；遵守国家法律法规；维护国家主权；遵守社会公德等。

泰国政府通过种种正式和非正式的仪式，以及形式多样的宣传方式，向泰国美良河的村民们不断强化着与国家相关的信息：向国王效忠、遵守泰国法律、承担兵役等刚性要求，这也使他们的国家意识得到了强化。

以上方面因素的作用，在这些跨境移民心理中，开始逐渐让他们感受到，他们在这个共同体内部不仅作为一个有义务的国民存在，而且作

---

① T. H. Marshall, *Citizenship and Social Class in his Sociology at the Cross Roads*, London: Willian Heimemann Ltd. Press, 1963.

② 尼克·克罗斯利著：《公民身份、主体间性与生活世界》，载尼克·史蒂文森编《文化与公民身份》，吉林出版集团有限责任公司2007年版，第47—48页。

③ 布莱恩·特纳：《文化公民身份的理论概要》，载《文化与公民身份》，吉林出版集团有限责任公司2007年版，第15页。

为有尊严的公民存在。"有尊严"是使他们最初因"被认同"而产生暂时性回馈式"认同"转化持久性"认同"的基石。就像格罗斯所指出的那样:"公民权造就了高度的政治忠诚和政治纽带,一种国家所有成员之间的广泛团结。"①

不容忽视的是,泰国美良河村的村民对泰国之所以产生了强烈的国家认同,还在于他们的利益获得。

国家的职能是为国民提供公共安全、公共产品等服务。作为一个国家,若不能对其国民提供保护他们生命财产安全和满足他们基本生存需要的物质保障,那么,公民的权利和义务就难以对等,公民对国家的认同感也难以产生。曾经生活在缅甸的"云南人"和山地民族,有一部分人已经获得了缅甸的正式国籍,在缅甸有身份证、田产、房子,但是他们却放弃所有的财产,两手空空地逃到了泰国。这是因为在缅甸,他们承担多种义务,如强制性的兵役、经常性的劳役、沉重的税负,而他们的基本人权,却得不到国家法律和政府的保护,如不能自由迁徙、私有财产常受侵犯、缺乏基本的医疗条件,等等。

到了泰国,即便尚未获得泰国国籍,他们已经得到了国王的爱护,皇家项目让他们过上了稳定的生活,免费的义务教育或扫盲教育惠及没有泰国国籍的所有山民。获得泰国国籍后,医疗保障、养老保障、社区基础设施等更多的实惠,让他们幼有所爱、老有所养。政府向村寨派驻的警察维持治安,使一度因内部争斗枪声不断、因贩毒吸毒乌烟瘴气的村寨回归了安定和宁静。村民生活的种种改变,都是来自他们成为泰国公民,政府主动地"管"他们并给予他们种种切实的利益。可以说,利益驱动强化了他们对泰国国家的心理认同。

这一事实的呈现,显然成为认同工具论的一个很好的注解。工具论认为族群认同(ethnic identity)是族群以个体或群体的标准特定场景的策略性反映,是在政治、经济和其他社会权益的竞争中使用的一种工具。认同个人对利益追求的理性选择,随着场景的变迁它会发生变化,因此它具有不确定、不稳定和有弹性。群体成员认为改换认同符合自己

---

① 菲利克斯·格罗斯:《公民与国家——民族、部族和族属身份》,王建娥、魏强译,新华出版社2003年版,第120页。

利益时，个体就会从这个群体加入另一个群体，政治经济利益的追求常常引导人们的这种行为。因此，在国家认同层面上，工具性特征尤其明显。

既然个体的理性选择是认同形成的一个重要因素，在一个民族国家中，要强化共同体内的成员对国家的认同，有效的刺激方式就是给予个体适当的利益。适当的利益指的是什么？公共产品的供给是最受欢迎的利益，如基础设施改善、教育卫生事业的发展等，这不仅是因为政府无偿提供可免费使用，更主要的是因为公共产品本身是具有外部性，它能够在更大程度、更广范围内降低个体经济社会活动的私人成本。社会福利增进也是给予国民利益的一种方式，这是为弱势群体提供的援助所起到的社会意义大于经济意义，那就是社会的公平。

认同也是与文化密切联系的一个概念。多民族国家必然面临着文化多样化问题。这就产生文化认同与国家认同之间的复杂关系。若多民族能统一在一个共性文化体系下，那么从逻辑上来看它实现了文化认同与国家认同的统一。但各民族有自己独特的文化，各民族独特的社会发展进程和族群共同的生产生活轨迹形成了自己区别于其他民族的民族文化，对本民族文化的认同往往超越了作为政治共同体创造的共性文化的认同。从这个角度看，多民族国家中少数民族的文化认同与国家认同并不一定趋向一致。

泰国是一个佛教国家，佛教是他们的国教，泰族96%以上的人都信仰佛教，以佛教文化为主流的泰国文化作为一种强势文化、主流文化无处不在。对于从中缅迁徙而来的"云南人"和拉祜族，他们有自己的语言和文字、有自己独特的风俗习惯，宗教信仰也与泰族不同，他们文化观与生活状态都与泰族相去甚远，作为非泰族的"云南人"和山地民族对泰文化难以产生强烈认同。但是这并不妨碍他们对泰国国家的认同。究其原因，在于泰国政府和社会对其他文化的包容。我们调查的村民经常对我们说的一句话是"泰国是个自由的国家"，他们所感受的自由，是可以自由地信仰自己的宗教，自由地流动（包括到国外）、不受干涉地保持和发展自己的文化、社区的对外开放等，总而言之，就是文化包容。

由此可见，多民族国家建构和谐的国家认同意识形态，还在于一个国家的主流文化是否具有宏大的包容性,是否能承认和欣赏其他民族文化的价值,是否能兼容并取,而不是奉行文化同化主义和民族同化。

同时,我们也要看到,认同是具有多重性和层次性的。在泰国"云南人"身上,我们明显地看到他们的国家认同(对泰国)与文化认同(对中国)指向各异,这是他们适应困境的生存策略和保持族群边界的方式。

参考文献

外文文献：

1. Herrera Alastair (eds.), *Measuring Identity A Guide for Social Scientists*, Cambridge: Cambridge University Press, 2009.
2. Masao Ayabe, Citizens without Citizenship: Cultural Construction of National Policies toward Ethnic Minoritese in Thailand, Seeing Myaeaki, Koji, ed. *Dynamics of Border Societies in Southeast Asia*, Proceedings of International Symposium, Research Institute for Languages and Cultures of Asia and Africa (ILCAA), Tokyo University of Foreign Studies, 2004.
3. ChangWen – Chin, The Kuomintang Yunnanese Chinese of Northern Thailand, *In The Dynamics of Emerging Ethnicities: Immigrant and Indigenous Ethnogenesis in Confrontation*, Johan Leman ed., New York: Peter Lang, 2000, pp. 35 – 56; From War Refugees to Immigrants: The Case of the KMT Yunnanese Chinese in Northern Thailand, *International Migration Review*, 2001, pp. 1086 – 1105. Identification of Leadership among the KMT Yunnanese Chinese in Northern Thailand, *Journal of Southeast Asian Studies*, 2002, pp. 123 – 146. Invisible Warriors: The Migrant Yunnanese Women in Northern Thailand. *Journal on Moving Communities*, 2005, pp. 49 – 70. The Interstitial Subjectivities of Yunnanese Chinese in Thailand. *The Asia Pacific Journal of Anthropology*, 2008, pp. 97 – 122.

4. Richard Coughlin, *Double Identity*: *The Chinese in Modern Thailand*, Hong Kong: Hong Kong University Press, 1960.
5. Anan Ganjanapan, The Politics of Environment in Northern Thailand: Ethnicity and Highland Development Programs, *Forest for Trees*: *Environment and Environmentalism in Thailand*, Edited by Philip Hirsch, Trasvin Publication Limited, 1996, pp. 202 – 217.
6. Kathleen Gillogly, Developing the "Hill Tribes" of Northern Thailand, In *Civilizing the Margins*: *Southeast Asian Government Policies for the Development of Minorities*. Ithaca and London: Cornell University Press, 2004, pp. 117 – 149.
7. Huan Shu – min, *Reproducing Chinese Culture in Diaspora*: *Sustainable Agriculture and Petrified Culture in Northern Thailand*, New York: Lexington Book, 2010.
8. Charles F. Keyes, Cultural Diversity and National Identity in Thailand, *Government Policies and Ethnic Relations in Asia and the Pacific*, Edited by Michael E. Browm & Sumit Ganguly, London, 1997.
9. T. H. Marshall, *Citizenship and Social Class in his Sociology at the Cross Roads*, London: Willian Heimemann Ltd. Press, 1963.
10. T. H. Marshall, *Class*, *Citizenship and Social Development*, Chicago: The University of Chicago Press, 1964.
11. Prince Bhisatej H. S. H. & Rajani. H. M., The King's Concept for Highland Agriculture, In *Proceedings of the Royal Project Symposium*: *Highland Agriculture*, An Overview. Royal Angkhang Agricultural Station, Chiang Mai, Thailand, 1998, pp. 19 – 23.
12. John Porter, Ethnic Pluralism in Canadian Perspective, *Ethnicity*: *Theory and Experience*, Edited by Glazer, N, D. P. Moynihan, Cambridge: Harvard University Press, 1975, pp. 267 – 304.
13. James C. Scott, *The Art of Not Being Governed*: *An Anarchist History of Upland Southeast Asia*, Singapore: National University of Singapore, 2010.
14. SEFUF, "*Hill Tribes*" *and Forests*: *Minority Policies and Resource Con-*

flicts in Thailand, SEFUT working Paper No. 7, Albert – Ludwigs – Universität Freiburg, 2000.
15. G. Willian Skinner, *Chinese Society in Thailand: An Analytical History*, Ithaca: Cornell University Press, 1957.
16. Jarernwong Suppachai, Citizenship and State Policy: How We an Move Beyond the Crisis? *The Crisis and Beyond: Can Youth Make A Difference?* In the Asia-Pacific Youth Forum, Thailand, 1999.
17. Gordon Young, *The Hill Tribes of Northern Thailand.* Bangkok: Siam Society, 1962.
18. Erik Mueggler, *The Age of Wild Ghosts: Memory, Violence, and Place in Southewest China*, California: University of California Press, 2001, p. 10.

中文文献：

1. 本尼迪克特·安德森：《想象的共同体：民族主义的起源与散布》，吴叡人译，世纪出版集团2003年版。
2. 凯文·奥尔森主编：《伤害+侮辱——争论中的再分配、承认和代表权》，高静宇译，上海人民出版社2009年版。
3. 克里斯·巴克著：《电视、全球化与文化认同》，北京大学出版社2008年版。
4. 克泽帕·布鲁潘：《泰政府扶持与发展山地少数民族的政策》，《世界民族》1990年第2期。
5. 西尔维·布吕内尔：《饥荒与政治》，王吉会译，社会科学文献出版社2010年版。
6. 柏拉图：《理想国》，郭斌和、张竹明译，商务印书馆1986年版。
7. 白志红：《湄公河流域跨境民族的认同》，载《西南边疆民族研究》（第五辑），云南大学出版社2007年版。
8. 苍铭：《云南民族迁徙文化研究》，云南民族出版社1997年版。
9. 陈建樾：《认同与承认——基于西方相关政治理论的思考》，《民族研究》2010年第3期。

10. 曹学思、屈庆伟：《异域孤军沉浮记》，北方文艺出版社 2012 年版。
11. 陈志明：《华裔族群：语言、国籍与认同》，《广西民族学院学报》1999 年第 4 期。
12. 陈志明：《族群认同与国家认同：以马来西亚为例》（上）（下），《广西民族学院学报》2002 年第 5 期、第 6 期。
13. 陈志明：《迁徙、家乡与认同——文化比较视野下的海外华人研究》，段颖译，商务印书馆 2012 年版。
14. 邓克保：《异域》，台北平原出版社 1961 年版。
15. 段立生：《访美斯洛—泰国北部的云南人村》，《东南亚》1986 年第 4 期。
16. 董胜：《金三角真相》，时代文艺出版社 2003 年版。
17. 邓贤：《流浪金三角》，人民文学出版社 2000 年版。
18. 段颖：《泰国北部的云南人：族群形成、文化适应与历史变迁》，社会科学文献出版社 2013 年版。
19. 斯蒂夫·芬顿：《族性》，劳焕强等译，中央民族大学出版社 2009 年版。
20. 龚浩群：《信徒与公民：泰国曲乡的政治民族志》，北京大学出版社 2009 年版。
21. 高永久、朱军：《论多民族国家中的民族认同与国家认同》，《民族研究》2010 年第 2 期。
22. 克利福德·格尔茨：《文化的解释》，韩利译，译林出版社 1999 年版。
23. 托马斯·霍布斯：《利维坦》，黎思复、黎廷弼译，商务印书馆 1985 年版。
24. 埃里克·霍布斯鲍姆：《民族与民族主义》，李金梅译，上海人民出版社 2000 年版。
25. E·霍布斯鲍姆、T·兰格：《传统的发明》，顾杭、庞冠群译，译林出版社 2004 年版。
26. 贺金瑞、燕继荣：《论从民族认同到国家认同》，《中央民族大学学报》2008 年第 3 期。
27. 珍尼·理查森·汉克斯：《文化的解读：美国及泰国部族文化研

究》,刘晓红等译,云南大学出版社 2002 年版。

28. 阿尔弗雷德·格罗塞:《身份认同的困境》,王鲲译,社会科学文献出版社 2010 年版。

29. 菲利克斯·格罗斯:《公民与国家——民族、部族和族属身份》,王建娥、魏强译,新华出版社 2003 年版。

30. 阿克塞尔·霍耐特:《为承认而斗争》(胡继华译),上海人民出版社 2005 年版。

31. 何平:《移居东南亚的云南人》,《云南大学学报》(社会科学版)2005 年第 3 期。

32. 何平:《中国西南与东南亚跨境民族的形成及其族群认同》,《广西民族研究》2009 年第 3 期。

33. 何明:《国家认同的建构——从边疆民族跨国流动视角的讨论》,《云南师范大学学报》(哲学社会科学版)2010 年第 4 期。

34. 何明:《开放、和谐与族群跨国互动——以中国西南与东南亚国家边民跨国流动为中心的讨论》,《广西民族大学学报》(哲学社会科学版)2012 年第 1 期。

35. 韩福东:《云南土司兴衰录》,《财经国家周刊》,2011 年 4 月 5 日,来源于 http://news.hexun.com/2011-04-05/128491035.html。

36. 贺圣达、李晨阳:《列国志:缅甸》,社会科学文献出版社 2005 年版。

37. 安东尼·吉登斯:《民族—国家与暴力》,胡纵泽、赵力涛译,生活·读书·新知三联书店 1998 年版。

38. 解乐三:《云南马帮运输概况》,载《云南文史资料选辑》第 9 辑,中国科学院历史研究所第三所《云南杂志选辑》,科学出版社 1958 年版。

39. 江宜桦:《自由主义、民族主义和国家认同》,台北:扬智文化事业股份有限公司 1998 年版。

40. 康达君:《泰国北部"山民"及其鸦片种植业》,《印度支那》1988 年第 3 期。

41. 尼克·克罗斯利著:《公民身份、主体间性与生活世界》,载尼克·史蒂文森编《文化与公民身份》,吉林出版集团有限责任公司 2007

年版。

42. 曼纽尔·卡斯特著：《认同的力量》，曹荣湘译，社会科学文献出版社 2006 年版。
43. 刘达成、郑晓云：《泰国发展替代种植铲除毒源的启示》，《东南亚》2000 年第 2 期。
44. 《拉祜族简史》编写组：《拉祜族简史》，民族出版社 2008 年版。
45. 刘劲荣：《泰国北部拉祜族文化与社会变迁研究——以清莱府迈保朗村为例》，《云南师范大学学报》2006 年第 3 期。
46. 约翰·洛克著：《政府论》，冯克利译，九州出版社 2007 年版。
47. 李路曲：《社群与国家认同的产生、构建及变迁》，《政治发展研究》2012 年第 3 期。
48. 兰林友：《论族群与族群认同理论》，《广西民族学院学报》2003 年第 3 期。
49. 李明欢：《20 世纪西方国际移民理论》，《厦门大学学报》2000 年第 4 期。
50. 冷宁：《"金三角"地区毒品形势系列调查报告（三）——泰国北部地区毒情形势的调查》，《云南警官学院学报》2007 年第 3 期。
51. 卢梭：《社会契约论》，何兆武译，商务印书馆 1980 年版。
52. 李晓村：《平息叛乱，保卫澜沧》，载《澜沧文史资料》第二辑，内部资料 2005 年。
53. 刘稚：《中国在西南与东南亚的跨境民族》，云南民族出版社 1988 年版。
54. 刘稚：《东南亚国家的山地民族问题》，《世界民族》1996 年第 4 期。
55. 刘稚：《罂粟花为谁开放》，《华夏人文地理》2002 年第 2 期。
56. 李正方等：《泰国的生态农业和北部山区的开发利用》，《农村生态环境》1987 年第 3 期。
57. 李增贵编译：《泰国的拉祜族》，《云南民族学院学报》1995 年第 3 期。
58. 陆海发、胡玉荣：《论当前我国边疆治理中的民族认同与国家认同整合》，《广西民族研究》2011 年第 3 期。

59. 陆韧:《云南对外交通史》,云南民族出版社1997年版。
60. 爱德华·莫迪默、罗伯特·法恩主编:《人民·民族·国家——族性与民族主义的含义》,刘泓、黄海慧译,中央民族大学出版社2009年版。
61. 马戎编:《西方民族社会学的理论与方法》,天津人民出版社1997年版。
62. 马戎编著:《民族社会学——社会学的族群关系研究》,北京大学出版社2004年版。
63. T. H. 马歇尔、安东尼·吉登斯:《公民身份与社会阶级》,郭忠华、刘训练译,江苏人民出版社2008年版。
64. 纳日碧力戈:《现代背景下的族群构建》,云南教育出版社2000年版。
65. 宁骚:《民族与国家》,北京大学出版社2005年版。
66. 休·希顿·沃森:《民族与国家——对民族起源与民族政治的探讨》,中央民族大学出版社2009年版。
67. 片冈树:《基督教与跨境民族——泰国拉祜族的族群认同》,载《中国西南地区跨境民族的文化及其变迁》,云南大学出版社2008年版。
68. 秦和平:《关于20世纪五六十年代澜沧拉祜族地区基督教变化的认识》,载云南省民族学会拉祜族研究委员会编《拉祜族传统与发展学术研讨会文集》,云南民族出版社2013年版。
69. 钱雪梅:《从认同的基本特性看族群认同与国家认同的关系》,《民族研究》2006年第6期。
70. 孙纯福:《金三角,蒋残军何以能留下六万后代》,《文史天地》2009年第2期。
71. 石春云主编:《从葫芦里出来的民族——拉祜族》,云南民族出版社2009年版。
72. 尼克·森·史蒂文:《文化与公民身份》,陈志杰译,吉林出版集团有限责任公司2007年版。
73. 孙九霞:《试论族群与族群认同》,《中山大学学报》(社会科学版)1998年第2期。

74. 詹姆斯·C. 斯科特：《农民的道义经济学：东南亚的反叛与生存》，程立显等译，译林出版社 2001 年版。
75. 詹姆斯·C. 斯科特：《弱者的武器》，郑广怀、张敏、何江穗译，译林出版社 2001 年版。
76. 佳拉·素婉维拉：《泰国的山地少数民族问题》，杜建军译，《世界民族》1987 年第 1 期。
77. 泰北孤军后裔：《孤军后裔的呐喊——我们为什么不能有身份证》，台北：新光出版社 1995 年版。
78. 覃彩銮：《泰国发展山地民族经济项目的考察》，《广西民族研究》1992 年第 1 期。
79. 陶红、袁仕仑：《泰国的山民问题与政府解决办法》，《东南亚纵横》1987 年第 1 期。
80. 尼古拉斯·塔林主编：《剑桥东南亚史》，贺圣达、王士录等译，云南人民出版社 2003 年版。
81. 埃米尔·涂尔干：《社会分工论》，渠东译，生活·读书·新知三联书店 2000 年版。
82. 布莱恩·特纳：《公民身份与社会理论》，郭忠华、蒋红军译，吉林出版集团有限责任公司 2007 年版。
83. 布莱恩·特纳：《文化公民身份的理论概要》，载《文化与公民身份》，吉林出版集团有限责任公司 2007 年版。
84. 马克斯·韦伯：《民族国家与经济政策》，甘阳等译，载《韦伯文选》第一卷，生活·读书·新知三联书店 1997 年版。
85. 王介南、王全珍：《缅甸》，重庆出版社 2007 年版。
86. 韦红：《东南亚五国民族问题研究》，民族出版社 2003 年版。
87. 安东尼·R. 沃克：《泰国拉祜人研究文集》，许洁明等译，云南人民出版社 1998 年版。
88. 王明达、张锡禄：《马帮文化》，云南人民出版社 1993 年版。
89. 王明珂：《华夏边缘：历史记忆与族群认同》，台北：允晨文化事业股份有限公司 1997 年版。
90. 休·希顿·沃森：《民族与国家——对民族起源与民族政治的探讨》，吴洪英、黄群译，中央民族大学出版社 2009 年版。

91. 王筑生：《泰国北部的云南人》，《华夏人文地理》2001 年第 1 期。
92. 徐梓：《"天地君亲师"源流考》，《北京师范大学学报》2006 年第 2 期。
93. 徐贲：《通往尊严的公共生活：全球正义和公民认同》，新星出版社 2009 年版。
94. 徐世强：《共和国跨国界行动：中缅两国联合清剿国民党残军纪实》，《福建党史月刊》2009 年第 13 期。
95. 许纪霖主编：《共和、社群与公民》，江苏人民出版社 2004 年版。
96. 格奥尔格·西美尔：《宗教社会学》，曹卫东译，世纪出版集团 2003 年版。
97. 安·马克斯韦尔·希尔：《泰国北部的中国云南人》，陈建明编译，《东南亚》1985 年第 1 期。
98. 徐鲁亚：《后现代主义民族志的宣言》，载《人类学经典导读》，中国人民大学出版社 2008 年版。
99. 余定邦等：《缅甸》，广西人民出版社 1994 年版。
100. 亚里士多德：《政治学》，吴寿彭译，商务印书馆 1981 年版。
101. 托马斯·雅诺斯基：《公民与文明社会》，柯雄译，辽宁教育出版社 2002 年版。
102. 雨晴：《建设中华民族共有的精神家园》，载《十七大报告辅导读本》，人民出版社 2007 年版。
103. 杨庆堃：《中国社会的宗教：宗教的现代社会功能及其历史因素之研究》，范丽珠译，上海人民出版社 2007 年版。
104. 尹绍亭：《森林孕育的农耕文化：云南刀耕火种研究》，云南人民出版社 1993 年版。
105. 张宝成：《民族认同与国家认同》，人民出版社 2012 年版。
106. 张兵：《从黎敦山的发展看泰国北部反贫困的经验》，《昆明理工大学学报》（理工版）2008 年第 1 期。
107. 庄国土：《论中国人移民东南亚的四次大潮》，《南洋问题研究》2008 年第 1 期。
108. 张红云：《滇人移居泰国、缅甸的原因及其经济活动》，硕士学位论文，云南师范大学，2000 年。

109. 钟利、苏帆：《泰国的皇家项目与泰北的山区开发》，《世界农业》1995 年第 10 期。
110. 周明伟：《台湾在泰国的直接投资探析》，《贵州财经学院学报》2001 年第 2 期。
111. 赵永胜：《泰北山地民族文化的变迁与延续》，《东南亚南亚研究》2009 年第 3 期。
112. 邹永贤：《国家学说史》，福建人民出版社 1987 年版。

后　记

　　真是时光如梭，从我们去泰国做田野调查，到现在将这本民族志呈现给读者，三年已经过去了。当我在为书稿做最后的修改完善之时，三年前的往事又一幕幕回到了脑海：刚刚踏入泰国境内，心中充满的激情与惶惑；在田野点经历洪水袭击之后，一遇下雨所陷入的紧张和恐慌。还有，连续多日马不停蹄工作，身心疲惫，晚上在电脑上看了一部励志电影《永不妥协》，又重新拾起了斗志……

　　我去泰国做田野之时，我女儿苏祺涵刚满三岁。每次打电话回家，善解人意的阿燕（babysitter）总是报喜不报忧地告诉我孩子很好，阿姨你不用担心之类的话。当我结束调查从泰国回到家时，女儿突然看到我，似乎不太敢相信自己的眼睛，一下子愣住了，把她搂入怀里几分钟之后，她才开始欣喜地不断叫"妈妈妈妈"。之后几天，女儿总是黏着我，一步也不离开，而且常常无缘无故地哭闹，这是从来没有出现过的情况。三天后女儿发高烧，病了整整一个星期。病好以后，孩子的情绪才恢复正常。对此情况，我一直很是纳闷。直到有一天，一个懂心理学的朋友告诉我，是因为你离家期间孩子太想你了，这种情绪不断积累，突然某一天爆发出来，就会出现生病和情绪反常的现象。这一段经历已经过了很久了，但是每每想起，总是感到有些心酸。

　　我之所以能够顺利地到泰国做田野调查并完成这本民族志著作，除了得到在本书导论中提到的云南大学民族研究院何明院长、一起到泰国调查的同事们（马翀炜教授、龙晓燕教授、刘江教授、李昕博士）、泰国清迈大学的同行们和我的助手郑永杰的大力支持和帮助外，还得到了云南大学民族研究院其他领导和同事的无私帮助,他们是张跃书记、李志农副院长、白志红教授、高志英教授、李晓斌教授、马居里副教授、张赟老师、李丽双老师、谭晓霞老师、胡凌博士、张亮博士,他们或是提携拨冗,或是启迪心智,或是鼓舞士气,或是热心服务。中国社会科学出版社郭鹏老师,在负责编辑本书的过程中,付出了很多心血,给予了诸多帮助。

我的家人的支持一直是我努力工作、超越自我的动力源泉。而这本书之所以能够呈现,更是有我的先生苏常青强大的支援。我先生在云南艺术学院负责学生工作,常常需要处理各种突发事情,他能独自担当起照顾年幼孩子的重任,让我脱身走出国门去完成这一项充满未知风险的工作,对于他也是一个不小的挑战。我出身于教师家庭,母亲李朝芳曾获得过全国模范班主任称号,父亲张茂光是一个中学的教务主任,父母敬业勤奋、善良宽厚为我树立了做人做事的榜样。我的弟弟张健鹏、妹妹张宇鹏,他们不仅分担了更多照顾父母的责任,还是我的"智囊团",常常帮我解决一些生活中的各种问题。

我的挚友叶剑才、杨光琼夫妇,杨明丽女士,他们总是在我最需要的时候出现在我和我家人面前,竭尽全力帮助我们解决所遇到的实际困难;还有李继峰、董榆萍夫妇,杨旭辉、李林夫妇,杨云女士,李婕女士等朋友,他们的真诚友情,让我在生活中感到温暖无处不在。

还要特别感谢云南财经大学幼儿园周萍副园长、普莉莉老师、周余飞老师、张建敏老师、刘梅芬老师,是她们无私的爱,呵护着我女儿自信快乐地成长,也让我获得了更多的时间和精力投入工作之中。在女儿就要告别幼儿园升入小学的这一时刻,请让我用这种方式向我尊敬的各位老师表示真诚的感谢!

张锦鹏

2013 年 6 月 14 日